Querida familia MAGNIFICAT:

He de reconocer que no me fue fácil, me costaba entender. ¿No basta con Jesucristo? ¿Por qué el Corazón de Jesús? Yo tenía 18 años y todavía no me habían introducido adecuadamente en este tesoro del cristianismo. Está claro que el Evangelio tenía razón: Te doy gracias, Padre, porque has escondido estas cosas a los sabios y entendidos y se las has revelado a la gente sencilla… Venid a mí, todos los que estáis cansados y agobiados, y yo os aliviaré. Cargad con mi yugo y aprended de mí, que soy manso y humilde de corazón, y encontraréis vuestro descanso. *Pero yo pecaba entonces de mucho racionalismo… El de arriba me fue «adelgazando» para que entrara en la pequeña herida y, dentro de ella, creciera de manera que ya no pudiera salir.*
El mes de junio lo dedica la Iglesia especialmente al Corazón de Jesús. ¿Qué añade este misterio? Gracias a él, podemos acercarnos a Cristo y dejar que él se acerque a cada uno de nosotros desde su interioridad divino-humana. Imágenes del pasado melifluas, sentimentalistas, hicieron quizá daño a esta espiritualidad. Frente a la «devoción», que se puede interpretar como algo al arbitrio de la persona, la espiritualidad, por el contrario, supone una estructura interior de vivencia y acción evangélica desde un centro nuclear, en este caso, desde lo esencial del cristianismo: Dios es amor, Dios se ha hecho hombre y ha dado su vida por nosotros. El símbolo humano del amor es el corazón. La vida humana se inicia con el pálpito del corazón. Al encarnarse, Dios comienza a amar de un modo nuevo: con corazón humano. La interioridad cordial de Dios, escondida en Nazaret, se abrirá de par en par en el Calvario al golpe de la lanza del centurión. En ese momento el tesoro escondido, anidado en el Corazón de Jesucristo, se derrama sobre la tierra: es el don del Espíritu de Cristo. Ese Espíritu formó el Corazón de Jesús en María; el Espíritu impulsó a Jesús en su obra redentora, desde el bautismo hasta la cruz (se ofreció en un Espíritu eterno, *dice la carta a los Hebreos); y, por fin, ese Corazón abierto reveló y regaló lo que humanamente había acumulado en plenitud a lo largo de su vida terrena: el amor de Dios, el don del Espíritu. ¡Sagrado Corazón de Jesús, en ti confío, porque creo en tu amor para conmigo!*

En Jesús y M

Pablo Cervera Ba

Oremos por las intenciones del papa Benedicto XVI durante el mes de junio de 2012

Pablo Cervera Barranco

Orar por el Papa y sus intenciones pertenece a la esencia de la vida cristiana. Nuestra oración por el Sucesor de Pedro se encuentra a diario en la plegaria eucarística, corazón de la celebración de la Santa Misa: «Acuérdate, Señor, de tu Iglesia, extendida por toda la tierra y con el papa Benedicto XVI...»

Mensualmente, el Papa encomienda a la oración de los fieles dos intenciones particulares de su ministerio apostólico como Sucesor de Pedro. Una tiene carácter general (teniendo presente el horizonte de toda la Iglesia) y otra es misionera (aspecto esencial de la vida de la Iglesia y del ministerio del Santo Padre).

General: Cristo presente en la Eucaristía

Para que los creyentes sepan reconocer en la Eucaristía la presencia viva del Resucitado, que los acompaña en la vida cotidiana.

Si Cristo no hubiera resucitado, la Eucaristía sería un recuerdo de algo pasado, por muy grande que haya podido ser. Que la Eucaristía sea memorial, que es algo más que puro recuerdo o memoria, implica la presencia viva de Jesucristo más allá de la muerte, no limitado por el tiempo o el espacio. Ésta es la clave del cristianismo: *Si Cristo no ha resucitado, nuestra fe es vana y somos los más desgraciados de la tierra*. Pero si Cristo ha resucitado, entonces todo tiene sentido, porque el Eterno hecho hombre y vencedor de la muerte nos acompaña a cada paso. El gran «invento» de Cristo fue la Eucaristía. El amor quiere estar junto a la persona a la que ama: «Descubre tu presencia y máteme tu vista y hermosura, mira que la dolencia de amor que no se cura, sino con la presencia y la figura» (san Juan de la Cruz). La Presencia viva de quien nos ama, eso es la Eucaristía: compañía divina de la vida humana.

Misionera: Cristianos en Europa

Para que los cristianos en Europa redescubran su propia identidad y participen con mayor empeño en el anuncio del Evangelio.

La ola secularizadora que recorre las tierras de Europa desde hace siglos ha erosionado las raíces que construyeron este gran continente. Pero es importante no olvidar que las raíces cristianas de Europa se sustentan en personas, en cristianos, que con su vida y actividad configuran una civilización. No son las leyes o los tratados los que sustentan por sí solos la vida cristiana o «las raíces cristianas de Europa». El cristianismo sólo pide libertad para ser vivido, expresado y plasmado en la vida de los hombres. El objeto de la intención papal de este mes es el redescubrimiento de nuestra identidad cristiana que desemboque, a su vez, en una implicación que haga partícipes a otros de tanto bien recibido por la fe, pues no en vano esta intención papal es «misionera».

Enseñanzas para la vida espiritual (57)

¿Qué corrompe la justicia?

Cardenal Tomás Špidlík, SJ (†)

El autor, jesuita nacido en 1919 en Moravia y fallecido en Roma el día 16 de abril de 2010, fue profesor del Instituto Oriental Pontificio; desde 1991 vivía y trabajaba en el Centro Aletti (Roma). Es conocido y apreciado en el mundo entero como estudioso de teología espiritual patrística y oriental. Muchas de sus innumerables obras se han traducido al castellano.

He aquí algunos aspectos que dificultan la realización de la justicia.

1) Difícilmente será justo quien tenga un amor desordenado hacia el dinero, sus padres, los amigos, hacia su país, su grupo, etcétera. Siempre está en busca de leyes justas que lo ayuden a encontrar ventajas para sí mismo o para los suyos aun en perjuicio de los demás. No considera la protección y la parcialidad como cosas injustas, sino como amor a los suyos. San Basilio se pregunta cómo es que hay tan poca justicia en el mundo. Le parece que una razón se halle en el hecho de que existan pocos hombres prudentes y sabios para poder juzgar justamente. Pero la razón más verdadera no está en la debilidad de la inteligencia, sino más bien en el hecho «de que el alma es prisionera de los respetos y de los intereses humanos, hecho que oscurece el sano juicio».

2) La mala costumbre de cometer a menudo pequeñas injusticias es un hecho que hace perder lentamente el sentido de la rectitud. Difícilmente valoramos como pecado el hecho de que un chico, a escondidas, salte un muro para asistir gratis a un partido de fútbol. Nadie se confiesa por haber ido en el tren alguna estación más allá de la que había pagado o porque no ha comunicado a hacienda algunos ingresos extraordinarios. El polvo no mancha rápidamente la ropa, sino

al cabo del tiempo. Después sucede que ya que tenemos la ropa sucia dejamos de temer incluso el barro.

3) A pesar de su amor por la justicia, casi siempre actúan injustamente los hombres débiles e indecisos. Éstos fácilmente ceden a la presión de aquellos que los adelantan sin escrúpulos, porque no quieren «tener problemas». Y al mismo tiempo, éstos aplican la justicia sólo sobre aquellos que no son temibles, es decir, los pobres y los débiles. Aunque por casualidad esta justicia se aplicase según leyes justas, es motivo de escándalo porque se realiza sólo parcialmente.

4) Los padres y todos los educadores no deben olvidar que los niños tienen un fino sentido de la justicia. Una injusticia que parece insignificante, cometida hacia ellos, puede convertirse en una experiencia que tiene consecuencias para toda la vida, puede provocar una crisis, la pérdida de ideales y de la confianza en los hombres. Los chicos pronto descubren si un profesor tiene preferencias por algunos alumnos a quienes distingue de los demás; ven cuando la madre da cosas mejores a un hermanito, o si a éste se le da crédito siempre, o si su papá un día castiga severamente lo que el día anterior había considerado algo gracioso. Los niños experimentan la injusticia cuando descubren que los adultos tienen siempre razón, que a los hermanos mayores hay que creerlos porque tienen músculos más fuertes y que son los más pequeños los que tienen que pedir perdón cuando algo no está bien.

5) Habitualmente siempre somos injustos, a no ser que seamos santos, con los pobres, los disminuidos, la gente que no es inteligente… es totalmente natural que sintamos aversión hacia los vestidos sucios, hacia las palabras mal dichas o los modos de actuar groseros. Es aburrido escuchar los discursos insensatos y es inútil discutir con quien no entiende lo que queremos decir. Sin embargo, la gran mayoría de estos hombres delante de Dios son mejores que nosotros. ¿Cómo puede ser justo quien no consigue dominar sus antipatías?

6) En la estrecha convivencia de una familia, del colegio, de la universidad, de estudiantes, del servicio militar, de la fábrica, del seminario, de la congregación religiosa, etc., se exige un sentido más agudo de igualdad entre todos los miembros del grupo. Cuanto más estrecho es el contacto, más se notan las diferencias, como dos líneas parecen desiguales cuando una está junto a la otra. Allí donde se trate de vivir como socios o colegas nadie debe buscar privilegios particulares o una posición mejor respecto a los superiores. Si uno recibe un don, diligentemente debe compartirlo con sus camaradas de modo que llegue a todos y no sólo a algunos. Una persona honesta no usa para sí mismo permisos que han sido rechazados sin motivo para otros. Todo el comportamiento de la comunidad debe manifestar la tendencia a borrar las diferencias inútiles.

7) La educación en la justicia social es un requisito de nuestro tiempo. El contacto directo entre las personas ha aumentado, por lo que deben disminuir las diferencias. La cuestión de la justicia social no se resuelve con exhortaciones sentimentalistas, ni siquiera con los eslóganes demagógicos que toman los periódicos y las manifestaciones. Se exige un estudio sincero y diligente y un verdadero interés por los demás, aunque estén lejos.

La mayor parte de las discordias proviene del hecho de que se viola el derecho del prójimo. *La justicia y la paz se besan* (***Sal 84,*** 11). Estas palabras del salmo son interpretadas así por san Agustín: «Actúa con justicia y tendrás paz... estas dos virtudes se aman, se besan. Quizá quisieras tener una de ellas sin la otra. "¿Quieres tener paz?" Todos, de forma unánime, responden: "La quiero, la amo, la deseo". Ama, pues, también la justicia porque ella es amiga de la paz».

Pío XII fue elegido papa al comienzo de la gran Guerra Mundial. Era consciente de la poca utilidad que tendrían las exhortaciones superficiales para la conciliación. Por ello, puso en su escudo el antiguo dicho: *Opus iustitiae pax*: la paz es obra de la justicia. ■

(Traducción del original italiano realizada por Ángela Pérez García)

Escuela de grandes orantes

San Juan Bautista de La Salle, maestro de oración (III)

Rafael Hernando de Larramendi, SDJ

El autor es sacerdote y pertenece a la Congregación «Siervos de Jesús». Actualmente es capellán en la Universidad Complutense de Madrid (Campus de Somosaguas). Hizo todos sus estudios previos a la universidad en el Colegio Maravillas (Madrid), de los hermanos de las Escuelas Cristianas.

La oración en los retiros

San Juan Bautista sabe bien que en ocasiones sólo con la oración y el recogimiento pueden curarse algunas dificultades o durezas de los hombres: «Es necesario que el Señor los lleve aparte, porque sólo en el retiro se dispondrán a escuchar la voz de Dios» (*MD* 64, 1, 2).

Por esta razón, invita frecuentemente al diálogo con Dios y propone retiros que recomienda a los Hermanos:

> «Vosotros, que habéis sucedido a los apóstoles en su empleo de catequizar e instruir a los pobres, si queréis que vuestro ministerio sea tan útil a la Iglesia como puede serlo, debéis darles el catecismo todos los días, enseñándoles las verdades fundamentales de nuestra religión. Así seguiréis su ejemplo, que es el del mismo Jesucristo, quien se dedicaba todos los días a esa función. Después, como ellos, tenéis que retiraros para dedicaros a la lectura y a la oración, con el fin de instruiros vosotros mismos a fondo en las verdades y santas máximas que queréis enseñarles y para atraer sobre vosotros, por medio de la oración, las gracias de Dios que necesitáis para ejercer, según el espíritu y la intención de la Iglesia, el empleo que ella os ha encomendado» (*MR* 200, 1, 2).

Para facilitarles estos momentos de retiro escribe unas meditaciones cuyos destinatarios son principalmente los Hermanos, pero no sólo ellos, sino todas las personas que se dedican a la educación de la juventud. En estas meditaciones anima a los educadores a enseñar a los niños las verdades prácticas de la fe de Jesucristo y las máximas del santo Evangelio. Para poder conseguirlo, deben ser primeramente acogidas y vividas por los maestros: «Si queréis que sean provechosas las instrucciones que dais a los que tenéis que instruir para llevarlos a la práctica del bien, es preciso que las practiquéis vosotros mismos y que estéis bien inflamados de celo, para que puedan recibir la comunicación de las gracias que hay en vosotros para obrar el bien; y que vuestro celo atraiga a vosotros el Espíritu de Dios para animarlos a ello» (*MR* 194, 3, 2).

Es en el retiro y la soledad en Dios donde se puede crecer en disponibilidad a su voluntad, donde se puede aprender a imitar el modo de hacer las cosas de Jesucristo: «Dios prepara con la oración y el recogimiento a los hombres que dispone para las grandes empresas. Porque en la soledad y en el abandono de todas las criaturas es donde se aprende a perder el gusto de todo lo que buscan los mundanos. En consecuencia, se aprende a conversar con Dios, el cual se comunica con gozo a quienes halla despegados de todo y les habla de tú a tú. Cuanto más vacío de lo terreno encuentra su corazón, más se les da a conocer y los llena de su espíritu» (*MD* 67, 3, 1-2).

Todo con espíritu de fe ante la presencia de Dios

«**A**cordémonos de que estamos en la santa presencia de Dios. Adorémosle», se rezaba con los niños, siguiendo la enseñanza del fundador, en los colegios de los Hermanos de las Escuelas Cristianas. La espiritualidad de su fundador tiene su centro en la fe como adhesión a Dios:

> «Si no sois de Dios, si no recurrís a menudo a él por la oración, si no enseñáis a los niños más que las cosas exteriores, si no ponéis todo vuestro cuidado en inspirarles el espíritu de la religión, ¿no debéis ser considerados por Dios como

ladrones que os introducís en su casa, que permanecéis en ella sin su participación y que, en vez de inspirar a vuestros alumnos el espíritu del cristianismo, como es vuestro deber, les enseñáis cosas que sólo les servirán para el mundo?» (*MD* 62, 1, 2).

Para Juan Bautista el esfuerzo del cristiano por vivir en el espíritu de fe, es decir, de fe-esperanza-caridad, está ordenado a corresponder a los movimientos del Espíritu Santo, lo cual sólo es posible mediante la oración:

> «Utilizando los dos medios de la oración y de la virtud, os haréis capaces de cumplir bien vuestro deber; pues no lo cumpliréis tal como Dios exige de vosotros, sino en la medida en que seáis fieles y muy asiduos al santo ejercicio de la oración. Por ella, *el Espíritu Santo vendrá a vosotros y os enseñará*, como prometió Jesucristo a sus santos apóstoles, *todas las verdades* (*Jn 16,* 13) de la religión y las máximas del cristianismo, que debéis conocer y practicar a la perfección, puesto que estáis obligados a inspirárselas a los demás» (*MF* 191, 2, 2).

Hombre entero

«Los que componen esta Comunidad son todos laicos, sin estudios superiores, y de cultura mediana. La Providencia ha dispuesto que algunos que se presentaron para ingresar no hayan durado gran cosa… los ejercicios de la comunidad y del empleo exigen un hombre entero y verdadero» (*Memoria sobre el hábito*, n. 10, 1689).

Los Hermanos se emplean en la educación, y esa tarea requiere «hombres enteros», completamente consagrados a la tarea que Dios les ha encomendado:

> «Puesto que estáis llamados en vuestro estado a procurar la santificación de vuestros alumnos, debéis ser santos, con santidad no común; ya que sois vosotros quienes debéis

comunicarles la santidad, tanto por medio de vuestro buen ejemplo como por las palabras de salvación que debéis anunciarles todos los días. La aplicación interior a la oración, el aprecio de vuestros ejercicios piadosos, la fidelidad en cumplirlos bien y en seguir todas las prácticas de comunidad os ayudarán, sobre todo, a adquirir esta santidad y esta perfección que Dios desea que tengáis» (*MD* 39, 2, 2).

Mientras los colegios iban multiplicándose, nuestro santo configuraba la espiritualidad que debía animarlos, centrada en la presencia de Dios, la oración mental y la mortificación interior. Respecto a ésta, solía decir: «Prefiero una onza de mortificación interior que una libra de penitencia externa». Al respecto, en otro texto añadía: «Puesto que estáis obligados a trabajar en la salvación del prójimo, preparaos para el ejercicio de vuestro empleo [...] y cumplir bien vuestro ministerio. Por consiguiente, estudiad el catecismo, leed buenos libros, aplicaos con fervor a la oración y, de acuerdo con el espíritu de vuestro Instituto, mortificad el espíritu y los sentidos» (*MF* 153, 1, 2). Entendía que el primer deber del educador cristiano es conocer a fondo la doctrina evangélica, con miras a poder compartirla adecuadamente con los discípulos; pero su ideal no es dominar el mensaje cristiano de forma especulativa, sino tenerlo poseído de manera vital y práctica. ■

Tesoros de la Liturgia

La Plegaria eucarística cuarta (XI)

Juan Manuel Sierra López

El autor, colaborador habitual de Magnificat, es doctor en Liturgia. Trabaja al servicio de la Santa Sede como oficial de la Congregación para el Culto divino y la Disciplina de los Sacramentos.

Las palabras de la consagración, en la Plegaria eucarística cuarta, se recogen de forma semejante a las demás plegarias. Lo mismo sucede con la aclamación que sigue, al final de las palabras de la institución de la Eucaristía.

Inmediatamente después nos encontramos con la *anámnesis*, el recuerdo y la presencia del misterio que celebramos en la santa Misa.

Cuando celebramos lo que Cristo realizó en la Última Cena, estamos viviendo el misterio de la redención y se actualiza la acción salvífica de Jesús. Es una conmemoración y un sacrificio que se realiza por nosotros y en nosotros, de tal manera que -con la ofrenda y el recuerdo de lo que el Señor ha hecho, sigue haciendo y nosotros hacemos en comunión con él- participamos plenamente del misterio. Sólo así es posible la adoración en espíritu y verdad que nos introduce en la realidad de la unión del hombre con Dios.

El texto

Debemos abordar el párrafo completo, que expone el misterio pascual y se abre a una perspectiva escatológica, puesto que mira al retorno final de Cristo desde la acción concreta que estamos realizando. Veámoslo:

«Por eso, Padre, al celebrar ahora el memorial de nuestra redención, recordamos la muerte de Cristo y su descenso al

lugar de los muertos, proclamamos su resurrección y ascensión a tu derecha; y mientras esperamos su venida gloriosa, te ofrecemos su Cuerpo y su Sangre, sacrificio agradable a ti y salvación para todo el mundo».

El misterio de la redención

Estamos participando del misterio de la redención, que pone en conexión los distintos acontecimientos de la salvación que aquí se enumeran y constituye, por decirlo así, una profesión de fe y una presencia del misterio pascual.

Nuestra oración, toda la Plegaria eucarística, se dirige al Padre, por Cristo, en el Espíritu Santo. Recordar esto es fundamental, y así lo hace la misma Plegaria con la invocación al inicio de este párrafo, aludiendo al mandato recibido del Señor, para que continuemos la celebración de la Eucaristía hasta el final de los tiempos.

Este «memorial de nuestra redención» es la clave de la misma celebración, como recuerda el mismo *Catecismo de la Iglesia Católica* (n. 1362-1364): «La Eucaristía es el memorial de la Pascua de Cristo, la actualización y la ofrenda sacramental de su único sacrificio, en la liturgia de la Iglesia que es su Cuerpo. En todas las plegarias eucarísticas encontramos, tras las palabras de la institución, una oración llamada anámnesis o memorial. En el sentido empleado por la Sagrada Escritura, el memorial no es solamente el recuerdo de los acontecimientos del pasado, sino la proclamación de las maravillas que Dios ha realizado en favor de los hombres. [...] Cuando la Iglesia celebra la Eucaristía, hace memoria de la Pascua de Cristo y ésta se hace presente: el sacrificio que Cristo ofreció de una vez para siempre en la cruz permanece siempre actual: *Cuantas veces se renueva en el altar el sacrificio de la cruz, en el que Cristo, nuestra Pascua, fue inmolado, se realiza la obra de nuestra redención*».

Sigue después, como un desarrollo explicativo de la redención, la enumeración de los misterios: la muerte de Cristo, el descenso al lugar de los muertos, la resurrección, la ascensión a la derecha del Padre y, por último, la espera de la venida gloriosa del Señor, que marca la situación presente y la ocasión de ofrecer este sacrificio.

Hay una correspondencia entre el Credo de la Iglesia (símbolo de la fe) y la Plegaria eucarística que celebra la fe haciendo de ella una oración en la Iglesia.

La ofrenda

Lo que estamos ofreciendo, el Cuerpo y la Sangre de Cristo, procede del misterio que hacemos presente: el sacrificio de la cruz, celebrado sacramentalmente en la Última Cena y actualizado por nosotros y para nosotros, por el ministerio del sacerdote (de la Iglesia a través de los sacerdotes) sobre el altar.

La contemplación del misterio de Cristo, que se hace presente, nos lleva a la acción, a la imitación y a la comunión con el Señor. También se expresa en este momento la doble dimensión de la Eucaristía: ascendente (desde nosotros hacia Dios Padre) y descendente (desde el Padre hasta nosotros), de alabanza y de santificación respectivamente.

En realidad, todo se encierra en el sacrificio de Cristo, presente en la Misa, sacrificio que el Padre acoge con amor por la presencia de su Hijo.

Conclusión

Participar en la Eucaristía es entrar en comunión con el Señor y compartir, como pedía san Pablo, los padecimientos de Cristo. Si ya el bautismo implica morir con Cristo para resucitar con él, esto llega a su máxima expresión en la celebración de la Misa, en que se actualiza el misterio de la redención.

Y es en la Plegaria eucarística donde todo esto se manifiesta con mayor claridad. Por eso es tan importante que meditemos su contenido y asimilemos sus enseñanzas, de tal forma que se haga vida en nosotros lo que dice el sacerdote en la celebración. ■

La Palabra y las palabras

Pequeño vocabulario hebreo para uso espiritual (XL): Ley

Manuel Iglesias, SJ

Si pensar en «la Ley» nos sugiere una serie de párrafos resecos, quizás incómodos, que no se pueden amar, llenos de trampas para disfrute de juristas y que se supone que pesan mucho por aquello de «todo el peso de la Ley» que caerá sobre quienes no la cumplan, estemos atentos al leer la Biblia, porque la palabra hebrea

toráh,

escrita en el Antiguo Testamento doscientas dieciocho veces, dice ley… y algo más.

Cierto, muchas veces no significa más que eso: normas, mandatos (*Gén 26*, 5: «Abrahán cumplió mis observancias, mandamientos, preceptos y leyes…»), quizás escritos y ya coleccionados (***Baruc 4,*** 1 habla del «libro de los mandatos de Dios»); de ahí «la Ley» pasó a significar el Pentateuco, cinco libros que contienen leyes; más tarde los judíos cristianos llamaron «la Ley» a todo el Antiguo Testamento (cf. ***Rom 3,*** 19s).

Pero *toráh* procede del verbo *yaráh*, y este verbo (recordemos lo dicho en enero de 2011) nos lleva en dos direcciones: *dirigir*, señalar con el dedo, indicar, y *obtener una respuesta*, un oráculo, una enseñanza. Esto basta para reconciliarnos con la palabra toráh:

- puede ser ley como «norma» de orientación para la conducta moral («incúlcales los preceptos y las leyes, enséñales el camino que deben seguir y las obras que han de practicar»: ***Éx 18,*** 20);

• o bien, ley como «instrucción», «enseñanza», revelación («la enseñanza del sabio es fuente de vida»: ***Prov 13,*** 14). Por eso cerrarse a conocer la ley de Dios es peligroso: «Si uno cierra su oído para no oír la Ley, su oración será aborrecida» (***Prov 28,*** 9). Todavía más, por boca del profeta Oseas (***4,*** 6) Dios llegó a amenazar así: «Pues olvidaste la ley de tu Dios, también yo me olvidaré de tus hijos».

Lo importante es que este término se usa especialmente para *la Ley del Señor*: «los Mandamientos» de Dios (***Éx 18,*** 16) que expresan su voluntad, «la ley que propuso Moisés a los israelitas» de parte de Dios (***Dt 4,*** 44). En los Salmos siempre toráh se refiere a *la voluntad de Dios*. Por eso se la puede amar de verdad, por eso es orientación para la vida («Dichoso el que camina en la ley del Señor»: ***Sal 119,*** 1), por eso es fuente de la auténtica alegría. Repasando el Salmo 119, que acumula veinticinco veces la palabra toráh para decir voluntad, mandato, consigna, precepto, palabra, norma, etc., del Dios amado sobre todas las cosas, entenderemos que el orante diga: «¡Mi delicia es tu Ley!» (v. 70). Es que cuando se ama a Dios su voluntad no pesa, al contrario, «es descanso del alma» (***Sal 19,***8).

Me queda añadir que transmitir fielmente al pueblo la ley-voluntad de Dios es oficio típicamente sacerdotal (cf. ***Jer 18,*** 18), de modo que cuando eso falta surge un vacío, una carencia que está llena de tristeza.

Para rezar: Ya que acabo de citar a Jeremías, vamos a su consoladora profecía en ***31,*** 31ss: «Van a llegar días "oráculo del Señor" en los que haré con la Casa de Israel y la Casa de Judá una alianza nueva: (...) pondré mi Ley en su interior y la escribiré en sus corazones, y yo seré su Dios y ellos serán mi pueblo». En ***24,*** 7 decía: «Les daré un corazón capaz de conocerme. Ellos serán mi pueblo y yo seré su Dios».

Sabemos bien dónde y cuándo se cumplió perfectamente esta profecía: en el Corazón humano de su Hijo primogénito. ¿Por qué, si no, iba a elegir yo esa palabra hebrea para este mes de junio? ■

Vida cristiana

Consejos de san Agustín a la juventud
XIX. La autoridad y sus peligros

Eudaldo Forment

Es laico, padre de familia y catedrático de metafísica
en la Universidad Central de Barcelona.

A toda autoridad, ya sea paterna, educativa, política, militar o religiosa, le compete la obligación de conducir a quienes están sujetos a ella hacia un fin, hacia un bien. Los que están bajo la autoridad apetecen este bien, porque lo reclama su misma naturaleza y les va a permitir alcanzar su plenitud o perfección en el orden de aquel bien. El hecho de realizar el servicio de proporcionar el bien de los subordinados implica que la autoridad ha de poseer este bien que difunde o comunica a los demás y, por tanto, que dicha autoridad tiende a la excelencia. Al considerar su superior bien o excelencia, los regidos por la autoridad le deben honor.

Estas nociones surgen de la consideración de las relaciones que expresa la palabra «autoridad», no sobre tal o cual autoridad y sus características accidentales y diferentes circunstancias. Sin ellas, no es fácil comprender que a las personas constituidas en autoridad se las deba honrar por su estado de mayor dignidad o excelencia. Por ello, en su decimoctavo consejo a la juventud san Agustín pide a los jóvenes -no siempre educados en estos conceptos-:

«Da honor a quien se lo merece aunque él no lo desee».

El principio de la autoridad

El honor que se hace a una persona revestida de autoridad es el reconocimiento del bien que posee y de que merece la consideración de los demás. Con el honor se testimonia o reconoce su excelencia. A esta misma cualidad de la persona honrada con la admiración, respeto y estima de los demás se le puede también denominar honor u honra.

Debe rendirse honor al que lo merece o es digno de ello, tal como indica en su consejo san Agustín. La obligación deriva de la misma relación de autoridad. La autoridad, y el poder coercitivo o moral que supone, es querida por Dios. San Agustín mantiene esta importante afirmación cristiana apoyándose en la Escritura. Comentando las palabras de Cristo ante Pilato: «No tendrías ningún poder sobre mí si no te hubiese sido dado de arriba» (*Jn 19*, 11), concluye Agustín: «Aprendamos su enseñanza, transmitida también por el apóstol, de que "no hay poder que no venga de Dios" (*Rom 13*, 1)» (*Comentario al evangelio de san Juan*, 116, 8).

En *La Ciudad de Dios*, en la que juzga desde la sabiduría cristiana la política pagana, profundizando en la premisa de que toda autoridad viene de Dios, san Agustín señala:

> «No atribuyamos la potestad de distribuir reinos e imperios más que al Dios verdadero. Él es quien da la felicidad, propia del reino de los cielos, a sólo los hombres religiosos. En cambio, el reino de la tierra lo distribuye a los religiosos y a los impíos, según le place, él, que en ninguna injusticia se complace».

Los imperios políticos no quedan sacralizados, se les critica sus insuficiencias y sus vicios; pero tampoco son condenados, porque tienen también valores, como el reconocimiento y mantenimiento de la autoridad. Son vistos desde la perspectiva cristiana providencialista. En los distintos hechos históricos hay un designio de Dios, muchas veces incomprensible para nosotros, pero que siempre es para bien: «Sin lugar a dudas, es el Dios único y verdadero quien regula y gobierna todos estos avatares de la historia, según le place. Quizá los motivos sean ocultos. ¿Pero serán por ello menos justos?» (*La Ciudad de Dios*, V, 21).

La potestad de la autoridad no es, sin embargo, absoluta. Su poder está limitado por la ley de Dios. Los cristianos obedecen a la autoridad, en conciencia y con responsabilidad ante Dios. Así, si el poder terreno contradice la ley de Dios, argumenta el santo:

> «Pero ¿qué hacer si manda lo que no debes hacer? Aquí no hay que dudarlo: Desprecia ese poder por temor al Poder sumo. Examinad los grados de las jerarquías humanas. Si algo mandase un pretor, ¿no se ha de hacer? Pero si ordena contra el procónsul, cierto no es despreciar su autoridad, sino preferir una obediencia a otra mayor. Ni tiene aquí razón alguna para llevarlo a mal; el mayor está delante» (*Sermón* 62, 13).

El cristiano no puede faltar nunca a la ley de Aquel que dijo: «Dad al César lo que es del César y a Dios lo que es de Dios» (*Mt 22,* 21).

El peligro de los honores

Puede sorprender que al final de este consejo de san Agustín sobre la honra y la alabanza, que es un modo externo de manifestarla, advierta que puede que la persona honorada o alabada no quiera ser objeto de ello. Se comprende si se tiene en cuenta el peligro que conllevan los honores. Es innegable que «a muchos les aprovechó la vida privada y les hizo daño el encumbramiento de los honores».

Los honores son bienes temporales que, como todos los beneficios no eternos, también se pueden pedir a Dios, aunque del modo que explica san Agustín:

> «Pidamos también estos bienes temporales discretamente, y tengamos la seguridad, si los recibimos, de que nos vienen de quien sabe lo que nos conviene. ¿Pediste y no recibiste? Fíate del Padre: si te conviniera, te lo habría dado. Juzga por

ti mismo. Tú eres, delante de Dios, por tu inexperiencia de las cosas divinas, como tu hijo para ti con su inexperiencia de las cosas humanas. Ahí tienes a ese hijo llorando un día entero por que le des un cuchillo o una espada. Te niegas a dárselo y no haces caso de sus lloros por no tener que llorarle muerto (…) y para que vaya creciendo y posea sin peligro la fortuna, le niegas ahora sus insignificantes demandas peligrosas» (*Sermón* 80, 7).

Como los otros bienes temporales, los honores deben ordenarse a su verdadero fin, que es el bien del prójimo y la gloria de Dios. «Quieres honores: cosa buena son, bajo condición de usar bien de ellos. ¡Para cuántos fueron los honores principio de ruina! ¡Para cuántos fueron ocasión de buenas obras!» (*Sermón* 72, 4). Si se desean las cosas temporales desordenadamente, se usan mal y llevan al mal. En cambio:

«También nosotros usamos de ellas según la necesidad de nuestra peregrinación, pero no fijamos ahí nuestro gozo, para que al derrumbarse no nos sepulten; nosotros "usamos de este mundo como si no usáramos" (*1 Cor 7*, 31) para llegar a quien hizo este mundo y permanecer en él, gozando de su eternidad» (*Sermón* 157, 5).

Además, pregunta san Agustín sobre la alabanza humana:

«¿Es todo más que humo y viento? ¿No pasa y se va todo en veloz carrera? Y ¡ay de aquellos que se adhieren a lo que así pasa, porque pasan junto con ello! ¿No es todo como un río que va en su carrera a precipitarse en el mar? ¡Ay de aquel que se caiga en ese río: será arrastrado al mar!» (*Comentario al evangelio de san Juan*, 10, 6).

Al buscar la alabanza entre los hombres, se cae en el pecado de la vanidad, el deseo de la excelencia de honor desordenado. De la tentación de la vanidad se puede pasar a la soberbia, al deseo desordenado de la propia excelencia. De ahí que: «En mayor peligro nos ponen quienes nos honran que quienes nos maldicen. La honra humana hace cosquillas a nuestra soberbia, mientras que las maldiciones de los hombres nos ejercitan en la paciencia» (*Sermón* 340 A, 8).

San Agustín incluso pone el origen de estas graves tentaciones no sólo en el propio egoísmo, sino también en el demonio, que incita con ellas al mal.

> «Como quiera que por ciertos oficios de la sociedad humana nos es necesario ser amados y temidos de los hombres, insiste el adversario de nuestra verdadera felicidad en esparcir en todas partes como lazos estas palabras: "¡Bien, bien!", para que, mientras las recogemos con avidez, caigamos incautamente y dejemos de poner en tu verdad nuestro gozo, poniéndolo en la falsedad de los hombres, y nos agrade el ser amados y temidos no por motivo tuyo, sino en tu lugar; y de esta manera, hechos semejantes a nuestro adversario, nos tenga consigo no para concordia de la caridad, sino para ser consortes de su suplicio, él que determinó poner su sede en el aquilón (Polo Norte), a fin de que, tenebrosos y fríos, sirviesen al que te imitó por caminos perversos y torcidos» (*Confesiones*, X, 36, 59). ■

MES DEL SAGRADO CORAZÓN

Letanías al Sagrado Corazón de Jesús

Señor, ten piedad, ℟ Señor, ten piedad.
Cristo, ten piedad, ℟ Cristo, ten piedad.
Señor, ten piedad, ℟ Señor, ten piedad.

Cristo, óyenos, ℟ Cristo, óyenos.
Cristo, escúchanos, ℟ Cristo, escúchanos.

Padre eterno, Dios de los cielos, ℟ Ten piedad de nosotros.
Dios Hijo, Redentor del mundo, ℟
Dios Espíritu Santo, ℟
Santa Trinidad, un solo Dios, ℟

Corazón de Jesús,
Hijo del eterno Padre, ℟ Ten piedad de nosotros.
Corazón de Jesús, formado por el Espíritu Santo
en el seno de la Virgen Madre, ℟
Corazón de Jesús, unido sustancialmente al Verbo de Dios, ℟
Corazón de Jesús, de majestad infinita, ℟
Corazón de Jesús, templo santo de Dios, ℟
Corazón de Jesús, tabernáculo del Altísimo, ℟
Corazón de Jesús, casa de Dios y puerta del cielo, ℟
Corazón de Jesús, lleno de bondad y de amor, ℟
Corazón de Jesús, hoguera ardiente de caridad, ℟
Corazón de Jesús, asilo de justicia y de amor, ℟
Corazón de Jesús, abismo de todas las virtudes, ℟
Corazón de Jesús, dignísimo de toda alabanza, ℟
Corazón de Jesús, Rey y centro de todos los corazones, ℟
Corazón de Jesús, en quien están todos los tesoros
de la sabiduría y de la ciencia, ℟

Corazón de Jesús, en quien habita
toda la plenitud de la divinidad, ℟

Corazón de Jesús, en quien el Padre halló sus complacencias, ℟
Corazón de Jesús, de cuya plenitud todos hemos recibido, ℟
Corazón de Jesús, deseo de los eternos collados, ℟
Corazón de Jesús, paciente y de mucha misericordia, ℟
Corazón de Jesús, rico para todos los que te invocan, ℟
Corazón de Jesús, fuente de vida y de santidad, ℟
Corazón de Jesús, propiciación por nuestros pecados, ℟
Corazón de Jesús, saciado de oprobios, ℟
Corazón de Jesús, despedazado por nuestros delitos, ℟

Corazón de Jesús, hecho obediente hasta la muerte, ℟
Corazón de Jesús, perforado por una lanza, ℟
Corazón de Jesús, fuente de toda consolación, ℟
Corazón de Jesús, paz y reconciliación nuestra, ℟
Corazón de Jesús, víctima de los pecadores, ℟
Corazón de Jesús, salvación de los que en ti esperan, ℟
Corazón de Jesús, esperanza de los que en ti mueren, ℟
Corazón de Jesús, delicia de todos los santos, ℟

Cordero de Dios, que quitas el pecado del mundo,
perdónanos, Señor.
Cordero de Dios, que quitas el pecado del mundo,
escúchanos, Señor.
Cordero de Dios, que quitas el pecado del mundo,
ten piedad de nosotros.
Jesús, manso y humilde de corazón,
haz nuestro corazón semejante al tuyo.

Oración

Dios todopoderoso y eterno, mira el Corazón de tu amado Hijo y las alabanzas y satisfacciones que te dio en nombre de los pecadores, y concede propicio el perdón a los que imploran tu misericordia, en nombre de tu mismo Hijo Jesucristo, que contigo vive y reina en unión con el Espíritu Santo, Dios, por todos los siglos de los siglos. Amén.

Acto de confianza en el Corazón de Jesús

¡Oh Corazón de Jesús, Dios y hombre verdadero, refugio de los pecadores y esperanza de los que en ti confían!; tú nos dices amablemente: «Venid a mí»; y nos repites las palabras que dijiste al paralítico: «Confía, hijo mío; tus pecados te son perdonados», y a la mujer enferma: «Confía, hija; tu fe te ha salvado», y a los apóstoles: «Confiad, soy yo; no temáis».

Animado con estas palabras tuyas, acudo a ti con el corazón lleno de confianza, para decirte sinceramente y desde lo más íntimo de mi alma: Corazón de Jesús, en ti confío.

En mis alegrías y tristezas, ℟ Corazón de Jesús, en ti confío.
En mis negocios y empresas, ℟
En mis prosperidades y adversidades, ℟
En las necesidades de mi familia, ℟
En las tentaciones del demonio, ℟
En las instigaciones de mis propias pasiones, ℟
En las persecuciones de mis enemigos, ℟
En las murmuraciones y calumnias, ℟
En mis enfermedades y dolores, ℟
En mis defectos y pecados, ℟
En la santificación y salvación de mi alma, ℟
Siempre y en toda ocasión, ℟
En vida y muerte, ℟
En tiempo y eternidad, ℟

Oración

Corazón de mi amable Jesús, confío y confiaré siempre en tu bondad; y, por el Corazón de tu Madre, te pido que no desfallezca nunca esta mi confianza en ti, a pesar de todas las contrariedades y de todas las pruebas que quisieras enviarme, para que, habiendo sido mi consuelo en vida, seas mi refugio en la hora de la muerte y mi gloria por toda la eternidad. Amén.

Consagración al Corazón de Jesús

Dulcísimo Jesús, Redentor del género humano, míranos humildemente postrados ante tu altar. Tuyos somos y tuyos queremos ser; y, para que podamos hoy unirnos más íntimamente a ti, cada uno de nosotros se consagra espontáneamente a tu Sagrado Corazón.

Es verdad que muchos jamás te conocieron, que muchos te abandonaron después de haber despreciado tus mandamientos; ten misericordia de unos y otros, benignísimo Jesús, y atráelos a todos a tu Santísimo Corazón.

Reina, Señor, no solamente sobre los fieles que jamás se apartaron de ti, sino también sobre los hijos pródigos que te abandonaron, y haz que éstos prontamente regresen a la casa paterna, para que no perezcan de hambre y de miseria.

Reina sobre aquellos a quienes traen engañados las falsas doctrinas o se hallan divididos por la discordia, y vuélvelos al puerto de la verdad y a la unidad de la fe, para que en breve no haya sino un solo redil y un solo Pastor.

Concede, Señor, a tu Iglesia segura y completa libertad; otorga la paz a las naciones y haz que del uno al otro polo de la tierra resuene esta sola voz: Alabado sea el divino Corazón, por quien nos vino la salud: a él sea la gloria y el honor por todos los siglos de los siglos. Amén.

Consagración de la familia a los Sagrados Corazones de Jesús y María

Santísimos corazones de Jesús y María,
unidos en el amor perfecto,
como nos miráis con misericordia y cariño,
os consagramos nuestros corazones,
nuestras vidas, y nuestras familias.
Conocemos que el ejemplo bello
de vuestro hogar en Nazaret fue un modelo
para cada una de nuestras familias.
Esperamos obtener, con vuestra ayuda,
la unión y el amor fuerte y perdurable que os disteis.
Que nuestro hogar esté lleno de gozo.
Que el afecto sincero, la paciencia, la tolerancia,
y el respeto mutuo sean dados libremente a todos.
Que nuestras oraciones
incluyan las necesidades de los demás,
no solamente las nuestras.
Y que siempre estemos cerca de los sacramentos.
Bendecid a todos los presentes y también a los ausentes,
tantos a los vivos como a los difuntos;
que la paz esté con nosotros y, cuando seamos probados,
concedednos la resignación cristiana a la voluntad de Dios.
Mantened nuestras familias cerca de vuestros Corazones;
que vuestra protección especial esté siempre con nosotros.
Sagrados Corazones de Jesús y María, escuchad nuestra [oración.

Amén. ■

Bendición de la mesa

El cristiano, antes y después de comer, tanto si lo hace solo como si comparte los alimentos con otros hermanos, da gracias a Dios providente por los manjares que cada día recibe de su bondad. No deja de recordar, además, que el Señor Jesús unió el sacramento de la Eucaristía al rito de un banquete y que, una vez resucitado de entre los muertos, se manifestó a los discípulos al partir el pan.

(Bendicional, 883-884)

Antes de la comida

Dios es el que os manda a vosotros la lluvia y las buenas cosechas, y él es quien os da lo necesario para que comáis y estéis contentos (**Hch 14**, 17).

℣ Padre de bondad, todo lo que recibimos viene de ti. Ayúdanos a gozar de ello con sencillez y a compartirlo con generosidad. Bendice nuestro alimento de hoy.

℟ Amén.

Después de la comida

℣ Señor, hemos estado reunidos para compartir contigo el banquete del amor y la justicia. Te damos las gracias. Bendícenos con María, nuestra Madre.

℟ Gracias, Señor.

Antes de la cena

℣ Bendito seas, Padre, por tu Hijo Jesucristo. Él anima nuestra fe y alimenta nuestra esperanza.

℟ Bendito seas, Señor.

Después de la cena

℣ ¡Gracias, Padre, porque nos cuidas con tu amor y porque nos regalas el pan de cada día!

℟ Amén.

Antífona mariana

Salve regina

Oración de la noche

antes del descanso nocturno

La caída de la tarde es momento adecuado para revisar la jornada con la mirada de Dios sobre nuestra persona y las acciones del día que termina. Pidamos, además, perdón al Señor por todo lo que no haya sido vivido «en su presencia, en el amor».

Muéstranos, Señor, tu misericordia
y danos tu salvación.

Gloria al Padre, y al Hijo, y al Espíritu Santo...

Luego se dice:
Yo confieso ante Dios todopoderoso...

Propuesta primera

Himno

Tiembla el frío de los astros,
y el silencio de los montes
duerme sin fin (Sólo el agua
de mi corazón se oye).

Su dulce latir, ¡tan dentro!,
calladamente responde
a la soledad inmensa
de algo que late en la noche.

Somos tuyos, tuyos, tuyos;
somos, Señor, ese insomne
temblor del agua nocturna,
más limpia después que corre.

¡Agua en reposo viviente,
que vuelve a ser pura y joven
con una esperanza! (Sólo
en mi alma sonar se oye).

Gloria al Padre, gloria al Hijo,
gloria al Espíritu Santo,
por los siglos de los siglos. Amén.

SALMO 90

Tú que habitas al amparo del Altísimo,
que vives a la sombra del Omnipotente,
di al Señor: «Refugio mío, alcázar mío,
Dios mío, confío en ti».

Él te librará de la red del cazador,
de la peste funesta.
Te cubrirá con sus plumas,
bajo sus alas te refugiarás:
su brazo es escudo y armadura.

No temerás el espanto nocturno,
ni la flecha que vuela de día,
ni la peste que se desliza en las tinieblas,
ni la epidemia que devasta a mediodía.

Caerán a tu izquierda mil,
diez mil a tu derecha:
a ti no te alcanzará.

Nada más mirar con tus ojos,
verás la paga de los malvados,
porque hiciste del Señor tu refugio,
tomaste al Altísimo por defensa.

No se te acercará la desgracia,
ni la plaga llegará hasta tu tienda,
porque a sus ángeles ha dado órdenes
para que te guarden en tus caminos;

te llevarán en sus palmas,
para que tu pie no tropiece en la piedra;

caminarás sobre áspides y víboras,
pisotearás leones y dragones.

«Se puso junto a mí: lo libraré;
lo protegeré porque conoce mi nombre,
me invocará y lo escucharé.

Con él estaré en la tribulación,
lo defenderé, lo glorificaré;
lo saciaré de largos días,
y le haré ver la salvación».

Gloria al Padre…

Palabra de Dios — Apocalipsis 22, 4-5

VERÁN AL SEÑOR cara a cara y llevarán su nombre en la frente. Ya no habrá más noche, ni necesitarán luz de lámpara o del sol, porque el Señor Dios irradiará luz sobre ellos, y reinarán por los siglos de los siglos.

A tus manos, Señor,
encomiendo mi espíritu. A tus manos…

CÁNTICO DE SIMEÓN — (Texto contraportada D)

Sálvanos, Señor, despiertos, protégenos mientras dormimos, para que velemos con Cristo y descansemos en paz.

ANTÍFONA MARIANA — (Texto página 27)

PROPUESTA SEGUNDA

HIMNO

Gracias rendidas demos al Dios omnipotente,
que sacó de la nada la turba de los seres;

Él es quien nos da vida, él es quien nos protege,
y a quien su amparo falta, de continuo perece.

Mi corazón te adora, ¡oh protector celeste!,
y a toda hora te alaba mi lengua balbuciente.

Dame, pues, los auxilios de tu gracia perenne,
y esta noche descanso mientras el día vuelve,
para en él tributarte los himnos reverentes
de un pecho agradecido, que te adorará siempre.

Gloria al Padre, gloria al Hijo, gloria al Espíritu.
Amén.

SALMO 85

Inclina tu oído, Señor, escúchame,
que soy un pobre desamparado;
protege mi vida, que soy un fiel tuyo;
salva a tu siervo, que confía en ti.

Tú eres mi Dios, piedad de mí, Señor,
que a ti te estoy llamando todo el día;
alegra el alma de tu siervo,
pues levanto mi alma hacia ti;

porque tú, Señor, eres bueno y clemente,
rico en misericordia con los que te invocan.
Señor, escucha mi oración,
atiende a la voz de mi súplica.

En el día del peligro te llamo,
y tú me escuchas.
No tienes igual entre los dioses, Señor,
ni hay obras como las tuyas.

Todos los pueblos vendrán,
a postrarse en tu presencia, Señor,
bendecirán tu nombre:
«Grande eres tú, y haces maravillas;
tú eres el único Dios».

Enséñame, Señor, tu camino,
para que siga tu verdad;

mantén mi corazón entero
en el temor de tu nombre.

Te alabaré de todo corazón, Dios mío,
daré gloria a tu nombre por siempre,
por tu gran piedad para conmigo,
porque me salvaste del abismo profundo.

Dios mío, unos soberbios se levantan contra mí,
una banda de insolentes atenta contra mi vida,
sin tenerte en cuenta a ti.

Pero tú, Señor, Dios clemente y misericordioso,
lento a la cólera, rico en piedad y leal,
mírame, ten compasión de mí.

Da fuerza a tu siervo,
salva al hijo de tu esclava;
dame una señal propicia,
que la vean mis adversarios y se avergüencen,
porque tú, Señor, me ayudas y consuelas.

Gloria al Padre…

Palabra de Dios — 1 Tesalonicenses 5, 9-10

DIOS NOS HA DESTINADO a obtener la salvación por medio de nuestro Señor Jesucristo; él murió por nosotros, para que, despiertos o dormidos, vivamos con él.

A tus manos, Señor,
encomiendo mi espíritu. A tus manos…

CÁNTICO DE SIMEÓN — (Texto contraportada D)

Sálvanos, Señor, despiertos, protégenos mientras dormimos, para que velemos con Cristo y descansemos en paz.

ANTÍFONA MARIANA — (Texto página 27)

VIERNES 1 DE JUNIO
San Justino

Oración de la mañana

Venid, adoremos al Señor, Rey de los mártires.

Gloria al Padre, y al Hijo, y al Espíritu Santo,
por los siglos de los siglos. Amén. ¡Aleluya!

HIMNO

Palabra del Señor ya rubricada
es la vida del mártir ofrecida
como una prueba fiel de que la espada
no puede ya truncar la fe vivida.

Fuente de fe y de luz es su memoria,
coraje para el justo en la batalla
del bien, de la verdad, siempre victoria
que, en vida y muerte, el justo en Cristo halla.

Martirio es el dolor de cada día,
si en Cristo y con amor es aceptado,
fuego lento de amor que, en la alegría
de servir al Señor, es consumado.

Concédenos, oh Padre, sin medida,
y tú, Señor Jesús crucificado,
el fuego del Espíritu de vida
para vivir el don que nos has dado. Amén.

CÁNTICO

Tobías 13, 10-13. 15. 16b-17a

Que todos alaben al Señor
y le den gracias en Jerusalén.
Jerusalén, ciudad santa,

él te castigó por las obras de tus hijos,
pero volverá a apiadarse del pueblo justo.

Da gracias al Señor como es debido
y bendice al rey de los siglos,
para que su templo
sea reconstruido con júbilo,

Para que él alegre en ti
a todos los desterrados,
y ame en ti a todos los desgraciados,
por los siglos de los siglos.

Una luz esplendente iluminará
a todas las regiones de la tierra.
Vendrán a ti de lejos muchos pueblos,
y los habitantes del confín de la tierra
vendrán a visitar al Señor, tu Dios,
con ofrendas para el rey del cielo.

Generaciones sin fin
cantarán vítores en tu recinto,
y el nombre de la elegida
durará para siempre.

Saldrás entonces con júbilo
al encuentro del pueblo justo,
porque todos se reunirán
para bendecir al Señor del mundo.

Dichosos los que te aman,
dichosos los que te desean la paz.

Bendice, alma mía, al Señor,
al rey soberano,
porque Jerusalén será reconstruida
y, allí, su templo para siempre.

Gloria al Padre…

Palabra de Dios

2 Corintios 1, 3-5

¡BENDITO SEA DIOS, Padre de nuestro Señor Jesucristo, Padre de misericordia y Dios del consuelo! Él nos alienta en nuestras luchas hasta el punto de poder nosotros alentar a los demás en cualquier lucha, repartiendo con ellos el ánimo que nosotros recibimos de Dios. Si los sufrimientos de Cristo rebosan sobre nosotros, gracias a Cristo rebosa en proporción nuestro ánimo.

Los justos viven eternamente,
reciben de Dios su recompensa. Los justos...

CÁNTICO DE ZACARÍAS

(Texto contraportada B)

En toda oblación alabamos al Creador del universo por medio de Jesucristo, su Hijo, y del Espíritu Santo.

PRECES

Recordando a san Justino, dirijamos nuestra oración a Jesús, que da su fortaleza a los mártires:

℟ Jesús, Hijo de David, escúchanos.

Jesús, tú que te has hecho hombre como nosotros y has venido al mundo para traer la paz,
- extiende a todo el mundo el deseo de vivir según la verdad y la justicia. ℟

Jesús, que te has hecho en todo semejante a nosotros excepto en el pecado,
- ayúdanos a apartarnos de todo lo que es contrario a tu amor. ℟

Jesús, que derramaste tu sangre a favor de todos los hombres,
- danos fuerza para defender a los más débiles y confesar la fe. ℟

Jesús, que en la mañana de este día escuchas nuestra oración,
- acompáñanos durante toda la jornada para que nuestras obras sean agradables a tus ojos. ℟

Intenciones libres

Padre nuestro...

ORACIÓN

Señor, tú que has enseñado a san Justino a encontrar en la locura de la cruz la incomparable sabiduría de Cristo, concédenos, por intercesión de tu mártir, la gracia de alejar los errores que nos cercan y de mantenernos firmes en la fe. Por nuestro Señor Jesucristo.

MISA

Viernes de la 8ª semana del tiempo ordinario

SAN JUSTINO (SIGLO II) *Memoria*

● *Justino, filósofo y mártir, nació en Flavia Neápolis (Nablus), en Samaria, a comienzos del siglo II, de familia pagana. Convertido a la fe, escribió diversas obras en defensa del cristianismo; de entre ellas se conservan únicamente dos* Apologías *y el* Diálogo con Trifón. *Abrió en Roma una escuela donde sostenía discusiones públicas. Fue martirizado con varios compañeros en tiempos de Marco Aurelio, hacia el año 165.* ●

ANTÍFONA DE ENTRADA

Me han cavado fosas los insolentes ignorando tu voluntad; pero yo comentaré tus preceptos ante los reyes y no me avergonzaré (cf. Sal 118, 85. 46).

ORACIÓN COLECTA

Señor, tú que has enseñado a san Justino
a encontrar en la locura de la cruz

la incomparable sabiduría de Cristo,
concédenos, por intercesión de tu mártir,
la gracia de alejar los errores que nos cercan
y de mantenernos firmes en la fe.
Por nuestro Señor Jesucristo.

Lectura de la primera carta del apóstol san Pedro 4, 7-13

QUERIDOS HERMANOS: El fin de todas las cosas está cercano. Sed, pues, moderados y sobrios, para poder orar. Ante todo, mantened en tensión el amor mutuo, porque el amor cubre la multitud de los pecados. Ofreceos mutuamente hospitalidad, sin protestar.

Que cada uno, con el don que ha recibido, se ponga al servicio de los demás, como buenos administradores de la múltiple gracia de Dios. El que toma la palabra, que hable palabra de Dios. El que se dedica al servicio, que lo haga en virtud del encargo recibido de Dios. Así, Dios será glorificado en todo, por medio de Jesucristo, a quien corresponden la gloria y el poder por los siglos de los siglos. Amén.

Queridos hermanos, no os extrañéis de ese fuego abrasador que os pone a prueba, como si os sucediera algo extraordinario. Estad alegres cuando compartís los padecimientos de Cristo, para que, cuando se manifieste su gloria, reboséis de gozo.

Palabra de Dios.

SALMO 95

℟. Llega el Señor a regir la tierra.

Decid a los pueblos: «El Señor es rey,
él afianzó el orbe, y no se moverá;
él gobierna a los pueblos rectamente». ℟.

Alégrese el cielo, goce la tierra,
retumbe el mar y cuanto lo llena;
vitoreen los campos y cuanto hay en ellos,
aclamen los árboles del bosque. ℟

Delante del Señor, que ya llega,
ya llega a regir la tierra:
regirá el orbe con justicia
y los pueblos con fidelidad. ℟

Aleluya. Yo os he elegido del mundo, para que vayáis y deis fruto, y vuestro fruto dure -dice el Señor-.

● *«Lo estuvo observando todo». Jesús entra en el templo y observa todas las cosas que allí suceden, no se le escapa ningún detalle; después se aleja. Al siguiente día vuelve con una decisión muy clara, tiene que corregir el comportamiento de sus paisanos: éstos deben buscar que todas sus acciones nazcan de la vida íntima con Dios, de la oración, tal y como Jesús hace.* ●

Lectura del santo evangelio según san Marcos 11, 11-26

Después que la muchedumbre lo hubo aclamado, entró Jesús en Jerusalén, derecho hasta el templo, lo estuvo observando todo y, como era ya tarde, se marchó a Betania con los Doce.
Al día siguiente, cuando salió de Betania, sintió hambre. Vio de lejos una higuera con hojas y se acercó para ver si encontraba algo; al llegar no encontró más que hojas, porque no era tiempo de higos.
Entonces le dijo: - «Nunca jamás coma nadie de ti».
Los discípulos lo oyeron. Llegaron a Jerusalén, entró en el templo y se puso a echar a los que traficaban allí, volcando las mesas de los cambistas y los puestos de los que vendían palomas. Y no consentía a nadie transportar

objetos por el templo. Y los instruía, diciendo: - «¿No está escrito: "Mi casa se llamará casa de oración para todos los pueblos"? Vosotros, en cambio, la habéis convertido en cueva de bandidos».
Se enteraron los sumos sacerdotes y los escribas y, como le tenían miedo, porque todo el mundo estaba asombrado de su doctrina, buscaban una manera de acabar con él.
Cuando atardeció, salieron de la ciudad.
A la mañana siguiente, al pasar, vieron la higuera seca de raíz. Pedro cayó en la cuenta y dijo a Jesús: - «Maestro, mira, la higuera que maldijiste se ha secado».
Jesús contestó: - «Tened fe en Dios. Os aseguro que si uno dice a este monte: "Quítate de ahí y tírate al mar", no con dudas, sino con fe en que sucederá lo que dice, lo obtendrá.
Por eso os digo: Cualquier cosa que pidáis en la oración, creed que os la han concedido, y la obtendréis.
Y cuando os pongáis a orar, perdonad lo que tengáis contra otros, para que también vuestro Padre del cielo os perdone vuestras culpas».
Palabra del Señor.

ORACIÓN SOBRE LAS OFRENDAS

Concédenos, Señor, celebrar dignamente estos misterios
que defendió con valentía tu mártir san Justino.
Por Jesucristo nuestro Señor.

ANTÍFONA DE COMUNIÓN

Nunca entre vosotros me precié de saber cosa alguna, sino a Jesucristo, y éste crucificado (1 Cor 2, 2).

ORACIÓN DESPUÉS DE LA COMUNIÓN

Tú, que nos has reconfortado con el pan del cielo,
concédenos, Señor,
que, siguiendo fielmente las enseñanzas
del mártir san Justino,
nos mantengamos en continua acción de gracias
por los dones que de ti recibimos.
Por Jesucristo nuestro Señor.

MEDITACIÓN

Dios creó al hombre a su imagen, hombre y mujer los creó

Se conoce la verdadera naturaleza y la verdadera nobleza del amor conyugal cuando se le considera desde su fuente suprema: Dios, que es amor. El matrimonio, pues, no es efecto de la casualidad o un producto de la evolución de fuerzas naturales inconscientes: es una sabia institución del Creador para realizar en la humanidad su designio de amor. Por medio de la donación personal recíproca, los esposos tienden a la mutua comunión de sus mismos seres en vista a un mutuo perfeccionamiento personal, y así colaborar con Dios a la generación y educación de nuevas vidas.

Bajo esta luz aparecen claramente las notas y las exigencias características del amor conyugal. Ante todo es un amor plenamente humano, es decir, a la vez sensible y espiritual. No es, pues, de ninguna manera un simple intercambio de instintos y sentimientos, sino también, y sobre todo, un acto de voluntad libre, destinado a mantener y hacer crecer el amor a través de los gozos y los sufrimientos de la vida cotidiana, de tal manera que los esposos lleguen a ser un solo corazón y una sola alma, y juntos alcancen su perfección humana.

Es, seguidamente, un amor total, es decir, una forma del todo especial de amistad personal mediante la cual los esposos comparten generosamente todas las cosas, sin reservas indebidas ni cálculos egoístas. Quien verdaderamente ama a su cónyuge no le ama tan sólo por lo que de él recibe, sino por él mismo, dichoso de poderle enriquecer con el don de sí mismo.

Es también un amor fiel y exclusivo hasta la muerte. En efecto, es así que lo conciben el esposo y la esposa el día en que libremente y con plena conciencia asumen el compromiso matrimonial. Finalmente, es un amor fecundo que no se agota en la común unión entre los esposos, sino que está destinado a perpetuarse suscitando nuevas vidas.

PABLO VI

Papa desde 1963 a 1978, llevó a término el Concilio Vaticano II

Oración de la tarde

¡Damos gracias a tu nombre
por eternidad de eternidades!

Gloria al Padre, y al Hijo, y al Espíritu Santo,
al Dios que es, que era y que viene,
por los siglos de los siglos. Amén. ¡Aleluya!

HIMNO

Testigos de amor
de Cristo Señor,
mártires santos.

Rosales en flor,
de Cristo el olor,
mártires santos.

Palabras en luz
de Cristo Jesús,
mártires santos.

Corona inmortal
del Cristo total,
mártires santos. Amén.

SALMO 144 (I)

Te ensalzaré, Dios mío, mi rey,
bendeciré tu nombre por siempre jamás.

Día tras día te bendeciré
y alabaré tu nombre por siempre jamás.

Grande es el Señor, merece toda alabanza,
es incalculable su grandeza;
una generación pondera tus obras a la otra,
y le cuenta tus hazañas.

Alaban ellos la gloria de tu majestad,
y yo repito tus maravillas;
encarecen ellos tus temibles proezas,
y yo narro tus grandes acciones;
difunden la memoria de tu inmensa bondad,
y aclaman tus victorias.

El Señor es clemente y misericordioso,
lento a la cólera y rico en piedad;
el Señor es bueno con todos,
es cariñoso con todas sus criaturas.

Que todas tus criaturas te den gracias, Señor,
que te bendigan tus fieles;
que proclamen la gloria de tu reinado,
que hablen de tus hazañas;

explicando tus hazañas a los hombres,
la gloria y majestad de tu reinado.
Tu reinado es un reinado perpetuo,
tu gobierno va de edad en edad.

Gloria al Padre…

Palabra de Dios — 1 Pedro 4, 13-14

QUERIDOS HERMANOS, estad alegres cuando compartís los padecimientos de Cristo, para que, cuando se manifieste su gloria, reboséis de gozo. Si os ultrajan por el nombre de Cristo, dichosos vosotros, porque el Espíritu de la gloria, el Espíritu de Dios, reposa sobre vosotros.

Alegraos, justos, y gozad con el Señor. Alegraos...

CÁNTICO DE MARÍA

(Texto contraportada A)

El fuego se apoderó inmediatamente de mi alma, y me invadió el amor de los profetas y de hombres que son amigos de Cristo.

PRECES

A la hora de retirarnos a descansar acudamos a Dios, que cuida de nosotros y nos vela con su amor:

℟ Quédate con nosotros, Señor.

Quédate en el mundo, para que los hombres no destruyamos lo que tú has hecho,
- y para que el espíritu de la discordia desaparezca de nuestros corazones. ℟

Quédate en tu Iglesia, para que se mantenga santa,
- y pueda seguir ofreciéndote un sacrificio de alabanza. ℟

Quédate con los que sufren y unen a la noche la oscuridad de su dolor,
- que tu compañía sea para ellos un bálsamo de esperanza. ℟

Quédate con los niños y con los jóvenes,
- que ningún mal sueño perturbe sus conciencias. ℟

Quédate con todos nosotros,
- y que nuestros hermanos difuntos puedan estar para siempre contigo en el cielo. ℟

Intenciones libres

Padre nuestro...

ANTÍFONA MARIANA

(Texto página 27)

SANTOS
DE AYER Y DE HOY

Corazón de Jesús,
casa de Dios y puerta del cielo,
ten piedad de nosotros.

SANTOS AMMÓN, ZENÓN, TOLOMEO, INGENIS Y TEÓFILO

Mártires († 249)

Estos cinco mártires eran seglares: los cuatro primeros eran soldados y el último era un anciano. En cierta ocasión asistían al juicio contra unos cristianos, y al darse cuenta de que uno de ellos, temeroso por los suplicios a que era sometido, vacilaba y estaba a punto de renegar de su fe, lo animaron con el semblante, con la mirada y con gestos. Por esta causa se levantó contra ellos el griterío de la multitud. Entonces ellos dieron un paso adelante, se plantaron en medio y confesaron que eran cristianos. Los arrestaron en seguida y los ejecutaron. Esto tuvo lugar en Alejandría de Egipto en el año 249.

SAN FORTUNATO

Sacerdote (siglos IV-V)

Se dice que, siendo pobre y viviendo como tal, con su trabajo constante ayudó a los desvalidos, poniendo su vida al servicio de los demás. Murió en Montefalco (Umbría, Italia) en una fecha desconocida en torno a los siglos IV o V.

El que ame al prójimo como a sí mismo debe desearle
todo el bien que apetece para sí;
y como nadie se desea el mal, debemos desear
para el prójimo lo que para nosotros mismos.

San Justino

[**SÁBADO 2 DE JUNIO**]
San Marcelino y san Pedro

Oración de la mañana

Miremos al que hemos traspasado.
¡Acerquémonos al Corazón de Dios!

Gloria al Padre, y al Hijo, y al Espíritu Santo…

HIMNO

Quiero seguirte a ti, flor de las flores,
siempre decir cantar de tus loores;
no me partir de te servir,
mejor de las mejores.

Gran confianza tengo yo en ti, Señora,
mi esperanza está en ti, hora tras hora;
de tribulanza, sin tardanza
venme a librar ahora.

Estrella del mar, puerto de belleza
de todo mi dolor y mi tristeza
venme a librar y confortar,
Señora de la alteza.

Gloria al Padre, y al Hijo,
y al Espíritu Santo. Amén.

CÁNTICO Ezequiel 36, 24-28

Os recogeré de entre las naciones,
os reuniré de todos los países,
y os llevaré a vuestra tierra.

Derramaré sobre vosotros un agua pura
que os purificará:
de todas vuestras inmundicias e idolatrías
os he de purificar;
y os daré un corazón nuevo,

y os infundiré un espíritu nuevo;
arrancaré de vuestra carne el corazón de piedra,
y os daré un corazón de carne.

Os infundiré mi espíritu,
y haré que caminéis según mis preceptos,
y que guardéis y cumpláis mis mandatos.

Y habitaréis en la tierra que di a vuestros padres.
Vosotros seréis mi pueblo,
y yo seré vuestro Dios.

Gloria al Padre...

Palabra de Dios — 2 Pedro 3, 13-15a

NOSOTROS, confiados en la promesa del Señor, esperamos un cielo nuevo y una tierra nueva en que habite la justicia. Por tanto, queridos hermanos, mientras esperáis estos acontecimientos, procurad que Dios os encuentre en paz con él, inmaculados e irreprochables. Considerad que la paciencia de Dios es nuestra salvación.

Te aclamarán mis labios, Señor. Te aclamarán...

CÁNTICO DE ZACARÍAS — (Texto contraportada B)

Guía nuestros pasos, Señor, por el camino de paz.

PRECES

Dirijamos nuestra oración a Cristo, que quiso compartir en todo la suerte de los hombres. Digámosle:

℟ Escúchanos, Señor, que confiamos en ti.

Tú eres el camino que conduce al Padre,
- haz que durante este día no dejemos de vivir en tu presencia. ℟

Tú eres la verdad que nos hace libres,
- enséñanos a rechazar la mentira y a saber leer los signos de los tiempos. ℟

Tú eres el Hijo del hombre que un día ha de volver,
- que en el trabajo y en el descanso estemos preparados para recibirte. ℟

Tú eres el Hijo amado del Padre que da su vida por los hombres,
- haz que estemos dispuestos a dar nuestra vida por la fe. ℟

Tú eres el alimento que da la vida eterna,
- ayúdanos a compartir nuestros bienes con los más necesitados. ℟ Intenciones libres

Padre nuestro...

ORACIÓN

Dios omnipotente y eterno, luz resplandeciente y día sin ocaso, al volver a comenzar un nuevo día, te pedimos que nos visites con el esplendor de tu luz y disipes así las tinieblas de nuestros pecados. Por nuestro Señor Jesucristo.

MISA

Sábado de la 8ª semana del tiempo ordinario

SAN MARCELINO Y SAN PEDRO (SIGLOS III-IV) *Memoria libre*

● *Nos ha dejado noticias de su muerte el papa san Dámaso, que las oyó de boca del mismo verdugo. El martirio tuvo lugar durante la persecución de Diocleciano [284-305]. Fueron decapitados en un bosque, pero sus cuerpos fueron trasladados y sepultados en el cementerio llamado* Ad duas lauros, *en la vía Labicana, donde después de la paz de Constantino se erigió una basílica.* ●

ANTÍFONA DE ENTRADA

Los santos, que siguieron las huellas de Cristo, viven gozosos en el cielo. Derramaron la sangre por su amor, por eso se alegran con Cristo para siempre.

ORACIÓN COLECTA

Señor, tú has hecho del glorioso testimonio
de tus mártires san Marcelino y san Pedro

nuestra protección y defensa,
concédenos la gracia de seguir sus ejemplos
y de vernos continuamente
sostenidos por su intercesión.
Por nuestro Señor Jesucristo.

Lectura de la carta del apóstol san Judas 17. 20b-25

QUERIDOS HERMANOS, acordaos de lo que predijeron los apóstoles de nuestro Señor Jesucristo.
Idos asentando sobre el cimiento de vuestra santa fe, orad movidos por el Espíritu Santo y manteneos así en el amor de Dios, aguardando a que la misericordia de nuestro Señor Jesucristo os dé la vida eterna.
¿Titubean algunos? Tened compasión de ellos; a unos, salvadlos, arrancándolos del fuego; a otros, mostradles compasión, pero con cautela, aborreciendo hasta el vestido que esté manchado por la carne.
Al único Dios, nuestro Salvador, que puede preservaros de tropiezos y presentaros ante su gloria exultantes y sin mancha, gloria y majestad, dominio y poderío, por Jesucristo, nuestro Señor, desde siempre y ahora y por todos los siglos. Amén.
Palabra de Dios.

• SALMO 62 •

℟ Mi alma está sedienta de ti, Señor, Dios mío.

Oh Dios, tú eres mi Dios, por ti madrugo,
mi alma está sedienta de ti;
mi carne tiene ansia de ti,
como tierra reseca, agostada, sin agua. ℟

¡Cómo te contemplaba en el santuario
viendo tu fuerza y tu gloria!
Tu gracia vale más que la vida,
te alabarán mis labios. ℟

Toda mi vida te bendeciré
y alzaré las manos invocándote.
Me saciaré como de enjundia y de manteca,
y mis labios te alabarán jubilosos. ℟

Aleluya. La palabra de Cristo habite entre vosotros en toda su riqueza, dando gracias a Dios Padre por medio de Cristo.

● *«SE PUSIERON A DELIBERAR». Jesús vuelve al templo y los custodios del recinto sagrado le piden cuentas acerca de su comportamiento. Él intuye que tienen malas intenciones: en realidad, no les interesa el templo, sino su imagen; de este modo aprovecha la ocasión para mostrar hasta dónde es capaz de llegar el corazón del hombre cuando vive demasiado preocupado por los respetos humanos.* ●

Lectura del santo evangelio según san Marcos 11, 27-33

EN AQUEL TIEMPO, Jesús y los discípulos volvieron a Jerusalén y, mientras paseaba por el templo, se le acercaron los sumos sacerdotes, los escribas y los ancianos y le preguntaron: - «¿Con qué autoridad haces esto? ¿Quién te ha dado semejante autoridad?»
Jesús les respondió: - «Os voy a hacer una pregunta y, si me contestáis, os diré con qué autoridad hago esto: El bautismo de Juan ¿era cosa de Dios o de los hombres? Contestadme».
Se pusieron a deliberar: - «Si decimos que es de Dios, dirá: "¿Y por qué no le habéis creído?"» Pero como digamos que es de los hombres...»
(Temían a la gente, porque todo el mundo estaba convencido de que Juan era un profeta.)
Y respondieron a Jesús: - «No sabemos».
Jesús les replicó: - «Pues tampoco yo os digo con qué autoridad hago esto».
Palabra del Señor.

Oración sobre las ofrendas

Recibe, Padre santo,
las ofrendas que te presentamos
en la fiesta de tus mártires san Marcelino y san Pedro,
y concédenos la gracia
de permanecer siempre firmes
en la confesión de tu nombre.
Por Jesucristo nuestro Señor.

Antífona de comunión

Vosotros sois los que habéis perseverado conmigo en mis pruebas, y yo os transmito el reino -dice el Señor-; comeréis y beberéis a mi mesa en mi reino (Lc 22, 28-30).

Oración después de la comunión

Señor y Dios nuestro,
que iluminaste el misterio de la cruz
en la muerte gloriosa de tus mártires,
escucha nuestra súplica
y haz que, fortalecidos por este sacrificio,
nos unamos a Cristo fielmente
y trabajemos en la Iglesia
por la salvación de todos los hombres.
Por Jesucristo nuestro Señor.

MEDITACIÓN

No he venido a abolir la Ley, sino a darle plenitud

Quiero recordar a los discípulos de Cristo la bondad de Dios: que ninguno de vosotros se deje inquietar por los herejes si, en la controversia, dicen que el Dios de la Ley no es bueno pero sí justo y que la Ley de Moisés no enseña la bondad sino la justicia. Que estos detractores de Dios, y al mismo tiempo de la Ley, sepan cómo Moisés y Aarón cumplieron, adelantándose, lo que el Evangelio ha enseñado más tarde. Considerad cómo Moisés *ama a sus enemigos y ora por los que le persiguen*; ved cómo, *cayendo rostro en tierra,* los dos oraban por los que se habían rebelado y querían matarlos. En el Evangelio, que se sostiene sobre el fundamento de la Ley, se encuentra el poder de la Ley.

Yo no doy el nombre de Antiguo Testamento a la Ley cuando la considero espiritualmente; la Ley es «Antiguo Testamento» sólo para aquellos que no la quieren comprender según el espíritu. Para éstos, la Ley obligatoriamente se ha hecho «antigua» y vieja porque no puede conservar su fuerza. Pero para nosotros, que la comprendemos y la explicamos según el espíritu y en la línea del Evangelio, es siempre nueva; para nosotros, los dos Testamentos son un nuevo Testamento, no por la fecha en que han sido escritos, sino por la novedad del sentido.

ORÍGENES

Asceta y gran teólogo, lleva a su apogeo la escuela de Alejandría y sufre diversos tormentos en la persecución de Decio (185?-253)

Oración de la tarde

Vísperas de la solemnidad de la Santísima Trinidad

¡Alabemos a nuestro Dios
que es Padre, Hijo y Espíritu Santo!

Gloria al Padre, y al Hijo, y al Espíritu Santo.

HIMNO

Inmenso, soberano,
eterno Dios, Señor del alto cielo,
de la tierra, del mar, del orbe todo,
hechura de tu mano.

Quién descorrer pudiera el denso velo
que me oculta tu ser o de qué modo
de tu sabiduría
un rayo alcanzaría
a penetrar mi mente tenebrosa.

Quién conocer me diera
tu majestad, grandeza y hermosura.
Quién, cuando tu justicia rigurosa
se muestra más severa,
ver cómo la contiene tu blandura.
Quién de este mortal lazo me soltara,
para poder mirarte cara a cara.

Gloria al Padre, al Hijo, y al Espíritu. Amén.

SALMO 141

A voz en grito clamo al Señor,
a voz en grito suplico al Señor;
desahogo ante él mis afanes,
expongo ante él mi angustia,
mientras me va faltando el aliento.

Pero tú conoces mis senderos,
y que en el camino por donde avanzo
me han escondido una trampa.

Mira a la derecha, fíjate:
nadie me hace caso;
no tengo adónde huir;
nadie mira por mi vida.

A ti, grito, Señor,
te digo: «Tú eres mi refugio
y mi lote en el país de la vida».

Atiende a mis clamores,
que estoy agotado;
líbrame de mis perseguidores,
que son más fuertes que yo.

Sácame de la prisión,
y daré gracias a tu nombre:
me rodearán los justos
cuando me devuelvas tu favor.

Gloria al Padre…

Palabra de Dios — Romanos 11, 33-36

¡QUÉ ABISMO de generosidad, de sabiduría y de conocimiento, el de Dios! ¡Qué insondables sus decisiones y qué irrastreables sus caminos! ¿Quién conoció la mente del Señor? ¿Quién fue su consejero? ¿Quién le ha dado primero, para que él le devuelva? Él es el origen, guía y meta del universo. A él la gloria por los siglos. Amén.

Bendigamos al Padre y al Hijo con el Espíritu Santo, ensalcémoslo por los siglos. Bendigamos...

Cántico de María (Texto contraportada A)

Gracias a ti, oh Dios, gracias a ti, verdadera y una Trinidad, una y suprema Divinidad, una y santa Unidad.

Preces

Invoquemos a Jesucristo, luz y salvación para todos los que creen en él. Digámosle:

℟ Señor, escucha nuestra oración.

Tú, que creaste el mundo y a todos los que lo habitan,
- ven a redimir a los hombres que formaron tus manos. ℟

Tú, que enseñaste a tus discípulos a orar,
- danos lo que más necesitamos aunque no sepamos pedírtelo. ℟

Tú, que te compadeces de los pobres y de los débiles,
- derriba las murallas de autosuficiencia y orgullo que nos impiden abandonarnos en ti. ℟

Tú, que quisiste reunir a todos los hombres en un reino,
- recibe a los que hoy han muerto confiando en tu misericordia. ℟

Intenciones libres

Padre nuestro...

Antífona mariana (Texto página 27)

SANTOS
DE AYER Y DE HOY

Corazón de Jesús,
horno ardiente de caridad,
ten piedad de nosotros.

SAN JUAN DE ORTEGA
Ermitaño (1080-1163)

Nació en Quintanaortuño (Burgos). Fue educado y formado por santo Domingo de la Calzada. Ordenado sacerdote, peregrinó a Jerusalén y Roma. Después volvió a España y se retiró a un lugar solitario llamado Ortega (Urtica), en los montes de Oca, lugar enclavado en la ruta del camino de Santiago. Erigió un santuario dedicado a san Nicolás, creó una comunidad que puso bajo la regla agustiniana, dedicada a atender a los peregrinos de la ruta jacobea. Considerado un experto constructor, con las donaciones del rey Alfonso y de su hijo Sancho construyó dos puentes: uno en Logroño y otro en Nájera. A su muerte fue enterrado en el santuario de San Nicolás.

SAN NICOLÁS EL PEREGRINO
(† 1094)

Nació en Grecia, donde pasó algunos años viviendo en soledad. Después se trasladó a Italia y estuvo recorriendo, como peregrino, toda la región de Apulia llevando en la mano una cruz y repitiendo sin cesar *Kyrie, eléison*, «Señor, ten piedad». Murió en Trani (Apulia, Italia).

Nadie debe desconfiar de la misericordia de Dios; nadie debe desesperar de su salvación con la vista de los pecados de la vida pasada: porque Dios sabrá mudar la sentencia de vuestra condenación si vosotros sabéis corregir la iniquidad de vuestra vida.

San Ambrosio

RIQUEZAS DE LA LITURGIA EUCARÍSTICA

Prefacio de la solemnidad de la Santísima Trinidad

Juan Manuel Sierra López

El autor, colaborador habitual de MAGNIFICAT, es doctor en Liturgia.
Trabaja al servicio de la Santa Sede como oficial de la Congregación
para el Culto divino y la Disciplina de los Sacramentos.

El Misal Romano actual, como ya lo hacía el Misal anterior al Concilio Vaticano II, presenta la solemnidad de la Santísima Trinidad el domingo siguiente a Pentecostés.

Se trata de una fiesta litúrgica relativamente tardía en el rito romano, pues no se extendió a toda la Iglesia que sigue la liturgia romana hasta 1334. Lo que se celebra pertenece a la fe y es el misterio central del Credo, pero el contenido de la fiesta parece tener origen en la conexión con la solemnidad de Pentecostés, que nos conduce a la verdad plena y a participar de la acción del Espíritu Santo.

El prefacio

Esta oración es mucho más antigua que la misma solemnidad, puesto que ya aparece en uno de los sacramentarios más antiguos de la liturgia romana, el Sacramentario Gelasiano (n. 680). El texto de la oración es muy cercano a san León Magno y podría situarse hacia el siglo V; de hecho, recoge la enseñanza de varios sermones de este Papa para la fiesta de Pentecostés: la aparición de la tercera persona de la Trinidad lleva a su culminación la revelación del misterio de Dios como Trinidad y, por lo tanto, el misterio más íntimo de la vida divina y la salvación que desde ahí llega hasta nosotros.

La versión que ofrece el Misal de España presenta algunas diferencias con la redacción latina; sin embargo, para nuestro comentario, nos atendremos al texto oficial de España:

«Que con tu único Hijo y el Espíritu Santo eres un solo Dios, un solo Señor; no una sola Persona, sino tres Personas en una sola naturaleza. Y lo que creemos de tu gloria, porque tú lo revelaste, lo afirmamos también de tu Hijo, y también del Espíritu Santo, sin diferencia ni distinción. De modo que, al proclamar nuestra fe en la verdadera y eterna Divinidad, adoramos tres Personas distintas, de única naturaleza e iguales en su dignidad».

Se trata, como se aprecia inmediatamente, de una formulación del misterio que, al mismo tiempo, glorifica la acción de Dios trino.

La proclamación de la Trinidad

La parte central del Prefacio, haciendo alusión a la mención del Padre que se encuentra en el párrafo introductorio, enuncia claramente que el Padre, el Hijo y el Espíritu Santo son un solo Dios, un solo Señor, tres Personas en una sola naturaleza.

Éste es, en resumen, el misterio central de nuestra fe, como recuerda el mismo *Catecismo de la Iglesia Católica* (n. 253-254): «La Trinidad es una. No confesamos tres dioses sino un solo Dios en tres Personas: *la Trinidad consustancial*. Las Personas divinas no se reparten la única divinidad, sino que cada una de ellas es enteramente Dios: el Padre es lo mismo que es el Hijo, el Hijo lo mismo que es el Padre, el Padre y el Hijo lo mismo que el Espíritu Santo, es decir, un solo Dios por naturaleza. Cada una de las tres Personas es esta realidad, es decir, la sustancia, la esencia o la naturaleza divina. Las Personas divinas son realmente distintas entre sí. Dios es único pero no solitario. *Padre, Hijo, Espíritu Santo* no son simplemente nombres que designan modalidades del ser divino, pues son realmente distintos entre sí: el que es el Hijo no es el Padre, y el que es el Padre no es el Hijo, ni el Espíritu Santo el que es el Padre o el Hijo. Son distintos entre sí por sus relaciones de origen: el Padre es quien engendra, el Hijo quien es engendrado y el Espíritu Santo es quien procede. La unidad divina es trina».

Todo esto sin olvidar que es desde este misterio como comprendemos el amor de Dios, que se entrega totalmente en el seno de la Trinidad, en la relación de las tres Personas divinas, y a nosotros por la creación y la redención. Si el amor es siempre un misterio, el de Dios, increado y eterno, lo es en grado sumo.

La revelación

El segundo de los tres párrafos, tal como se presenta la parte central del prefacio en el Misal de España, pasa del enunciado del misterio trinitario a su relación con nosotros: lo creemos, nos lo has revelado y lo afirmamos. En realidad, tanto creer como afirmar son consecuencia de la revelación divina.

Por nosotros mismos no podíamos alcanzar a comprender el misterio profundo de Dios; ha sido necesario que en Jesucristo se nos manifestase la plenitud de Dios. Una vez que aceptamos esa revelación de Dios, que es amor, en las tres Personas divinas, se da el acto de fe y podemos afirmar y proclamar lo que nos constituye como cristianos, como hijos de Dios.

Proclamamos y adoramos

El tercer y último párrafo, que continúa al precedente y alude al misterio desde otro ángulo («tres Personas distintas de única naturaleza» e igual dignidad), señala lo que estamos haciendo en la celebración litúrgica: proclamamos nuestra fe y adoramos.

El acto de culto adquiere así una vertiente de vivencia de fe y de relación auténtica con Dios, conocido y amado en el misterio. Y desde aquí se pasa también a la dimensión misionera, puesto que lo vivido en la liturgia debe ser anunciado al mundo, a fin de que todos conozcan a Dios y participen de su amor.

Conclusión

En la Misa se expresa, como ya sabemos, la fe de la Iglesia. Es necesario que esa fe, en la que fuimos bautizados y que profesamos cada domingo, se haga vida en nosotros por la oración, por la presencia de Dios y por la acción de su gracia.

De esta manera podremos convertirnos en verdaderos apóstoles que dan testimonio de lo que han vivido, de lo que experimentan del misterio profundo de Dios.

La Trinidad, el misterio de Dios, Padre, Hijo, y Espíritu Santo, es central en nuestra fe y lo debe ser siempre en nuestra vida. ■

Palabra de Dios para el domingo

Un solo Dios y tres Personas distintas. Esta afirmación puede parecer un juego de palabras o un enigma irresoluble, pero es la mejor manera que conocemos para expresar el misterio de Dios. Nuestra razón, especialmente en este tiempo en que nos hemos acostumbrado a descifrarlo todo y a rechazar lo que no entendemos, sólo puede asentir con reverencia. Lejos de darle la espalda, intuimos que Dios es un misterio de amor infinito que nuestro lenguaje sólo es capaz de expresar con balbuceos. Padre, Hijo y Espíritu Santo son tres Personas realmente distintas, pero no son tres dioses sino un solo Dios. Con esa sencilla afirmación, que no deja que Dios sea reducido a nuestra medida, reconocemos también que en él está la plenitud de la vida, la máxima perfección, la suma bondad, la medida de toda verdad y belleza. Pero a Dios no podemos capturarlo, sino que es él quien se muestra a nosotros y nos va introduciendo en su misma vida. Las tres divinas Personas no permanecen pasivas, sino que se conocen y se aman desde toda la eternidad y de una manera infinita. Dios nos quiere introducir en esa plenitud de gozo revelándonos su misterio. Y aunque las palabras resulten insuficientes para expresar la realidad, sin embargo nos sirven para introducirnos en ella.

Y, ¿de dónde ha salido ese lenguaje tan difícil? ¿Cuál es su origen? Ciertamente responde a la especulación teológica, sobre todo de los primeros tiempos de la Iglesia. Pero dicha reflexión no se basaba en abstracciones, sino que partía de lo que Dios había revelado y de la vida misma de los cristianos. Leemos en el evangelio que Jesús manda a sus discípulos que bauticen en nombre del Padre y del

Hijo y del Espíritu Santo. De esa manera empieza la vida divina en cada uno de nosotros. Reflexionando sobre las palabras del Señor y el desarrollo de su vida se va comprendiendo mejor el misterio de Dios. No es que lo comprendamos, porque supera totalmente nuestra capacidad, pero sí que a su luz entendemos mejor toda la acción de Dios en la historia. Aunque sigue permaneciendo inaccesible, lo que nos es revelado nos ayuda a conocer mejor a Dios y a entender sus obras. Así, por ejemplo, leemos hoy en la carta de san Pablo que somos *hijos de Dios*. Si Dios no fuera Padre y no hubiera engendrado un Hijo desde toda la eternidad, no podríamos entender la grandeza de nuestra filiación. La consideraríamos como un simple título, pero no como algo que verdaderamente nos hubiera sucedido. Y señala el Apóstol que somos hijos por la acción del Espíritu. Si ese Espíritu no fuera Dios, tampoco nosotros seríamos verdaderamente hijos.

No busquemos, pues, entender, sino adorar. Al hacerlo dejamos que Dios actúe en nosotros con mayor facilidad. Según el Catecismo, la Trinidad «es la fuente de todos los otros misterios de la fe; es la luz que los ilumina. Es la enseñanza más fundamental y esencial en la "jerarquía de las verdades de fe"». Por eso ha de ser también el centro de nuestra vida. En la primera lectura, Moisés se admira de las obras que Dios ha hecho en medio de Israel y se maravilla por su cercanía. Nosotros aún debemos admirarnos más, pues Dios mismo viene a habitar en nuestras almas. No le comprendemos pero le amamos, y amándolo lo vamos conociendo mejor, porque Dios es amor. Con muchos gestos recordamos cada día a la Trinidad: al santiguarnos, en las oraciones de la Misa... Que todo ello, junto a la fiesta que celebramos hoy, nos ayude a elevar nuestro corazón hacia Dios, que nos revela el misterio de su vida para que podamos participar de su misma felicidad.

David Amado Fernández

La oración universal

Estas intenciones deben ser completadas y actualizadas por la comunidad que celebra.

El Espíritu de Dios nos hace llamar a Dios «Abbá», Padre; por eso podemos orar con confianza filial y decir:

℟ *Escucha, Señor, nuestra oración.*

Para que el Señor siga enviando discípulos suyos que anuncien el Evangelio en el nombre del Padre, del Hijo y del Espíritu Santo. *Oremos.* ℟

Para que Dios lleve al mundo a la plenitud y todos los hombres vivamos en auténtica fraternidad. *Oremos.* ℟

Para que Jesucristo, nuestro Salvador y Redentor, nos fascine y atraiga y nos haga a todos sus testigos creíbles. *Oremos.* ℟

Para que el Espíritu Santo que se nos ha dado sea la fortaleza de los pobres, el consuelo de los desvalidos, la seguridad de los emigrantes y la vida de los hombres. *Oremos.* ℟

Para que la vida de la Trinidad resplandezca en el corazón de quienes han consagrado su vida a la alabanza divina y a la contemplación en la vida monástica. *Oremos.* ℟

Padre, tú que nos diste el Espíritu que nos hace hijos tuyos y en Jesús nos mostraste el camino que conduce a ti: escucha nuestras oraciones, fortalece nuestra fe y envíanos a anunciar el Evangelio y a hacer discípulos tuyos. Por Jesucristo nuestro Señor.

℟ *Amén.*

DOMINGO 3 DE JUNIO

La Santísima Trinidad

Día pro orántibus

Oración de la mañana

Adoremos a nuestro Dios, ¡aleluya!
Adoremos al Padre, y al Hijo, y al Espíritu Santo,
¡aleluya!

Alabad al Señor, todos los pueblos.
Aclamadlo, todas las naciones.

Fuerte es su amor para con nosotros.
¡La fidelidad del Señor es eterna!

Gloria al Padre, y al Hijo, y al Espíritu Santo,
por los siglos de los siglos. Amén. ¡Aleluya!

HIMNO

¡Dios mío, Trinidad a quien adoro!,
la Iglesia nos sumerge en tu misterio;
te confesamos y te bendecimos,
Señor, Dios nuestro.

Como un río en el mar de tu grandeza,
el tiempo desemboca en hoy eterno,
lo pequeño se anega en lo infinito,
Señor, Dios nuestro.

¡Dios mío, Trinidad a quien adoro!
Haced de nuestras almas vuestro cielo,
llevadnos al hogar donde tú habitas,
Señor, Dios nuestro.

Oh Palabra del Padre, te escuchamos;
oh Padre, mira el rostro de tu Verbo;

oh Espíritu de Amor, ven a nosotros;
Señor Dios nuestro.

Gloria al Padre, y al Hijo, y al Espíritu:
fuente de gozo pleno y verdadero,
al Creador del cielo y de la tierra,
Señor, Dios nuestro. Amén.

SALMO 149

Cantad al Señor un cántico nuevo,
resuene su alabanza en la asamblea de los fieles;
que se alegre Israel por su Creador,
los hijos de Sión por su Rey.

Alabad su nombre con danzas,
cantadle con tambores y cítaras;
porque el Señor ama a su pueblo,
y adorna con la victoria a los humildes.

Que los fieles festejen su gloria
y canten jubilosos en filas:
con vítores a Dios en la boca,
y espadas de dos filos en las manos:

para tomar venganza de los pueblos
y aplicar el castigo a las naciones,
sujetando a los reyes con argollas,
a los nobles con esposas de hierro.

Ejecutar la sentencia dictada
es un honor para todos sus fieles.

Gloria al Padre…

Palabra de Dios — 1 Corintios 12, 4-6

HAY DIVERSIDAD DE DONES, pero un mismo Espíritu; hay diversidad de ministerios, pero un mismo Señor; y hay diversidad de funciones, pero un mismo Dios que obra todo en todos.

A ti la alabanza y la gloria,
oh Santa Trinidad. A ti la alabanza...

CÁNTICO DE ZACARÍAS (Texto contraportada B)

Bendita sea, ahora y por siempre, y por todos los siglos, la santa y única Trinidad, que ha creado y gobierna todas las cosas.

PRECES

Adoremos a la Santísima Trinidad, que nos ha mostrado el misterio de su vida íntima:

¡Oh Dios mío, Trinidad a quien adoro!
Ayúdame a olvidarme totalmente de mí
para establecerme en ti inmóvil y serena
como si mi alma estuviera ya en la eternidad.
Que nada pueda turbar mi paz
ni hacerme salir de ti, oh mi Dios inmutable,
sino que cada vez me adentre más
en la profundidad de tu Misterio.
Pacifica mi alma, haz de ella tu cielo,
tu morada predilecta y tu lugar de descanso.
Que nunca te deje allí solo,
sino que esté por entero allí contigo,
completamente alerta en mi fe, en total adoración
y del todo entregada a tu acción creadora.
(Santa Isabel de la Trinidad)

Intenciones libres

Padre nuestro…

ORACIÓN

Dios, Padre todopoderoso, que has enviado al mundo la Palabra de la verdad y el Espíritu de la santificación para revelar a los hombres tu admirable misterio, concédenos profesar la fe verdadera, conocer la gloria de la eterna Trinidad y adorar su Unidad todopoderosa. Por nuestro Señor Jesucristo.

MISA

La Santísima Trinidad

Solemnidad

ANTÍFONA DE ENTRADA

Bendito sea Dios Padre, y su Hijo unigénito, y el Espíritu Santo, porque ha tenido misericordia de nosotros.

GLORIA página 224

ORACIÓN COLECTA

Dios, Padre todopoderoso,
que has enviado al mundo
la Palabra de la verdad
y el Espíritu de la santificación
para revelar a los hombres tu admirable misterio,
concédenos profesar la fe verdadera,
conocer la gloria de la eterna Trinidad
y adorar su Unidad todopoderosa.
Por nuestro Señor Jesucristo.

Lectura del libro del Deuteronomio 4, 32-34. 39-40

MOISÉS HABLÓ AL PUEBLO, diciendo: - «Pregunta, pregunta a los tiempos antiguos, que te han precedido, desde el día en que Dios creó al hombre sobre la tierra: ¿hubo jamás, desde un extremo al otro del cielo, palabra tan grande como ésta?; ¿se oyó cosa semejante?; ¿hay algún pueblo que haya oído, como tú has oído, la voz del Dios vivo, hablando desde el fuego, y haya sobrevivido?; ¿algún Dios intentó jamás venir a buscarse una nación entre las otras por medio de pruebas, signos, prodigios y guerra, con mano fuerte y brazo poderoso, por grandes terrores, como todo lo que el Señor, vuestro Dios, hizo con vosotros en Egipto, ante vuestros ojos?

Reconoce, pues, hoy y medita en tu corazón, que el Señor es el único Dios, allá arriba en el cielo, y aquí abajo en la tierra; no hay otro. Guarda los preceptos y mandamientos que yo te prescribo hoy, para que seas feliz, tú y tus hijos después de ti, y prolongues tus días en el suelo que el Señor, tu Dios, te da para siempre».
Palabra de Dios.

• CÁNTICO 32 •

℟ **Dichoso el pueblo que el Señor**
se escogió como heredad.

La palabra del Señor es sincera,
y todas sus acciones son leales;
él ama la justicia y el derecho,
y su misericordia llena la tierra. ℟

La palabra del Señor hizo el cielo;
el aliento de su boca, sus ejércitos,
porque él lo dijo, y existió,
él lo mandó, y surgió. ℟

Los ojos del Señor están puestos en sus fieles,
en los que esperan en su misericordia,
para librar sus vidas de la muerte
y reanimarlos en tiempo de hambre. ℟

Nosotros aguardamos al Señor:
él es nuestro auxilio y escudo;
que tu misericordia, Señor, venga sobre nosotros,
como lo esperamos de ti. ℟

Lectura de la carta del apóstol san Pablo a los Romanos — 8, 14-17

HERMANOS: Los que se dejan llevar por el Espíritu de Dios, ésos son hijos de Dios. Habéis recibido, no un espíritu de

esclavitud, para recaer en el temor, sino un espíritu de hijos adoptivos, que nos hace gritar: «¡Abba!» (Padre).
Ese Espíritu y nuestro espíritu dan un testimonio concorde: que somos hijos de Dios; y, si somos hijos, también herederos; herederos de Dios y coherederos con Cristo, ya que sufrimos con él para ser también con él glorificados.
Palabra de Dios.

Aleluya. Gloria al Padre, y al Hijo, y al Espíritu Santo, al Dios que es, que era y que viene.

Un minuto con el Evangelio

Marko I. Rupnik, SJ

● Enseñar a todas las naciones: *ésta es la misión que Cristo nos dio. No pocas tentaciones se han presentado ante esta misión. Uno de los grandes riesgos es considerar lo que debe enseñarse como una doctrina teórica, como una especie de escuela. Pero puede ser todavía más grave pensar que creer es lo mismo que aprender, y que hacerse cristiano significa aprender y entender una doctrina. Pero Cristo dice:* Enseñar a todas las naciones, bautizándolos en el nombre del Padre, y del Hijo, y del Espíritu Santo. *En la base, por lo tanto, hay un acontecimiento: el bautismo. Con él, el hombre participa, por medio de Cristo, en el amor inquebrantable y en la vida misma de Dios. Este amor de las santísimas Personas es total y absoluto, hasta el punto de ser un solo Dios. Por ello, también el hombre encontrará su sentido y su plena realización en el amor, con el cual se une libremente a los demás. La enseñanza a la que Cristo nos llama tiene su fuente en el bautismo y de él saca vida.* ●

Lectura del santo evangelio según san Mateo 28, 16-20

En aquel tiempo, los once discípulos se fueron a Galilea, al monte que Jesús les había indicado. Al verlo, ellos se postraron, pero algunos vacilaban.

Acercándose a ellos. Jesús les dijo: - «Se me ha dado pleno poder en el cielo y en la tierra.
Id y haced discípulos de todos los pueblos, bautizándolos en el nombre del Padre y del Hijo y del Espíritu Santo; y enseñándoles a guardar todo lo que os he mandado.
Y sabed que yo estoy con vosotros todos los días, hasta el fin del mundo».
Palabra del Señor.

CREDO página 225

ORACIÓN SOBRE LAS OFRENDAS

Por la invocación de tu santo nombre,
santifica, Señor, estos dones que te presentamos,
y transfórmanos por ellos en ofrenda perenne a tu gloria.
Por Jesucristo nuestro Señor.

PREFACIO: EL MISTERIO DE LA SANTÍSIMA TRINIDAD

En verdad es justo y necesario,
es nuestro deber y salvación
darte gracias
siempre y en todo lugar,
Señor, Padre santo,
Dios todopoderoso y eterno.
Que con tu único Hijo y el Espíritu Santo
eres un solo Dios, un solo Señor;
no una sola Persona,
sino tres Personas en una sola naturaleza.
Y lo que creemos de tu gloria,
porque tú lo revelaste,
lo afirmamos también de tu Hijo,
y también del Espíritu Santo,
sin diferencia ni distinción.
De modo que, al proclamar nuestra fe
en la verdadera y eterna Divinidad,
adoramos tres Personas distintas,
de única naturaleza
e iguales en su dignidad.
A quien alaban los ángeles y los arcángeles

y todos los coros celestiales,
que no cesan de aclamarte con una sola voz: Santo…

ANTÍFONA DE COMUNIÓN

Como sois hijos, Dios envió a vuestros corazones al Espíritu de su Hijo, que clama: ¡Abba! Padre (Gál 4, 6).

ORACIÓN DESPUÉS DE LA COMUNIÓN

Al confesar nuestra fe en la Trinidad santa y eterna
y en su Unidad indivisible,
concédenos, Señor y Dios nuestro,
encontrar la salud del alma y del cuerpo
en el sacramento que hemos recibido.
Por Jesucristo nuestro Señor.

DÍA TRAS DÍA

Bautizad en el nombre del Padre, del Hijo y del Espíritu Santo

Mirad cuál es la regla de nuestra fe. Primero: Dios Padre, increado, ilimitado, invisible; Dios uno, creador del universo; éste es el primer artículo de nuestra fe. Segundo artículo: el Verbo de Dios, Hijo de Dios, Jesucristo, nuestro Señor; fue revelado a los profetas de acuerdo con el género de sus profecías y según el designio del Padre; todo fue hecho por medio de él; al final de los tiempos, para recapitular todas las cosas, se dignó hacerse hombre entre los humanos, visible, palpable, y así destruir la muerte y hacer aparecer la vida y obrar la reconciliación entre Dios y el hombre. Y el tercer artículo: el Espíritu Santo; por medio de él han profetizado los profetas, nuestros padres han conocido las cosas de Dios y los justos han sido guiados por los caminos de la justicia; al final de los tiempos fue derramado de una manera nueva sobre los hombres a fin de ser renovados por Dios en toda la tierra.

Por eso, el bautismo de nuestro nuevo nacimiento está colocado bajo el signo de estos tres artículos. Dios Padre nos lo concede en vistas a nuestro nuevo nacimiento en el Hijo por medio del Espíritu Santo. Porque los que llevan en ellos el Espíritu Santo son conducidos al Verbo que es el Hijo, y el Hijo los conduce al Padre, y el Padre nos concede la inmortalidad. Sin el Espíritu es imposible ver al Verbo de Dios, y sin el Hijo nadie puede acercarse al Padre. Porque el conocimiento del Padre es el Hijo, el conocimiento del Hijo se hace a través del Espíritu Santo, y el Hijo da el Espíritu según el Padre quiere.

SAN IRENEO DE LYON

Discípulo de san Policarpo, obispo de Esmirna.
Como obispo de Lyon (Francia), se erigió en defensor de la ortodoxia
frente a los gnósticos. Murió mártir († 200)

Oración de la tarde

Adoremos a nuestro Dios:
al Padre, al Hijo, al Espíritu Santo.

Gloria al Padre, y al Hijo, y al Espíritu Santo...

HIMNO

Principio sin fin, eterna Fuente,
Fundamento de todo, viva Hoguera,
que misteriosamente reverbera
en luceros de amor, zarzas ardientes.

Palabra pronunciada eternamente
que llega hasta nosotros, mensajera
de esperanzas que encienden y liberan.

Tres corrientes en una fuente unidas,
una Hoguera de tres fuegos fundidos:
quiero beber en esa Fuente-Vida

hasta quedar en fuente convertido,
penetraré en el Fuego enamorado
hasta ser en hoguera transformado. Amén.

CÁNTICO Apocalipsis 19, 1-7

Aleluya.
La salvación y la gloria
y el poder son de nuestro Dios,
porque sus juicios
son verdaderos y justos.
Aleluya.

Aleluya.
Alabad al Señor,
sus siervos todos,
los que le teméis,
pequeños y grandes.
Aleluya.

Aleluya.
Porque reina el Señor,
nuestro Dios, dueño de todo,
alegrémonos y gocemos
y démosle gracias.
Aleluya.

Aleluya.
Llegó la boda del Cordero,
su esposa se ha embellecido.
Aleluya.

Gloria al Padre…

Palabra de Dios Efesios 4, 3-6

ESFORZAOS en mantener la unidad del Espíritu con el vínculo de la paz. Un solo cuerpo y un solo Espíritu, como una sola es la esperanza de la vocación a la que habéis sido convocados. Un Señor, una fe, un bautismo. Un Dios, Padre de todo, que lo trasciende todo, y lo penetra todo, y lo invade todo.

El Espíritu del Señor llena la tierra.
Aleluya, aleluya. El Espíritu...

CÁNTICO DE MARÍA (Texto contraportada A)

A ti, Dios Padre no engendrado, a ti, Hijo único, a ti, Espíritu Santo Defensor, santa e indivisible Trinidad, te confesamos con el corazón y con la boca, te alabamos y te bendecimos; a ti la gloria por los siglos.

PRECES

En la solemnidad de la Santísima Trinidad, glorifiquemos a Dios, que nos ha manifestado el misterio de su vida íntima:

℟ Gloria al Padre, al Hijo y al Espíritu Santo.

Por todos los bautizados,
- para que vivan intensamente la relación con Dios, que ha venido a habitar en sus corazones. ℟

Por la Iglesia,
- para que comunique a todos los hombres el misterio del amor de Dios que nos ha sido revelado. ℟

Por las personas consagradas,
- para que en sus vidas resplandezca el Dios que contemplan en la oración. ℟

Por nuestras familias,
- para que sean reflejo del misterio de Dios que nos ha concedido el don de amarnos. ℟

Por todos los que ya han muerto,
- para que puedan ver eternamente el rostro de quien los ha creado y redimido. ℟ **Intenciones libres**

Padre nuestro...

ANTÍFONA MARIANA (Texto página 27)

[LUNES 4 DE JUNIO]

Oración de la mañana

Cristo, tú eres Sacerdote eterno, fiel y misericordioso.

Gloria al Padre, y al Hijo, y al Espíritu Santo…

HIMNO

Omnipotente, altísimo, bondadoso Señor,
tuyas son la alabanza, la gloria y el honor;
tan sólo tú eres digno de toda bendición,
y nunca es digno el hombre de hacer de ti mención.

Loado seas por toda criatura, mi Señor,
y en especial loado por el hermano sol,
que alumbra, y abre el día,
y es bello en su esplendor, y lleva por los cielos
noticia de su autor.

Y por la hermana luna, de blanca luz menor,
y las estrellas claras, que tu poder creó,
tan limpias, tan hermosas,
tan vivas como son, y brillan en los cielos:
¡loado, mi Señor!

Y por la hermana agua, preciosa en su candor,
que es útil, casta, humilde: ¡loado, mi Señor!
Por el hermano fuego, que alumbra al irse el sol,
y es fuerte, hermoso, alegre: ¡loado, mi Señor!
Amén.

CÁNTICO 1 Crónicas 29, 10-13

Bendito eres, Señor,
Dios de nuestro padre Israel,
por los siglos de los siglos.

Tuyos son, Señor, la grandeza y el poder,
la gloria, el esplendor, la majestad,
porque tuyo es cuanto hay en cielo y tierra,
tú eres rey y soberano de todo.

De ti viene la riqueza y la gloria,
tú eres Señor del universo,
en tu mano está el poder y la fuerza,
tú engrandeces y confortas a todos.

Por eso, Dios nuestro,
nosotros te damos gracias,
alabando tu nombre glorioso.

Gloria al Padre…

Palabra de Dios — 2 Tesalonicenses 3, 10b-13

EL QUE NO TRABAJA, que no coma. Porque nos hemos enterado de que algunos viven sin trabajar, muy ocupados en no hacer nada. Pues a ésos les mandamos y recomendamos, por el Señor Jesucristo, que trabajen con tranquilidad para ganarse el pan. Por vuestra parte, hermanos, no os canséis de hacer el bien.

Bendito sea el Señor
ahora y por siempre. Bendito…

CÁNTICO DE ZACARÍAS — (Texto contraportada B)

Bendito sea el Señor, Dios nuestro.

PRECES

Elevemos nuestra oración al Dios que nos ha dado la vida y que nos salva, para que nos conceda trabajar con generosidad en su viña:

℟ Venga a nosotros tu reino, Señor.

Por la Iglesia, para que acoja siempre con amor al pueblo que Dios le ha confiado y lo cuide con dedicación. ℟

Por las autoridades públicas, para que no abusen de los cargos que ocupan y busquen siempre el bien de la sociedad. ℟

Por los que sufren persecución a causa de su fe, para que reciban la fuerza del Espíritu Santo y permanezcan fieles en la tribulación. ℟

Por los que han encontrado la muerte en el cumplimiento de sus obligaciones, especialmente por los policías y militares, para que encuentren la paz del cielo. ℟

Por los estudiantes que afrontan los exámenes de final de curso, para que crezca su amor a la verdad y se empeñen por adquirir los conocimientos que se les exigen. ℟

Intenciones libres

Padre nuestro…

ORACIÓN

Señor, que tu gracia inspire, sostenga y acompañe nuestras obras, para que nuestro trabajo comience en ti, como en su fuente, y tienda siempre a ti, como a su fin. Por nuestro Señor Jesucristo.

MISA

Lunes de la 9ª semana del tiempo ordinario

ANTÍFONA DE ENTRADA

Mírame, oh Dios, y ten piedad de mí, que estoy solo y afligido. Mira mis trabajos y mis penas y perdona todos mis pecados, Dios mío (Sal 24, 16. 18).

ORACIÓN COLECTA

Señor, nos acogemos confiadamente a tu providencia,
que nunca se equivoca,
y te suplicamos que apartes de nosotros todo mal
y nos concedas aquellos beneficios
que pueden ayudarnos para la vida presente y la futura.
Por nuestro Señor Jesucristo.

Comienzo de la segunda carta del apóstol san Pedro 1, 1-7

SIMÓN PEDRO, siervo y apóstol de Jesucristo, a los que por la justicia de nuestro Dios y Salvador Jesucristo les ha cabido en suerte una fe tan preciosa como a nosotros.
Crezca vuestra gracia y paz por el conocimiento de Dios y de Jesús, nuestro Señor.
Su divino poder nos ha concedido todo lo que conduce a la vida y a la piedad, dándonos a conocer al que nos ha llamado con su propia gloria y potencia.
Con eso nos ha dado los inapreciables y extraordinarios bienes prometidos, con los cuales podéis escapar de la corrupción que reina en el mundo por la ambición, y participar del mismo ser de Dios.
En vista de eso, poned todo empeño en añadir a vuestra fe la honradez, a la honradez el criterio, al criterio el dominio propio, al dominio propio la constancia, a la constancia la piedad, a la piedad el cariño fraterno, al cariño fraterno el amor.
Palabra de Dios.

• SALMO 90 •

℟ **Dios mío, confío en ti.**

Tú que habitas al amparo del Altísimo,
que vives a la sombra del Omnipotente,

di al Señor: «Refugio mío, alcázar mío,
Dios mío, confío en ti». ℟

«Se puso junto a mí: lo libraré;
lo protegeré porque conoce mi nombre,
me invocará y lo escucharé.
Con él estaré en la tribulación». ℟

«Lo defenderé, lo glorificaré,
lo saciaré de largos días
y le haré ver mi salvación». ℟

Aleluya. Jesucristo, tú eres el testigo fiel, el primogénito de entre los muertos; tú nos amaste y nos has librado de nuestros pecados por tu sangre.

● *«Su hijo querido». En la parábola que pronuncia el Señor podemos notar la conciencia que tiene de ser el enviado de alguien que lo ama profundamente. Así testifica el amor que lo une al Padre que lo envía con una misión bien determinada. Al mismo tiempo, alude a su aparente fracaso en el cumplimiento de su misión y que, en realidad, será un triunfo muy sólido que conquista por amor.* ●

Lectura del santo evangelio según san Marcos 12, 1-12

En aquel tiempo, Jesús se puso a hablar en parábolas a los sumos sacerdotes, a los escribas y a los ancianos:
- «Un hombre plantó una viña, la rodeó con una cerca, cavó un lagar, construyó la casa del guarda, la arrendó a unos labradores y se marchó de viaje. A su tiempo, envió un criado a los labradores, para percibir su tanto del fruto de la viña. Ellos lo agarraron, lo apalearon y lo despidieron con las manos vacías. Les envió otro criado; a éste lo insultaron y lo descalabraron. Envió a otro y lo mataron; y a otros muchos los apalearon o los mataron. Le quedaba uno, su hijo querido. Y lo envió el último,

pensando que a su hijo lo respetarían. Pero los labradores se dijeron: "Éste es el heredero. Venga, lo matamos, y será nuestra la herencia".
Y, agarrándolo, lo mataron y lo arrojaron fuera de la viña.
¿Qué hará el dueño de la viña? Acabará con los labradores y arrendará la viña a otros.
¿No habéis leído aquel texto: "La piedra que desecharon los arquitectos es ahora la piedra angular. Es el Señor quien lo ha hecho, ha sido un milagro patente"?»
Intentaron echarle mano, porque veían que la parábola iba por ellos; pero temieron a la gente, y, dejándolo allí, se marcharon.
Palabra del Señor.

ORACIÓN SOBRE LAS OFRENDAS

Señor, llenos de confianza en el amor que nos tienes,
presentamos en tu altar esta ofrenda,
para que tu gracia nos purifique
por estos sacramentos que ahora celebramos.
Por Jesucristo nuestro Señor.

ANTÍFONA DE COMUNIÓN

Yo te invoco porque tú me respondes, Dios mío; inclina el oído y escucha mis palabras (Sal 16, 6).

O bien:

Os lo aseguro: cualquier cosa que pidáis en la oración, creed que os la han concedido y la obtendréis -dice el Señor (Mc 11, 23. 24).

ORACIÓN DESPUÉS DE LA COMUNIÓN

Guía, Señor, por medio de tu Espíritu,
a los que has alimentado
con el Cuerpo y la Sangre de tu Hijo,
y haz que, confesando tu nombre
no sólo de palabra y con los labios,
sino con las obras y el corazón,
merezcamos entrar en el reino de los cielos.
Por Jesucristo nuestro Señor.

MEDITACIÓN

El amo de la viña

Santa Catalina oyó que Dios le decía: «Toda criatura dotada de razón posee en sí misma una viña, la viña de su alma. Esta viña de su alma ha recibido de mí una fuerza tal que no hay demonio ni criatura alguna que se la pueda quitar si él mismo se opone a ello. Es en el bautismo donde ha recibido esta fuerza, al mismo tiempo que la espada del amor a la virtud y del odio al pecado.

Arrancad, pues, las malas hierbas de los pecados mortales y plantad las virtudes; arrepentíos, tened repugnancia del pecado y amad la virtud; entonces recibiréis los frutos de la sangre de mi Hijo. No podréis recibirlos si no os disponéis para llegar a ser buenos sarmientos unidos a la vid, pues mi Hijo ha dicho: *Yo soy la verdadera vid, mi Padre es el viñador, y vosotros los sarmientos*. Sí, yo soy el viñador; soy yo quien ha plantado la verdadera vid, mi Hijo único, en la tierra de vuestra humanidad para que vosotros, los sarmientos, unidos a esta vid deis mucho fruto».

SANTA CATALINA DE SIENA

Terciaria dominica que conoció la alta contemplación.
Es doctora de la Iglesia (1347-1380)

Oración de la tarde

Te alabamos, esplendor del Padre,
Jesús, Hijo de Dios.

Gloria al Padre, y al Hijo, y al Espíritu Santo,
al Dios que es, que era y que viene,
por los siglos de los siglos. Amén. ¡Aleluya!

HIMNO

Quiero luchar, y voy por el camino
lleno de fe, de amor y de esperanza,
y en pos del bien mi espíritu se lanza,
desafiando las iras del destino.

He mirado un fanal regio y divino
desparramar su lumbre en lontananza,
y esa luz me dará la venturanza
que espera con placer el peregrino.

Para luchar con fe, tan sólo anhelo
que brillen astros en mi oscuro cielo,
aunque cruce por páramo de abrojos;

porque he de hallar, al fin de la jornada,
que brote de un abismo una alborada,
del abismo radiante de tus ojos. Amén.

CÁNTICO — Efesios 1, 3-10

Bendito sea Dios,
Padre de nuestro Señor Jesucristo,
que nos ha bendecido en la persona de Cristo
con toda clase de bienes espirituales y celestiales.

Él nos eligió en la persona de Cristo,
antes de crear el mundo,
para que fuésemos santos
e irreprochables ante Él por el amor.

Él nos ha destinado en la persona de Cristo,
por pura iniciativa suya,
a ser sus hijos,
para que la gloria de su gracia,
que tan generosamente nos ha concedido
en su querido Hijo,
redunde en alabanza suya.

Por este Hijo, por su sangre,
hemos recibido la redención,
el perdón de los pecados.
El tesoro de su gracia, sabiduría y prudencia
ha sido un derroche para con nosotros,
dándonos a conocer el misterio de su voluntad.

Éste es el plan
que había proyectado realizar por Cristo
cuando llegase el momento culminante:
recapitular en Cristo todas las cosas
del cielo y de la tierra.

Gloria al Padre...

Palabra de Dios Colosenses 1, 9b-11

CONSEGUID un conocimiento perfecto de la voluntad de Dios, con toda sabiduría e inteligencia espiritual. De esta manera, vuestra conducta será digna del Señor, agradándole en todo; fructificaréis en toda clase de obras buenas y aumentará vuestro conocimiento de Dios. El poder de su gloria os dará fuerza para soportar todo con paciencia y magnanimidad, con alegría.

Sáname, Señor, porque he pecado contra ti. Sáname...

Cántico de María (Texto contraportada A)

Proclama mi alma la grandeza del Señor, porque Dios ha mirado mi humillación.

Preces

Al final de la jornada elevemos nuestro corazón al Señor, en quien está nuestro descanso:

℟ Tú eres el Dios que nos salva.

Danos luz para que sepamos reconocer nuestras faltas,
- y fuerza para perdonar a quienes nos han ofendido. ℟

Acoge nuestro trabajo de este día,
- y enséñanos a reconocer que nada podemos sin tu ayuda. ℟

Apiádate de los que no tienen trabajo,
- e inspira a los que dirigen la economía para que sepan encontrar soluciones que permitan acabar con el paro. ℟

Acompaña a todos los que se encuentran lejos de sus hogares,
- que no dejen de experimentar que tú eres nuestro Padre. ℟

Ten misericordia de los que han muerto,
- y recíbelos junto a ti en el reino de la paz. ℟

Intenciones libres

Padre nuestro…

ANTÍFONA MARIANA (Texto página 27)

SANTOS
DE AYER Y DE HOY

Corazón de Jesús,
santuario de justicia y de amor,
ten piedad de nosotros.

BEATO FRANCISCO PIANZOLA
Presbítero (1881-1943)

Nació en Sartirana (Lombardía, Italia) el año 1881. Ingresó en el seminario de Vigevano y se ordenó de sacerdote en 1907. Le animó un ardiente espíritu evangélico, y supo salir al encuentro de la pobreza espiritual de su tiempo con valiente estilo misionero, cuidando de los jóvenes y de los más alejados, en particular de quienes trabajaban en el campo y en las fábricas. Fundó la Congregación de las Religiosas Misioneras de la Inmaculada Reina de la Paz. Murió en Mortara (Italia) el año 1943 y fue beatificado en 2008.

SAN OPTATO DE MILEVI
Obispo († siglo IV)

Obispo de Milevi, en Numidia (la actual Argelia). Destacó por su lucha contra los donatistas, herejía eclesiológica extendida por todo el norte de África. En sus escritos, muy apreciados por san Agustín, defendió la universalidad de la Iglesia y la necesidad de la íntima unidad de los cristianos, frente a los errores donatistas. Murió a finales del siglo IV.

Restituyamos sus dones al Señor;
démosle a él, que recibe
en la persona de cada pobre.

San Paulino de Nola

MARTES 5 DE JUNIO

San Bonifacio

Oración de la mañana

Venid, adoremos al Señor;
aclamemos al Dios admirable en sus santos.

Gloria al Padre, y al Hijo, y al Espíritu Santo.

HIMNO

«Quien entrega su vida por amor,
la gana para siempre»,
dice el Señor.

Aquí el bautismo proclama
su voz de gloria y de muerte.
Aquí la unción se hace fuerte
contra el cuchillo y la llama.

Mirad cómo se derrama
mi sangre por cada herida.
Si Cristo fue mi comida,
dejadme ser pan y vino
en el lagar y el molino
donde me arrancan la vida. Amén.

SALMO 32

Aclamad, justos, al Señor,
que merece la alabanza de los buenos.

Dad gracias al Señor con la cítara,
tocad en su honor el arpa de diez cuerdas;
cantadle un cántico nuevo,
acompañando los vítores con bordones:

que la palabra del Señor es sincera,
y todas sus acciones son leales;
él ama la justicia y el derecho,
y su misericordia llena la tierra.

La palabra del Señor hizo el cielo;
el aliento de su boca, sus ejércitos;
encierra en un odre las aguas marinas,
mete en un depósito el océano.

Tema al Señor la tierra entera,
tiemblen ante él los habitantes del orbe:
porque él lo dijo, y existió,
él lo mandó, y surgió.

El Señor deshace los planes de las naciones,
frustra los proyectos de los pueblos;
pero el plan del Señor subsiste por siempre,
los proyectos de su corazón, de edad en edad.

Dichosa la nación cuyo Dios es el Señor,
el pueblo que él se escogió como heredad.

El Señor mira desde el cielo,
se fija en todos los hombres;
desde su morada observa
a todos los habitantes de la tierra:
él modeló cada corazón,
y comprende todas sus acciones.

No vence el rey por su gran ejército,
no escapa el soldado por su mucha fuerza,
nada valen sus caballos para la victoria,
ni por su gran ejército se salva.

Los ojos del Señor están puestos en sus fieles,
en los que esperan en su misericordia,
para librar sus vidas de la muerte
y reanimarlos en tiempo de hambre.

Nosotros aguardamos al Señor:
él es nuestro auxilio y nuestro escudo;
con él se alegra nuestro corazón,
en su santo nombre confiamos.

Que tu misericordia, Señor, venga sobre nosotros,
como lo esperamos de ti.

Gloria al Padre...

Palabra de Dios — 1 Pedro 5, 10-11

TRAS UN BREVE PADECER, el mismo Dios de toda gracia, que os ha llamado en Cristo a su eterna gloria, os restablecerá, os afianzará, os robustecerá. Suyo es el poder por los siglos. Amén.

El Señor lo revistió con un manto de gloria y puso sobre su cabeza la corona de vencedor. El Señor...

CÁNTICO DE ZACARÍAS — (Texto contraportada B)

El Señor nos suscitó una fuerza de salvación, según lo había predicho por boca de sus profetas.

PRECES

Con confianza, dirijámonos al Padre de la bondad y la misericordia para que nos ayude a ser fieles a sus enseñanzas:

℟ Señor, escucha al pueblo que te invoca.

Por todos los fieles cristianos,
- para que crezca su adhesión a Cristo y que, impulsados por la fe, den abundante fruto de buenas obras. ℟

Por los gobernantes, para que no antepongan sus intereses personales al bien de la nación,
- y encuentren soluciones a los problemas económicos y sociales. ℟

Por los que sufren moral o corporalmente,
- para que encuentren en la solidaridad de los demás un apoyo que les permita vivir con esperanza. ℟

Por los más pobres,
- para que no sean marginados de la sociedad y encuentren posibilidades para vivir con dignidad. ℟

Por nuestra parroquia,
- para que el amor a nuestros hermanos cristianos construya una verdadera comunidad que atraiga a los que viven apartados de la fe. ℟

Intenciones libres

Padre nuestro...

ORACIÓN

Concédenos, Señor, la intercesión de tu mártir san Bonifacio, para que podamos defender con valentía y confirmar con nuestras obras la fe que él enseñó con su palabra y rubricó en el martirio con su sangre. Por nuestro Señor Jesucristo.

MISA

Martes de la 9ª semana del tiempo ordinario

SAN BONIFACIO (673-754) *Memoria*

● *Nació en Inglaterra hacia el año 673; hizo su profesión religiosa en el monasterio de Exeter. En 719 marchó a Alemania a predicar la fe cristiana, obteniendo notable éxito. Consagrado obispo de Maguncia, fundó o instauró, con ayuda de varios compañeros, numerosas iglesias en Baviera, Turingia y Franconia, congregó diversos concilios y promulgó leyes. Fue asesinado por unos paganos durante la evangelización de los frisones en el año 754, y su cuerpo fue sepultado en la abadía de Fulda.* ●

ANTÍFONA DE ENTRADA

Este santo luchó hasta la muerte en defensa de la ley de Dios, y no temió las palabras de los malvados; estaba afianzado sobre roca firme.

ORACIÓN COLECTA

Concédenos, Señor, la intercesión de tu mártir
san Bonifacio,
para que podamos defender con valentía
y confirmar con nuestras obras
la fe que él enseñó con su palabra
y rubricó en el martirio con su sangre.
Por nuestro Señor Jesucristo.

Lectura de la segunda carta del apóstol san Pedro 3, 12-15a. 17-18

QUERIDOS HERMANOS: Esperad y apresurad la venida del Señor, cuando desaparecerán los cielos, consumidos por el fuego, y se derretirán los elementos. Pero nosotros, confiados en la promesa del Señor, esperamos un cielo nuevo y una tierra nueva en que habite la justicia.
Por tanto, queridos hermanos, mientras esperáis estos acontecimientos, procurad que Dios os encuentre en paz con él, inmaculados e irreprochables.
Considerad que la paciencia de Dios es nuestra salvación.
Así, pues, queridos hermanos, vosotros estáis prevenidos; estad en guardia para que no os arrastre el error de esos hombres sin principios, y perdáis pie.
Creced en la gracia y el conocimiento de nuestro Señor y Salvador Jesucristo, a quien sea la gloria ahora y hasta el día eterno. Amén.
Palabra de Dios.

• SALMO 89 •

℟ **Señor, tú has sido nuestro refugio
de generación en generación.**

Antes que naciesen los montes
o fuera engendrado el orbe de la tierra,
desde siempre y por siempre tú eres Dios. ℟

Tú reduces el hombre a polvo,
diciendo: «Retornad, hijos de Adán».
Mil años en tu presencia
son un ayer, que pasó;
una vela nocturna. ℟

Aunque uno viva setenta años,
y el más robusto hasta ochenta,
la mayor parte son fatiga inútil,
porque pasan aprisa y vuelan. ℟

Por la mañana sácianos de tu misericordia,
y toda nuestra vida será alegría y júbilo.
Que tus siervos vean tu acción,
y sus hijos tu gloria. ℟

Aleluya. El Padre de nuestro Señor Jesucristo ilumine los ojos de nuestro corazón, para que comprendamos cuál es la esperanza a la que nos llama.

● *«ENSEÑAS EL CAMINO DE DIOS SINCERAMENTE». Los adversarios del Señor tienen razón: va trazando el camino que conduce hacia Dios. No obstante, quisieran una vía desentendida de toda ocupación mundana. Jesús aclara la imposibilidad de su propuesta: es necesario ocuparse del mundo sin perder la referencia última de las cosas y no crear confusiones.* ●

Lectura del santo evangelio según san Marcos 12, 13-17

EN AQUEL TIEMPO, enviaron a Jesús unos fariseos y partidarios de Herodes, para cazarlo con una pregunta. Se acercaron y le dijeron: - «Maestro, sabemos que eres sincero

y que no te importa de nadie; porque no te fijas en lo que la gente sea, sino que enseñas el camino de Dios sinceramente. ¿Es lícito pagar impuesto al César o no? ¿Pagamos o no pagamos?»
Jesús, viendo su hipocresía, les replicó: - «¿Por qué intentáis cogerme? Traedme un denario, que lo vea».
Se lo trajeron. Y él les preguntó: - «¿De quién es esta cara y esta inscripción?»
Le contestaron: - «Del César».
Les replicó: - «Lo que es del César pagádselo al César, y lo que es de Dios a Dios».
Se quedaron admirados.
Palabra del Señor.

ORACIÓN SOBRE LAS OFRENDAS

Señor, santifica con tu bendición
estas ofrendas que te presentamos,
y concédenos la gracia
de vivir encendidos en el fuego de tu amor
que dio fuerza al mártir san Bonifacio
para soportar los tormentos.
Por Jesucristo nuestro Señor.

O bien:

Acepta, Señor, los dones que te presentamos
en honor del mártir san Bonifacio
y sean a tus ojos ofrenda tan preciosa
como el derramamiento de su sangre.
Por Jesucristo nuestro Señor.

ANTÍFONA DE COMUNIÓN

El que quiera venirse conmigo que se niegue a sí mismo, que cargue con su cruz y me siga -dice el Señor (Mt 16, 24).

ORACIÓN DESPUÉS DE LA COMUNIÓN

Señor, que el sacramento que hemos recibido
nos dé la fortaleza con que el mártir san Bonifacio
se mostró siempre fiel a tu servicio
y vencedor en el tormento.
Por Jesucristo nuestro Señor.

MEDITACIÓN

En Cristo, Dios nos hace pasar de ser su imagen a ser sus semejantes

Hombre, ¿por qué te desprecias de tal manera siendo tan precioso a los ojos de Dios? ¿Por qué te deshonras hasta tal punto cuando Dios te honra a través del nacimiento de Cristo en nuestra carne? ¿Por qué buscas con tanto empeño cómo has sido hecho y no te preguntas con qué finalidad has sido hecho? ¿Acaso toda esta morada del mundo que tú contemplas no ha sido hecha para ti? Por ti la luz se expande y disipa las tinieblas, por ti la tierra está esmaltada de flores, árboles y frutos…

Además, el Creador busca qué es lo que puede añadir a tu dignidad: pone en ti *su imagen*, a fin de que esta imagen visible haga presente en la tierra al Creador invisible, y te confía la gestión de los bienes terrestres, para que no se le escape al representante del Señor un dominio tan amplio. Y lo que Dios ha hecho en ti por su poder, ha tenido la bondad de asumirlo él mismo. Ha querido manifestarse verdaderamente en el hombre en quien, hasta entonces, no se había hecho presente más que en imagen. Ha dado al hombre poder ser en realidad lo que hasta entonces había sido tan sólo una simple semejanza. Cristo, pues, nace para devolver toda su integridad a la naturaleza caída.

SAN PEDRO CRISÓLOGO

Obispo de Rávena; con su vida santa y la elocuencia de su palabra ganó numerosas conversiones (Ca. 380-Ca. 450)

Oración de la tarde

Anunciamos tu muerte,
proclamamos tu resurrección.
¡Ven, Señor Jesús!

Gloria al Padre, y al Hijo,
y al Espíritu Santo...

HIMNO

Y yo también como vosotros quiero
sembrar mi corazón, feliz semilla
rebosante de vida, en la amarilla
tierra besada por el sol primero.

Grano de trigo que enterrado espero
brote al ciento por uno. Siega... trilla...
Y apretado en riquísima gavilla
sirva un día de pan al mundo entero.

Pan en la mesa para todo hambriento
de Fe, Esperanza, Amor, de honda alegría.
Venid los que queráis de ese alimento.

Sin miedo a empobrecerme os lo consagro,
que quien multiplicó panes un día
sigue en mí repitiendo su milagro.

Gloria al Padre, al Hijo y al Espíritu Santo. Amén.

SALMO 21 (I)

Dios mío, Dios mío, ¿por qué me has abandonado?
a pesar de mis gritos, mi oración no te alcanza.

Dios mío, de día te grito, y no respondes;
de noche, y no haces caso;
aunque tú habitas en el santuario,
esperanza de Israel.

En ti confiaban nuestros padres,
confiaban, y los ponías a salvo;
a ti gritaban, y quedaban libres,
en ti confiaban, y no los defraudaste.

Pero yo soy un gusano, no un hombre,
vergüenza de la gente, desprecio del pueblo;
al verme se burlan de mí,
hacen visajes, menean la cabeza:
«Acudió al Señor, que lo ponga a salvo;
que lo libre si tanto lo quiere».

Tú eres quien me sacó del vientre,
me tenías confiado en los pechos de mi madre;
desde el seno pasé a tus manos,
desde el vientre materno tú eres mi Dios.
No te quedes lejos, que el peligro está cerca
y nadie me socorre.

Gloria al Padre…

Palabra de Dios 1 Pedro 4, 13-14

QUERIDOS HERMANOS, estad alegres cuando compartís los padecimientos de Cristo, para que, cuando se manifieste su gloria, reboséis de gozo. Si os ultrajan por el nombre de Cristo, dichosos vosotros, porque el Espíritu de la gloria, el Espíritu de Dios, reposa sobre vosotros.

Alegraos, justos, y gozad con el Señor.
Alegraos…

CÁNTICO DE MARÍA (Texto contraportada A)

Se alegra mi espíritu en Dios, mi Salvador.

PRECES

Dios nos enseña el camino de la salvación. Roguemos por intercesión de san Bonifacio para que los dones de enseñar y aprender florezcan entre nosotros:

℟ Señor, en ti ponemos nuestra esperanza.

Llena a todos los que tienen sed de aprender,
- especialmente de conocimiento de ti. ℟

Dirige los esfuerzos de todos los padres para educar a sus hijos,
- y envía maestros dotados y comprometidos a todos los rincones de nuestra nación y del mundo. ℟

A todos los responsables de diseñar y aplicar los programas educativos,
- concédeles creatividad y sabiduría. ℟

Te pedimos especialmente por la enseñanza católica en nuestra patria,
- haz que no falten personas dispuestas a impartirla ni las leyes lo dificulten. ℟

Que nuestros profesores y catequistas que ya han fallecido puedan gozar de la contemplación de la Verdad,
- junto a ti, que eres nuestro Señor y Maestro. ℟

Intenciones libres

Padre nuestro…

ANTÍFONA MARIANA (Texto página 27)

Santos
DE AYER Y DE HOY

Corazón de Jesús,
lleno de bondad y de amor,
ten piedad de nosotros.

Santos Domingo Toai y Domingo Huyen
Mártires (siglo XIX)

Mártires vietnamitas, casados y padres de familia, eran pescadores de profesión y compartían la misma fe cristiana. El 5 de junio de 1862, en tiempo del emperador Tu Duc, en la ciudad de Tang Gia, los introdujeron en sendas chozas de cañas secas, a las que prendieron fuego, muriendo los dos quemados vivos. Antes padecieron una larga y dura prisión en la que, aun sometidos a toda clase de torturas, con gran fortaleza de ánimo exhortaban a sus compañeros a mantenerse firmes en la fe.

Beato Adán Arakawa de Amakusa
Laico (1551-1614)

Nació en Arima (Japón) en 1551. Era un seglar japonés de la diócesis de Fukuoka. Casado, hombre de fe sencilla y bien formada, era catequista y, al marchar los misioneros, quedó como responsable de la comunidad cristiana. Fue encarcelado y torturado desde el 21 de marzo de 1614. Afirmó su fidelidad a las autoridades civiles, pero también la independencia de su fe. En medio de las torturas permanecía continuamente en oración. Fue decapitado en Shiki el 5 de junio de 1614 por no querer apostatar de su fe y por su condición de catequista de la comunidad. Fue beatificado en el año 2008.

Aunque el Hijo, como Dios, sea el Señor de la gloria,
sin embargo, ha cargado sobre sí con nuestra vergüenza
para reconducir a la naturaleza humana al honor regio.

San Cirilo de Alejandría

MIÉRCOLES 6 DE JUNIO

San Norberto

Oración de la mañana

Señor, haz que contemplemos tu amor en este día,
y danos tu salvación.

Gloria al Padre, y al Hijo, y al Espíritu Santo,
como era en un principio, ahora y siempre,
por los siglos de los siglos. Amén. Aleluya.

HIMNO

En el nombre del Padre, del Hijo y del Espíritu,
salimos de la noche y estrenamos la aurora;
saludamos el gozo de la luz que nos llega
resucitada y resucitadora.

Tu mano acerca el fuego a la tierra sombría,
y el rostro de las cosas se alegra en tu presencia;
silabeas el alba igual que una palabra;
tú pronuncias el mar como sentencia.

Regresa, desde el sueño, el hombre a su memoria,
acude a su trabajo, madruga a sus dolores;
le confías la tierra, y a la tarde la encuentras
rica de pan y amarga de sudores.

Y tú te regocijas, oh Dios, y tú prolongas
en sus pequeñas manos tus manos poderosas;
y estáis de cuerpo entero los dos así creando,
los dos así velando por las cosas.

¡Bendita la mañana que trae la noticia
de tu presencia joven, en gloria y poderío,
la serena certeza con que el día proclama
que el sepulcro de Cristo está vacío! Amén.

SALMO 46

Pueblos todos, batid palmas,
aclamad a Dios con gritos de júbilo;
porque el Señor es sublime y terrible,
emperador de toda la tierra.

Él nos somete los pueblos
y nos sojuzga las naciones;
él nos escogió por heredad suya:
gloria de Jacob, su amado.

Dios asciende entre aclamaciones;
el Señor, al son de trompetas:
tocad para Dios, tocad,
tocad para nuestro rey, tocad.

Porque Dios es el rey del mundo:
tocad con maestría.
Dios reina sobre las naciones,
Dios se sienta en su trono sagrado.

Los príncipes de los gentiles se reúnen
con el pueblo del Dios de Abrahán,
porque de Dios son los grandes de la tierra,
y él es excelso.

Gloria al Padre…

Palabra de Dios

Tobit 4, 14-15a. 16ab. 19

TEN CUIDADO, hijo, en todo lo que haces, y pórtate siempre con educación. No hagas a otro lo que a ti no te agrada. Da tu pan al hambriento y tu ropa al desnudo. Da de limosna todo lo que te sobre. Bendice al Señor Dios en todo momento, y pídele que allane tus caminos y que te dé éxito en tus empresas y proyectos.

Inclina, Señor, mi corazón a tus preceptos. Inclina…

CÁNTICO DE ZACARÍAS

(Texto contraportada B)

Ten misericordia de nosotros, Señor, y recuerda tu santa alianza.

PRECES

Dirijámonos a Dios, de quien procede todo bien, para que a lo largo de este día sepamos descubrir su presencia:

℟ Señor, muéstrate propicio.

Por la Iglesia, sacramento de salvación para todos los hombres,
- para que encuentre nuevos métodos, nuevo ardor y nuevas expresiones para comunicar la fe a nuestra generación. ℟

Por los responsables de la administración pública,
- para que sepan descubrir las causas de los problemas y las afronten con inteligencia y valentía. ℟

Por todos los que sufren,
- para que la vivencia del dolor los conduzca a un mayor conocimiento de Cristo. ℟

Por los jóvenes,
- para que encuentren la mejor manera de hacer de su vida un don al servicio de Dios y del prójimo. ℟

Por todas las personas que nos han pedido que las recordemos en nuestras oraciones,
- y por los que nos rodean y necesitan de nuestra ayuda. ℟

Intenciones libres

Padre nuestro…

ORACIÓN

Señor, Dios salvador nuestro, danos tu ayuda, para que siempre deseemos las obras de la luz y realicemos la verdad: así los que de ti hemos nacido como hijos de la luz seremos tus testigos ante los hombres. Por nuestro Señor Jesucristo.

MISA

Miércoles de la 9ª semana del tiempo ordinario

SAN NORBERTO (1080-1134) *Memoria libre*

● *Nació alrededor del año 1080 en Renania. Canónigo de la catedral de Colonia, una vez convertido de su vida mundana, se sujetó a la disciplina regular y fue ordenado sacerdote en 1115. Se entregó al apostolado y a la predicación, principalmente en Francia y Alemania. Junto con un grupo de compañeros, puso los fundamentos de la Orden Premonstratense y fundó algunos monasterios. En 1126 fue elegido arzobispo de Magdeburgo, dedicándose entonces a la reforma de la vida cristiana y logrando que la fe se propagase a las regiones vecinas, que eran paganas. Murió en el año 1134.* ●

ANTÍFONA DE ENTRADA

Buscaré a mis ovejas -dice el Señor- y suscitaré un pastor que las apaciente: yo, el Señor, seré su Dios (Ez 34, 11. 23-24).

ORACIÓN COLECTA

**Señor, tú hiciste del obispo san Norberto
un pastor admirable de tu Iglesia
por su espíritu de oración y su celo apostólico;
te rogamos que, por su intercesión,
tu pueblo encuentre siempre pastores ejemplares
que lo conduzcan a la salvación.
Por nuestro Señor Jesucristo.**

Comienzo de la segunda carta del apóstol san Pablo a Timoteo 1, 1-3. 6-12

PABLO, apóstol de Cristo Jesús por designio de Dios, llamado a anunciar la promesa de vida que hay en Cristo Jesús, a

Timoteo, hijo querido; te deseo la gracia, misericordia y paz de Dios Padre y de Cristo Jesús, Señor nuestro.
Doy gracias a Dios, a quien sirvo con pura conciencia, como mis antepasados, porque tengo siempre tu nombre en mis labios cuando rezo, de noche y de día.
Por esta razón te recuerdo que reavives el don de Dios, que recibiste cuando te impuse las manos; porque Dios no nos ha dado un espíritu cobarde, sino un espíritu de energía, amor y buen juicio.
No te avergüences de dar testimonio de nuestro Señor y de mí, su prisionero.
Toma parte en los duros trabajos del Evangelio, según la fuerza de Dios.
Él nos salvó y nos llamó a una vida santa, no por nuestros méritos, sino porque, desde tiempo inmemorial, Dios dispuso darnos su gracia, por medio de Jesucristo; y ahora, esa gracia se ha manifestado al aparecer nuestro Salvador Jesucristo, que destruyó la muerte y sacó a la luz la vida inmortal, por medio del Evangelio.
De este Evangelio me han nombrado heraldo, apóstol y maestro, y ésta es la razón de mi penosa situación presente; pero no me siento derrotado, pues sé de quién me he fiado y estoy firmemente persuadido de que tiene poder para asegurar hasta el último día el encargo que me dio.
Palabra de Dios.

• SALMO 122 •

℟ **A ti, Señor, levanto mis ojos.**

A ti levanto mis ojos,
a ti que habitas en el cielo.
Como están los ojos de los esclavos
fijos en las manos de sus señores. ℟

Como están los ojos de la esclava
fijos en las manos de su señora,

así están nuestros ojos
en el Señor, Dios nuestro,
esperando su misericordia. R/

Aleluya. Yo soy la resurrección y la vida -dice el Señor-; el que cree en mí no morirá para siempre.

● «*Y A PROPÓSITO DE QUE LOS MUERTOS RESUCITAN*». *El Señor no se deja engañar por los argumentos torcidos de sus interlocutores, puesto que pretenden desacreditar su doctrina; al contrario, aclara la situación para que no haya confusiones al respecto. La resurrección de los muertos es volver a la vida, pero a una vida totalmente nueva y, por tanto, con características nuevas.* ●

Lectura del santo evangelio según san Marcos 12, 18-27

EN AQUEL TIEMPO, se acercaron a Jesús unos saduceos, de los que dicen que no hay resurrección, y le preguntaron:
- «Maestro, Moisés nos dejó escrito: "Si a uno se le muere su hermano, dejando mujer, pero no hijos, cásese con la viuda y dé descendencia a su hermano".
Pues bien, había siete hermanos: el primero se casó y murió sin hijos; el segundo se casó con la viuda y murió también sin hijos; lo mismo el tercero; y ninguno de los siete dejó hijos. Por último murió la mujer.
Cuando llegue la resurrección y vuelvan a la vida, ¿de cuál de ellos será mujer? Porque los siete han estado casados con ella».
Jesús les respondió: - «Estáis equivocados, porque no entendéis la Escritura ni el poder de Dios. Cuando resuciten, ni los hombres ni las mujeres se casarán; serán como ángeles del cielo.
Y a propósito de que los muertos resucitan, ¿no habéis leído en el libro de Moisés, en el episodio de la zarza, lo que le dijo Dios: "Yo soy el Dios de Abrahán, el Dios de

Isaac, el Dios de Jacob"? No es Dios de muertos, sino de vivos. Estáis muy equivocados».
Palabra del Señor.

Oración sobre las ofrendas

Señor, dirige tu mirada propicia
sobre las ofrendas que te presentamos
en la festividad de san Norberto;
que ellas nos merezcan tu perdón
y glorifiquen tu piedad y tu nombre.
Por Jesucristo nuestro Señor.

Antífona de comunión

No sois vosotros los que me habéis elegido -dice el Señor-; soy yo quien os he elegido, y os he destinado para que vayáis y deis fruto y vuestro fruto dure (Jn 15, 16).

Oración después de la comunión

Reanimados por estos sacramentos
te rogamos, Señor, humildemente
que, a ejemplo de san Norberto,
nos esforcemos en dar testimonio
de aquella misma fe que él profesó en su vida,
y en llevar a la práctica todas sus enseñanzas.
Por Jesucristo nuestro Señor.

M E D I T A C I Ó N

No es Dios de muertos, sino de vivos

«Creo en la resurrección de la carne»: El Credo cristiano culmina en la proclamación de la resurrección de los muertos al fin de los tiempos y en la vida eterna. Creemos firmemente, y así lo esperamos, que del mismo modo que Jesucristo ha resucitado verdaderamente de entre los muertos, y que vive para siempre, igualmente los justos, después de su muerte, vivirán para siempre con Cristo resucitado y que él los resucitará en el último día. Como la suya, nuestra resurrección será obra de la Santísima Trinidad. El término «carne» designa al hombre en su condición de debilidad y mortalidad. La «resurrección de la carne» significa que, después de la muerte, no habrá solamente vida del alma inmortal, sino que también nuestros *cuerpos mortales* volverán a tener vida.

Creer en la resurrección de los muertos ha sido desde sus comienzos un elemento esencial de la fe cristiana. «La resurrección de los muertos es esperanza de los cristianos; somos cristianos por creer en ella» (Tertuliano). La resurrección de los muertos fue revelada progresivamente por Dios a su Pueblo. La esperanza en la resurrección corporal de los muertos se impuso como una consecuencia intrínseca de la fe en un Dios creador del hombre todo entero, alma y cuerpo. El Creador del cielo y de la tierra es también aquel que mantiene fielmente su alianza con Abraham y su descendencia. En esta doble perspectiva comienza a expresarse la fe en la resurrección.

CATECISMO DE LA IGLESIA CATÓLICA
Exposición de la fe y de la doctrina de la Iglesia católica promulgada por Juan Pablo II en el año 1992 y cuya versión latina oficial se publicó el día 15 de agosto de 1997

Oración de la tarde

¡Señor, abre mis ojos a tus maravillas,
a los esplendores de tu Ley!

Gloria al Padre, y al Hijo, y al Espíritu Santo,
al Dios que es, que era y que viene,
por los siglos de los siglos. Amén. Aleluya.

HIMNO

Otra vez -te conozco- me has llamado.
Y no es la hora, no; pero me avisas.
De nuevo traen tus celestiales brisas
claros mensajes al acantilado

del corazón, que, sordo a tu cuidado,
fortalezas de tierra eleva, en prisas
de la sangre se mueve, en indecisas
torres, arenas, se recrea, alzado.

Y tú llamas y llamas, y me hieres,
y te pregunto aún, Señor, qué quieres,
qué alto vienes a dar a mi jornada.

Perdóname, si no te tengo dentro,
si no sé amar nuestro mortal encuentro,
si no estoy preparado a tu llegada.

Gloria al Padre, y al Hijo, y al Espíritu,
por los siglos de los siglos. Amén.

CÁNTICO

Colosenses 1, 12-20

Damos gracias a Dios Padre,
que nos ha hecho capaces de compartir
la herencia del pueblo santo en la luz.

Él nos ha sacado del dominio de las tinieblas,
y nos ha trasladado al reino de su Hijo querido,
por cuya sangre hemos recibido la redención,
el perdón de los pecados.

Él es imagen de Dios invisible,
primogénito de toda criatura;
porque por medio de Él
fueron creadas todas las cosas:
celestes y terrestres, visibles e invisibles,

Tronos, Dominaciones, Principados, Potestades;
todo fue creado por Él y para Él.

Él es anterior a todo, y todo se mantiene en Él.
Él es también la cabeza del cuerpo: de la Iglesia.
Él es el principio, el primogénito de entre los muertos,
y así es el primero en todo.

Porque en Él quiso Dios que residiera toda la plenitud.
Y por Él quiso reconciliar consigo todos los seres:
los del cielo y los de la tierra,
haciendo la paz por la sangre de su cruz.

Gloria al Padre...

Palabra de Dios — Santiago 1, 22. 25

LLEVAD A LA PRÁCTICA la ley y no os limitéis a escucharla, engañándoos a vosotros mismos. El que se concentra en la ley perfecta, la de la libertad, y es constante, no para oír y olvidarse, sino para ponerla por obra, éste será dichoso al practicarla.

Sálvame, Señor, y ten misericordia de mí. Sálvame...

CÁNTICO DE MARÍA — (Texto contraportada A)

El Poderoso ha hecho obras grandes por mí: su nombre es santo.

PRECES

Antes de retirarnos a descansar, dirijamos nuestra mirada al Padre, de quien procede todo bien:

℟ Cuida de tu pueblo, Señor.

Señor, vela por tu Iglesia, que lucha en medio de las dificultades y quiere ser fiel,
- y protege a nuestro papa N. y a nuestro obispo N. ℟

Tú, que has querido que los hombres se agrupen en pueblos y naciones,
- concede a todos los países la justicia y la paz. ℟

Padre, que diriges la historia con amor providente,
- socorre a todos los que ahora se encuentran en dificultades y suscita en nosotros deseos de servir a los más necesitados. ℟

Te pedimos por los que trabajarán esta noche,
- y por aquellos que no podrán descansar a causa de la enfermedad o el dolor. ℟

Tú, que en Jesucristo nos has concedido el don de ser hijos tuyos,
- lleva junto a ti a todos los que hoy han muerto. ℟

Intenciones libres

Padre nuestro…

ANTÍFONA MARIANA (Texto página 27)

SANTOS
DE AYER Y DE HOY

Corazón de Jesús,
abismo de todas las virtudes,
ten piedad de nosotros.

BEATO BERTANDO DE AQUILEYA
Obispo y mártir (Ca. 1260-1350)

Nació en Saint-Geniès (Cahors, Francia) hacia el año 1260. Estudió derecho en Toulouse. Llevó a cabo encargos pontificios mientras fue papa su paisano Juan XXII, y en 1334 fue nombrado patriarca de Aquileya (Italia). Trabajó con ahínco en la formación del clero, al tiempo que fomentaba el desarrollo material y social del pueblo y promovía la cultura. Convocó sínodos y concilios, fundó monasterios, socorrió con sus bienes a los pobres en tiempos de carestía, defendió con tesón los derechos de la Iglesia. Ya nonagenario, fue víctima de unos sicarios, enviados por sus enemigos, que lo asesinaron cerca de Údine en el año 1350.

BEATO GUILLERMO GREENWOOD
Mártir († 1537)

Era hermano converso en la cartuja de Londres y, cuando su prior aceptó la supremacía religiosa del rey Enrique VIII, separándose de la autoridad del Papa, Guillermo, al igual que otros religiosos, se negó a la apostasía. Por su fidelidad a la Iglesia católica, fue encarcelado y sometido a la tortura de la argolla y la cadena. Lo dejaron morir de hambre. Murió el 6 de junio de 1537.

El Señor está más dispuesto a dar
que nosotros a pedir.

De la homilía de un autor del siglo II

[JUEVES 7 DE JUNIO]

Oración de la mañana

Venid, adoremos al Señor, Rey de la creación.

Gloria al Padre, y al Hijo, y al Espíritu Santo,
como era en un principio, ahora y siempre,
por los siglos de los siglos. Amén. Aleluya.

HIMNO

Lo que vos queráis, Señor;
sea lo que vos queráis.

Si queréis que entre las rosas
ría hacia los matinales
resplandores de la vida,
sea lo que vos queráis.

Si queréis que, entre los cardos,
sangre hacia las insondables
sombras de la noche eterna,
sea lo que vos queráis.

Gracias si queréis que mire,
gracias si queréis cegarme;
gracias por todo y por nada;
sea lo que vos queráis.

Lo que vos queráis, Señor;
sea lo que vos queráis. Amén.

CÁNTICO Jeremías 31, 10-14

Escuchad, pueblos, la palabra del Señor,
anunciadla en las islas remotas:
«El que dispersó a Israel lo reunirá,

lo guardará como un pastor a su rebaño;
porque el Señor redimió a Jacob,
lo rescató de una mano más fuerte».

Vendrán con aclamaciones a la altura de Sión,
afluirán hacia los bienes del Señor:
hacia el trigo y el vino y el aceite,
y los rebaños de ovejas y de vacas;
su alma será como un huerto regado,
y no volverán a desfallecer.

Entonces se alegrará la doncella en la danza,
gozarán los jóvenes y los viejos;
convertiré su tristeza en gozo,
los alegraré y aliviaré sus penas;
alimentaré a los sacerdotes con enjundia,
y mi pueblo se saciará de mis bienes.

Gloria al Padre…

Palabra de Dios

Isaías 66, 1-2

ASÍ DICE EL SEÑOR: «El cielo es mi trono, y la tierra, el estrado de mis pies: ¿Qué templo podréis construirme o qué lugar para mi descanso? Todo esto lo hicieron mis manos, todo es mío -oráculo del Señor-. En ése pondré mis ojos: en el humilde y el abatido que se estremece ante mis palabras».

Te invoco de todo corazón,
respóndeme, Señor. Te invoco…

CÁNTICO DE ZACARÍAS

(Texto contraportada B)

Sirvamos al Señor con santidad, y nos librará de nuestros enemigos.

PRECES

Oremos a nuestro Padre, que no es un Dios de muertos sino de vivos, y supliquémosle con confianza diciendo:

℟ Tú eres el Dios de Abrahán, de Isaac y de Jacob.

Tú, que nos has hecho amanecer a un nuevo día,
- haz que descubramos tu presencia en todas nuestras actividades. ℟

Tú, que nos has hecho renacer por el agua y el Espíritu Santo,
- líbranos de las obras de la muerte y renueva nuestro corazón con el fuego de tu amor. ℟

Tú, que has hecho todas las cosas nuevas,
- líbranos de la injusticia y de los males de la guerra y del terrorismo. ℟

Tú, que en el principio dijiste que no era bueno que el hombre estuviera solo,
- escucha la oración de los solteros que quieren formar un hogar cristiano. ℟

Tú, que nos has dado a conocer los secretos ocultos durante siglos,
- fortalece a los que pasan dificultades en la fe y date a conocer a los que te buscan con rectitud de corazón. ℟

Intenciones libres

Padre nuestro…

ORACIÓN

Dios todopoderoso y eterno, humildemente acudimos a ti al empezar el día, a media jornada y al atardecer, para pedirte que, alejando de nosotros las tinieblas del pecado, nos hagas alcanzar la luz verdadera que es Cristo. Que vive y reina contigo.

MISA

Jueves de la 9ª semana del tiempo ordinario

ANTÍFONA DE ENTRADA

Mírame, oh Dios, y ten piedad de mí, que estoy solo y afligido. Mira mis trabajos y mis penas y perdona todos mis pecados, Dios mío (Sal 24, 16. 18).

ORACIÓN COLECTA

Señor, nos acogemos confiadamente a tu providencia,
que nunca se equivoca,
y te suplicamos que apartes de nosotros todo mal
y nos concedas aquellos beneficios
que pueden ayudarnos para la vida presente y la futura.
Por nuestro Señor Jesucristo.

Lectura de la segunda carta del apóstol san Pablo a Timoteo 2, 8-15

QUERIDO HERMANO: Haz memoria de Jesucristo, resucitado de entre los muertos, nacido del linaje de David.
Éste ha sido mi Evangelio, por el que sufro hasta llevar cadenas, como un malhechor; pero la palabra de Dios no está encadenada.
Por eso lo aguanto todo por los elegidos, para que ellos también alcancen la salvación, lograda por Cristo Jesús, con la gloria eterna. Es doctrina segura: Si morimos con él, viviremos con él. Si perseveramos, reinaremos con él. Si lo negamos, también él nos negará.
Si somos infieles, él permanece fiel, porque no puede negarse a sí mismo.
Sigúeles recordando todo esto, avisándoles seriamente en nombre de Dios que no disputen sobre palabras; no sirve para nada y es catastrófico para los oyentes.
Esfuérzate por presentarte ante Dios y merecer su aprobación, como un obrero irreprensible que predica la verdad sin desviaciones.
Palabra de Dios.

• SALMO 24 •

℟. **Señor, enséñame tus caminos.**

Señor, enséñame tus caminos,
instrúyeme en tus sendas:

haz que camine con lealtad;
enséñame, porque tú eres mi Dios y Salvador. ℟

El Señor es bueno y es recto,
y enseña el camino a los pecadores;
hace caminar a los humildes con rectitud,
enseña su camino a los humildes. ℟

Las sendas del Señor son misericordia y lealtad
para los que guardan su alianza y sus mandatos.
El Señor se confía con sus fieles
y les da a conocer su alianza. ℟

Aleluya. Nuestro Salvador Jesucristo destruyó la muerte y sacó a la luz la vida, por medio del Evangelio.

● *«UN ESCRIBA SE ACERCÓ A JESÚS Y LE PREGUNTÓ». Son muchas las personas que se acercan a Jesús para presentar sus inquietudes. Algunas tienen buenas intenciones, otras no. Unos pretenden dar lecciones, otros desean ser instruidos. Acuden los que piensan que ya lo saben todo sin dar espacio a lo nuevo, y los que están abiertos al misterio inagotable de la revelación de Dios. A unos y otros Jesús les ofrece su palabra.* ●

Lectura del santo evangelio según san Marcos

12, 28b-34

EN AQUEL TIEMPO, un escriba se acercó a Jesús y le preguntó:
- «¿Qué mandamiento es el primero de todos?»
Respondió Jesús: - «El primero es: "Escucha, Israel, el Señor, nuestro Dios, es el único Señor: amarás al Señor, tu Dios, con todo tu corazón, con toda tu alma, con toda tu mente, con todo tu ser". El segundo es éste: "Amarás a tu prójimo como a ti mismo". No hay mandamiento mayor que éstos».
El escriba replicó: - «Muy bien, Maestro, tienes razón cuando dices que el Señor es uno solo y no hay otro fuera de él; y que amarlo con todo el corazón, con todo el entendimiento

y con todo el ser, y amar al prójimo como a uno mismo vale más que todos los holocaustos y sacrificios».
Jesús, viendo que había respondido sensatamente, le dijo:
- «No estás lejos del reino de Dios».
Y nadie se atrevió a hacerle más preguntas.
Palabra del Señor.

ORACIÓN SOBRE LAS OFRENDAS

Señor, llenos de confianza en el amor que nos tienes,
presentamos en tu altar esta ofrenda,
para que tu gracia nos purifique
por estos sacramentos que ahora celebramos.
Por Jesucristo nuestro Señor.

ANTÍFONA DE COMUNIÓN

Yo te invoco porque tú me respondes, Dios mío; inclina el oído y escucha mis palabras (Sal 16, 6).

O bien:

Os lo aseguro: cualquier cosa que pidáis en la oración, creed que os la han concedido y la obtendréis -dice el Señor (Mc 11, 23. 24).

ORACIÓN DESPUÉS DE LA COMUNIÓN

Guía, Señor, por medio de tu Espíritu,
a los que has alimentado
con el Cuerpo y la Sangre de tu Hijo,
y haz que, confesando tu nombre
no sólo de palabra y con los labios,
sino con las obras y el corazón,
merezcamos entrar en el reino de los cielos.
Por Jesucristo nuestro Señor.

MEDITACIÓN

Amarás al Señor, tu Dios, con todo tu corazón

Buscarse a sí mismo en Dios es buscar las dulzuras y las consolaciones de Dios, y esto es contrario al puro amor de Dios. Es un gran mal tener presente los bienes de Dios más que a Dios mismo, la oración y el despojo. Hay muchos que buscan en Dios sus consuelos y sus gustos, y desean que su Majestad los llene de sus favores y sus dones; pero el número de los que pretenden complacerle y darle alguna cosa en detrimento de ellos mismos, menospreciando su propio interés, es muy pequeño.

Hay muy pocos hombres espirituales, incluso entre los que uno piensa que están muy adelante en la virtud, que consiguen una perfecta determinación para el bien. Jamás llegan a renunciarse enteramente sobre algún punto del espíritu del mundo o de naturaleza, ni a menospreciar lo que se dirá o se pensará de ellos, cuando se trata de cumplir por puro amor a Jesucristo las obras de perfección y de desprendimiento.

El que no quiere sino a Dios sólo no anda en tinieblas, por pobre y privado de luz que pueda ser a sus propios ojos. El alma que, en medio de las sequedades y abandonos, conserva siempre su atención y su solicitud en servir a Dios podrá sentir pena y temor de no llegar al fin; pero, en realidad, ofrecerá a Dios *un sacrificio de un muy agradable olor.*

SAN JUAN DE LA CRUZ

Nace en Fontiveros, Ávila. A instancias de santa Teresa, fue el primer religioso del Carmelo reformado. Doctor de la Iglesia por sus escritos místicos (1542?-1591)

Oración de la tarde

Bendigamos todos al Señor con nuestra vida.

Gloria al Padre, y al Hijo, y al Espíritu Santo,
al Dios que es, que era y que viene,
por los siglos de los siglos. Amén. Aleluya.

HIMNO

¿Hasta cuándo me dejas,
oh Señor, en la noche del olvido?
¿Hasta cuándo mis quejas llegarán a tu oído
sin que apartes el rostro bendecido?

En lágrimas deshecho,
tiemblo ante el cáliz que de hiel rebosa,
¿y apartas de mi pecho,
que sólo en ti reposa,
la paz de tu presencia venturosa?

¡Ay! ¡Del dolor huyendo,
del dolor que me enviaba tu ternura,
me engolfé en este horrendo
piélago de amargura,
vencido del afán que me tortura!

¡Que no vaya a perderte
en horrible naufragio el alma mía!
Sin ti, la vida es muerte;
sin ti, el amor hastía
y el goce mismo es inquietud sombría.

Gloria al Padre, y al Hijo, y al Espíritu,
por los siglos de los siglos. Amén.

SALMO 31

Dichoso el que está absuelto de su culpa,
a quien le han sepultado su pecado;
dichoso el hombre a quien el Señor
no le apunta el delito.

Mientras callé se consumían mis huesos,
rugiendo todo el día,
porque día y noche tu mano

pesaba sobre mí;
mi savia se me había vuelto un fruto seco.

Había pecado, lo reconocí,
no te encubrí mi delito;
propuse: «Confesaré al Señor mi culpa»,
y tú perdonaste mi culpa y mi pecado.

Por eso, que todo fiel te suplique
en el momento de la desgracia:
la crecida de las aguas caudalosas
no lo alcanzará.

Tú eres mi refugio, me libras del peligro,
me rodeas de cantos de liberación.

- Te instruiré y te enseñaré el camino que has de seguir,
fijaré en ti mis ojos.

No seáis irracionales como caballos y mulos,
cuyo brío hay que domar con freno y brida;
si no, no puedes acercarte.

Los malvados sufren muchas penas;
al que confía en el Señor,
la misericordia lo rodea.

Alegraos, justos, y gozad con el Señor,
aclamadlo, los de corazón sincero.

Gloria al Padre…

Palabra de Dios

1 Pedro 1, 6-9

ALEGRAOS DE ELLO, aunque de momento tengáis que sufrir un poco, en pruebas diversas: así la comprobación de vuestra fe -de más precio que el oro, que, aunque perecedero, lo aquilatan a fuego- llegará a ser alabanza y gloria y honor cuando se manifieste Jesucristo. No habéis visto a Jesucristo, y lo amáis; no lo veis, y creéis en él; y os alegráis con un gozo inefable y transfigurado, alcanzando así la meta de vuestra fe: vuestra propia salvación.

El Señor nos alimentó con flor de harina. El Señor...

CÁNTICO DE MARÍA

(Texto contraportada A)

El Señor derriba del trono a los poderosos y enaltece a los humildes.

PRECES

Oremos a Dios, nuestro Padre, que nos ha enviado el Espíritu Santo:

℟ Que el Espíritu Santo guíe nuestros pasos.

Por la santa Iglesia, para que, llena de los dones del Espíritu Santo, sea consagrada en la unidad. ℟

Por el Papa, por nuestros obispos y por todos los sacerdotes, para que se les conceda en abundancia el Espíritu de sabiduría y santidad. ℟

Por todos los que trabajan por la paz y la concordia entre los pueblos, para que logren reunir a los hombres en el amor. ℟

Por los que son víctimas de sí mismos o de los hombres, para que el Espíritu del Señor los lleve por las sendas del bien y de la verdad. ℟

Por la comunidad humana, para que la fuerza del Espíritu nos haga crecer a todos en la fe, la esperanza y la caridad. ℟

Intenciones libres

Padre nuestro...

ANTÍFONA MARIANA

(Texto página 27)

SANTOS
DE AYER Y DE HOY

Corazón de Jesús,
digno de toda alabanza,
ten piedad de nosotros.

SAN ANTONIO MARÍA GIANELLI
Obispo y fundador (1789-1846)

Nació en Cereta (Liguria, Italia) en el año 1789. A los 19 años entró en el seminario de Génova y en 1812 fue ordenado de sacerdote. Fue profesor del seminario y a partir de 1826 se centró en el apostolado parroquial. Creó varias instituciones: la Sociedad Económica para la instrucción de las niñas pobres y huérfanas, y una pequeña congregación misionera que puso bajo la protección de san Alfonso María de Ligorio, los futuros Oblatos de San Alfonso, para las misiones populares y la organización del clero. En 1829 funda la Congregación de las Hijas de María Santísima del Huerto, a las que inculcaba tanto la pobreza, que debía ser «el verdadero distintivo del instituto», como el espíritu de sacrificio y la confianza en Dios. En 1838, a propuesta del rey de Cerdeña, fue nombrado obispo de Bobbio. Enfermó y se retiró a Piacenza, donde murió el 7 de junio de 1846. En su vida y en sus obras trató de servir al Señor en los pobres, los enfermos, los ignorantes y los que no habían encontrado a Dios. A todos ellos tenía abierto su corazón.

Jesús nos da su cuerpo bajo la especie del pan para que lleguemos a ser una sola cosa con él.

San Juan Crisóstomo

VIERNES 8 DE JUNIO

Oración de la mañana

¡Levantemos nuestro corazón al Señor!

Gloria al Padre, y al Hijo,
y al Espíritu Santo...

HIMNO

Yo no soy flor nacida para todos los vientos,
ni camino perdido para todos los pasos.
Yo no soy pluma suelta de destinos y acasos
arrojada a los aires cual despojo maldito.
Yo he nacido a la sombra de un mandato infinito,
de un misterio fecundo,
donde en letras de estrellas mi sendero está escrito.
Yo he venido a la vida con un nombre bendito.
Yo no soy hospiciano de las patrias del mundo.
Amén.

SALMO 99

Aclama al Señor, tierra entera,
servid al Señor con alegría,
entrad en su presencia con vítores.

Sabed que el Señor es Dios:
que él nos hizo y somos suyos,
su pueblo y ovejas de su rebaño.

Entrad en sus puertas con acción de gracias,
por sus atrios con himnos,
dándole gracias y bendiciendo su nombre:

«El Señor es bueno,
su misericordia es eterna,
su fidelidad por todas las edades».

Gloria al Padre…

Palabra de Dios — Efesios 4, 29-32

MALAS PALABRAS no salgan de vuestra boca; lo que digáis sea bueno, constructivo y oportuno, así hará bien a los que lo oyen. No pongáis triste al Espíritu Santo de Dios con que él os ha marcado para el día de la liberación final. Desterrad de vosotros la amargura, la ira, los enfados e insultos y toda la maldad. Sed buenos, comprensivos, perdonándoos unos a otros como Dios os perdonó en Cristo.

En la mañana hazme escuchar tu gracia.
En la mañana…

CÁNTICO DE ZACARÍAS (Texto contraportada B)

El Señor ha visitado y redimido a su pueblo.

PRECES

Dirijamos nuestra mirada a Jesucristo, el Justo, que nos ha redimido con su sangre:

℟ Tú eres el sumo y eterno Sacerdote.

Por la Iglesia, pueblo sacerdotal,
- que durante este día lleguen a tu presencia las buenas obras de todos sus miembros. ℟

Por todos los pueblos de la tierra y por sus habitantes,
- para que no duden en pedirte lo que necesitan. ℟

Por los que has asociado a tu ministerio mediante el sacramento del orden,
- que vivan de acuerdo con lo que predican y eduquen al pueblo en el amor a tu nombre. R/

Por los desheredados, los marginados y los que no tienen nada,
- que encuentren en el rostro de los cristianos el consuelo que buscan. R/

Por nosotros, que hagamos de nuestro trabajo de este día una ofrenda agradable a tus ojos,
- y seamos para los que nos rodean bálsamo de misericordia. R/

Intenciones libres

Padre nuestro...

ORACIÓN

Oh Dios, que has iluminado las tinieblas de nuestra ignorancia con la luz de tu Palabra: acrecienta en nosotros la fe que tú mismo nos has dado; que ninguna tentación pueda nunca destruir el ardor de la fe y de la caridad que tu gracia ha encendido en nuestro espíritu. Por nuestro Señor Jesucristo.

MISA

Viernes de la 9ª semana del tiempo ordinario

ANTÍFONA DE ENTRADA

Mírame, oh Dios, y ten piedad de mí, que estoy solo y afligido. Mira mis trabajos y mis penas y perdona todos mis pecados, Dios mío (Sal 24, 16. 18).

ORACIÓN COLECTA

Señor, nos acogemos confiadamente a tu providencia,
que nunca se equivoca,

y te suplicamos que apartes de nosotros todo mal
y nos concedas aquellos beneficios
que pueden ayudarnos para la vida presente y la futura.
Por nuestro Señor Jesucristo.

Lectura de la segunda carta del apóstol san Pablo a Timoteo 3, 10-17

QUERIDO HERMANO: Tú seguiste paso a paso mi doctrina y mi conducta, mis planes, fe y paciencia, mi amor fraterno y mi aguante en las persecuciones y sufrimientos, como aquellos que me ocurrieron en Antioquía, Iconio y Listra. ¡Qué persecuciones padecí! Pero de todas me libró el Señor.

Por otra parte, todo el que se proponga vivir piadosamente en Cristo Jesús será perseguido.

En cambio, esos perversos embaucadores irán de mal en peor, extraviando a los demás y extraviándose ellos mismos. Pero tú permanece en lo que has aprendido y se te ha confiado, sabiendo de quién lo aprendiste y que desde niño conoces la Sagrada Escritura; ella puede darte la sabiduría que, por la fe en Cristo Jesús, conduce a la salvación.

Toda Escritura inspirada por Dios es también útil para enseñar, para reprender, para corregir, para educar en la virtud; así el hombre de Dios estará perfectamente equipado para toda obra buena.

Palabra de Dios.

• SALMO 118 •

℟ **Mucha paz tienen los que aman tus leyes, Señor.**

Muchos son los enemigos que me persiguen,
pero yo no me aparto de tus preceptos. ℟

El compendio de tu palabra es la verdad,
y tus justos juicios son eternos. ℟

Los nobles me perseguían sin motivo,
pero mi corazón respetaba tus palabras. ℟

Mucha paz tienen los que aman tus leyes,
y nada los hace tropezar. ℟

Aguardo tu salvación, Señor,
y cumplo tus mandatos. ℟

Guardo tus decretos,
y tú tienes presentes mis caminos. ℟

Aleluya. El que ama guardará mi palabra -dice el Señor-, y mi Padre lo amará, y vendremos a él.

● *«MIENTRAS ENSEÑABA EN EL TEMPLO, JESÚS PREGUNTÓ». Ahora es Jesús quien dirige una pregunta a sus interlocutores para adentrarlos en lo profundo del misterio anunciado en las Escrituras acerca del Mesías. Con una elocuencia suave, dulce y real, les ensancha el corazón.* ●

Lectura del santo evangelio según san Marcos 12, 35-37

EN AQUEL TIEMPO, mientras enseñaba en el templo, Jesús preguntó: - «¿Cómo dicen los escribas que el Mesías es hijo de David? El mismo David, inspirado por el Espíritu Santo, dice: "Dijo el Señor a mi Señor: Siéntate a mi derecha, y haré de tus enemigos estrado de tus pies". Si el mismo David lo llama Señor, ¿cómo puede ser hijo suyo?»
La gente, que era mucha, disfrutaba escuchándolo.
Palabra del Señor.

ORACIÓN SOBRE LAS OFRENDAS

Señor, llenos de confianza en el amor que nos tienes,
presentamos en tu altar esta ofrenda,

para que tu gracia nos purifique
por estos sacramentos que ahora celebramos.
Por Jesucristo nuestro Señor.

ANTÍFONA DE COMUNIÓN

Yo te invoco porque tú me respondes, Dios mío; inclina el oído y escucha mis palabras (Sal 16, 6).

O bien:

Os lo aseguro: cualquier cosa que pidáis en la oración, creed que os la han concedido y la obtendréis -dice el Señor (Mc 11, 23. 24).

ORACIÓN DESPUÉS DE LA COMUNIÓN

Guía, Señor, por medio de tu Espíritu,
a los que has alimentado
con el Cuerpo y la Sangre de tu Hijo,
y haz que, confesando tu nombre
no sólo de palabra y con los labios,
sino con las obras y el corazón,
merezcamos entrar en el reino de los cielos.
Por Jesucristo nuestro Señor.

MEDITACIÓN

El mismo David lo llama Señor

¡Estate atento al misterio de Cristo! Nació del seno de la Virgen a la vez Siervo y Señor; Siervo para obrar, Señor para mandar a fin de enraizar en el corazón de los hombres un reino para Dios. Tiene un doble origen pero es un solo ser. No es distinto el que viene del Padre al que viene de la Virgen. Nacido del Padre antes de todos los siglos, es el mismo que tomó carne en el transcurso del tiempo. Por eso es llamado Siervo y Señor: por nuestra causa, Siervo, pero a causa de la unidad de la sustancia divina es Dios de Dios, Principio del Principio, Hijo en todo igual al Padre. En efecto, el

Padre no engendra un Hijo extraño a sí mismo, sino a un Hijo del cual declara: *Éste es mi Hijo amado, en quien me complazco.*

El Siervo conserva en todo los títulos de su dignidad. Dios es grande, y es grande el Siervo; al venir en la carne, no pierde esta *grandeza que no tiene límites.* El cual, *siendo de condición divina, no retuvo ávidamente el ser igual a Dios. Sino que se despojó de sí mismo tomando condición de siervo.* Es, pues, igual a Dios como Hijo de Dios; tomó la condición de siervo al encarnarse; *gustó la muerte,* él, cuya *grandeza no tiene límites.* ¡Cuán buena es esta condición de siervo que nos ha hecho libres! ¡Sí, cuán buena es! Le ha valido *el nombre que está por encima de todo nombre.* ¡Cuán buena es esta humildad! Ha obtenido que *al nombre de Jesús toda rodilla se doble en los cielos, en la tierra y en los abismos, y toda lengua confiese que Jesús es el Señor para gloria de Dios Padre.*

SAN AMBROSIO

Nació en Tréveris (Alemania). De familia y educación romana, fue obispo de Milán, elocuente predicador y gran catequista: convirtió y bautizó a san Agustín. Es doctor de la Iglesia (340-397)

Oración de la tarde

Cantemos al Señor el cántico nuevo de los redimidos:
¡Aleluya, aleluya, aleluya!

Gloria al Padre, y al Hijo, y al Espíritu Santo.
Gloria a la Trinidad Santa.

HIMNO

Aunque en esta morada de tristeza
no te miren mis ojos,
en cuanto existe, tu hermosura veo

y tus bondades toco;
en lo adverso y lo próspero te alabo
y tu piedad imploro
cuando el primer fulgor tímido
surge en la región del orto,
cuando la luz, en el mediar del día,
derrama sus tesoros,
cuando la noche constelada
vierte refrigerante soplo.

Tuyo soy, a la luz de tu mirada
me siento venturoso;
y del mundo insensato sólo quiero
olvido y abandono.
Mientras unos niegan o maldicen
y te desprecian otros,
rendida el alma, el corazón rendido
y la frente en el polvo,
te doy gracias, Señor, y te confieso,
te bendigo y te adoro. Amén.

SALMO 45

Dios es nuestro refugio y nuestra fuerza,
poderoso defensor en el peligro.

Por eso no tememos aunque tiemble la tierra,
y los montes se desplomen en el mar.

Que hiervan y bramen sus olas,
que sacudan a los montes con su furia:

El Señor de los Ejércitos está con nosotros,
nuestro alcázar es el Dios de Jacob.

El correr de las acequias alegra la ciudad de Dios,
el Altísimo consagra su morada.

Teniendo a Dios en medio, no vacila,
Dios la socorre al despuntar la aurora.

Los pueblos se amotinan, los reyes se rebelan:
pero él lanza su trueno y se tambalea la tierra.

El Señor de los Ejércitos está con nosotros,
nuestro alcázar es el Dios de Jacob.

Venid a ver las obras del Señor,
las maravillas que hace en la tierra.

Pone fin a la guerra hasta el extremo del orbe,
rompe los arcos, quiebra las lanzas,
prende fuego a los escudos.

«Rendíos, reconoced que yo soy Dios:
más alto que los pueblos, más alto que la tierra».

El Señor de los Ejércitos está con nosotros,
nuestro alcázar es el Dios de Jacob.

Gloria al Padre…

Palabra de Dios — Romanos 15, 1-3

NOSOTROS, los robustos, debemos cargar con los achaques de los endebles y no buscar lo que nos agrada. Procuremos cada uno dar satisfacción al prójimo en lo bueno, mirando a lo constructivo. Tampoco Cristo buscó su propia satisfacción; al contrario, como dice la Escritura: «Las afrentas con que te afrentaban cayeron sobre mí».

Cristo nos amó y nos ha librado por su sangre. Cristo…

CÁNTICO DE MARÍA — (Texto contraportada A)

El Señor nos auxilia a nosotros, sus siervos, acordándose de su misericordia.

PRECES

Con la confianza que nos da el ser hijos de Dios, pidamos a Dios, nuestro Padre:

℟ Renuévanos por la fuerza del Espíritu Santo.

Envía tu Espíritu sobre la Iglesia y llénala con sus dones. ℟

Santifica a los ministros de tu Iglesia con el don de sabiduría. ℟

Haz que reine la concordia en nuestro pueblo, la prudencia y la justicia en los gobernantes, y la paz entre las naciones. ℟

Que los pobres, los enfermos y todos los indigentes sientan el apoyo de sus hermanos los hombres y el gozo del Espíritu. ℟

Fortalécenos en la fe y haznos crecer en el amor a la verdad. ℟

Intenciones libres

Padre nuestro…

ANTÍFONA MARIANA

(Texto página 27)

SANTOS
DE AYER Y DE HOY

Corazón de Jesús,
formado en el seno de la Virgen Madre
por el Espíritu Santo,
ten piedad de nosotros.

BEATO JUAN DAVY
Mártir († 1537)

Era religioso de la cartuja de Londres. En el momento de su martirio había sido ordenado diácono, pero aún no era sacerdote. Los delegados reales fueron exigiendo a los cartujos más y más obediencia a los decretos estatales, algunos de los cuales eran inadmisibles para los católicos. Varios monjes que se negaron, incluidos los priores, fueron martirizados. Un prior, que había suscrito la supremacía religiosa del rey, indujo a la comunidad a hacer otro tanto. Hubo religiosos que se negaron rotundamente a ello por considerarlo incompatible con la fe católica y la comunión con el Papa. Entre ellos estaba Juan Davy, que fue encarcelado y sometido a la tortura de la argolla y las cadenas y dejado morir de inanición. Era el año 1537, en tiempo de Enrique VIII.

Buena es la misericordia,
que hace a los hombres perfectos,
porque imita al Padre perfecto.
Nada hay que haga valer tanto
al alma cristiana como la misericordia.

San Ambrosio

SÁBADO 9 DE JUNIO

San Efrén

Oración de la mañana

¡Al nombre de Jesús, toda rodilla se doble!

Gloria al Padre, y al Hijo, y al Espíritu Santo…

HIMNO

Lucero del alba,
luz de mi alma,
santa María.

Virgen y Madre,
hija del Padre,
santa María.

Flor del Espíritu,
Madre del Hijo,
santa María.

Amor maternal
del Cristo total,
santa María. Amén.

SALMO 116

Alabad al Señor, todas las naciones,
aclamadlo, todos los pueblos:

Firme es su misericordia con nosotros,
su fidelidad dura por siempre.

Gloria al Padre…

Palabra de Dios — 2 Pedro 1, 10-11

HERMANOS, poned cada vez más ahínco en ir ratificando vuestro llamamiento y elección. Si lo hacéis así, no fallaréis nunca; y os abrirán de par en par las puertas del reino eterno de nuestro Señor y Salvador Jesucristo.

A ti grito, Señor:
Tú eres mi refugio. A ti grito...

CÁNTICO DE ZACARÍAS

(Texto contraportada B)

Ilumina, Señor, a los que viven en tinieblas y en sombra de muerte.

PRECES

Oremos a Dios, rico en misericordia, para que sepamos entregar con generosidad todo lo que hemos recibido de él:

℟ Señor, concédenos ser pobres de espíritu.

Por los sacerdotes,
- para que no caigan en las tentaciones de la comodidad, del poder o del amor al dinero. ℟

Por los matrimonios,
- para que cada día crezca su amor y sepan leer los acontecimientos de su vida desde la fe. ℟

Por los jóvenes que se preparan para el sacerdocio o la vida consagrada,
- para que crezcan sus deseos de configurarse con Cristo y sean generosos en su entrega. ℟

Por los que no saben a qué están llamados en esta vida,
- para que encuentren una respuesta y quieran seguirla. ℟

Por todos los que necesitan de otros porque no pueden valerse por sí mismos,
- para que les sea reconocida su dignidad y no se vean faltos de afecto. ℟

Intenciones libres

Padre nuestro...

ORACIÓN

Te pedimos, Señor, que la claridad de la resurrección de tu Hijo ilumine las dificultades de nuestra vida; que no temamos ante la oscuridad de la muerte y podamos llegar un día a la luz que no tiene fin. Por nuestro Señor Jesucristo.

MISA

Sábado de la 9ª semana del tiempo ordinario

SAN EFRÉN (SIGLO IV) *Memoria libre*

● *Nació en Nísibe, de familia cristiana, hacia el año 306. Se ordenó de diácono y ejerció dicho ministerio en su patria y en Edesa, de cuya escuela teológica fue el iniciador. A pesar de su intensa vida ascética, desplegó una gran actividad como predicador y como autor de importantes obras, destinadas a la refutación de los errores de su tiempo. Murió en el año 373.* ●

ANTÍFONA DE ENTRADA

En la asamblea le da la palabra, el Señor lo llena de espíritu de sabiduría e inteligencia, lo viste con un traje de honor (Eclo 15, 5).

O bien:

La boca del justo expone la sabiduría, su lengua explica el derecho, porque lleva en el corazón la ley de su Dios (Sal 36, 30-31).

ORACIÓN COLECTA

Señor, infunde en nuestros corazones el Espíritu Santo
que con su inspiración impulsaba a tu diácono san Efrén
a cantar con alegría tus misterios
y a consagrar su vida a tu servicio.
Por nuestro Señor Jesucristo.

Lectura de la segunda carta del apóstol san Pablo a Timoteo 4, 1-8

QUERIDO HERMANO: Ante Dios y ante Cristo Jesús, que ha de juzgar a vivos y muertos, te conjuro por su venida en

majestad: proclama la palabra, insiste a tiempo y a destiempo, reprende, reprocha, exhorta, con toda paciencia y deseo de instruir. Porque vendrá un tiempo en que la gente no soportará la doctrina sana, sino que, para halagarse el oído, se rodearán de maestros a la medida de sus deseos; y, apartando el oído de la verdad, se volverán a las fábulas. Tú estate siempre alerta; soporta lo adverso, cumple tu tarea de evangelizador, desempeña tu ministerio.
Yo estoy a punto de ser sacrificado, y el momento de mi partida es inminente. He combatido bien mi combate, he corrido hasta la meta, he mantenido la fe.
Ahora me aguarda la corona merecida, con la que el Señor, juez justo, me premiará en aquel día; y no sólo a mí, sino a todos los que tienen amor a su venida.
Palabra de Dios.

• SALMO 70 •

℟ **Mi boca contará tu salvación, Señor.**

Llena estaba mi boca de tu alabanza
y de tu gloria, todo el día.
No me rechaces ahora en la vejez,
me van faltando las fuerzas, no me abandones. ℟

Yo, en cambio, seguiré esperando,
redoblaré tus alabanzas;
mi boca contará tu auxilio,
y todo el día tu salvación. ℟

Contaré tus proezas, Señor mío,
narraré tu victoria, tuya entera.
Dios mío, me instruiste desde mi juventud,
y hasta hoy relato tus maravillas. ℟

Y yo te daré gracias, Dios mío,
con el arpa, por tu lealtad;
tocaré para ti la cítara,
Santo de Israel. ℟

Aleluya. Dichosos los pobres en el espíritu, porque de ellos es el reino de los cielos.

● *«¡Cuidado con los escribas!» El Señor alerta a sus discípulos respecto a esas actitudes exteriores que hacen caer al hombre en una situación de orgullo y vanagloria personal. Para ello se sirve de la figura desgastada de los escribas que han caído en la tentación. No busca destrozar el corazón de esos hombres dejándolos en evidencia, sino que quiere salvarlos al igual que a sus discípulos.* ●

Lectura del santo evangelio según san Marcos 12, 38-44

EN AQUEL TIEMPO, entre lo que enseñaba Jesús a la gente, dijo:
- «¡Cuidado con los escribas! Les encanta pasearse con amplio ropaje y que les hagan reverencias en la plaza, buscan los asientos de honor en las sinagogas y los primeros puestos en los banquetes; y devoran los bienes de las viudas, con pretexto de largos rezos. Éstos recibirán una sentencia más rigurosa».
Estando Jesús sentado enfrente del arca de las ofrendas, observaba a la gente que iba echando dinero: muchos ricos echaban en cantidad; se acercó una viuda pobre y echó dos reales. Llamando a sus discípulos, les dijo: - «Os aseguro que esa pobre viuda ha echado en el arca de las ofrendas más que nadie. Porque los demás han echado de lo que les sobra, pero ésta, que pasa necesidad, ha echado todo lo que tenía para vivir».
Palabra del Señor.

ORACIÓN SOBRE LAS OFRENDAS

Sea agradable a tus ojos, Señor,
el sacrificio que te ofrecemos con gozo
en la fiesta de san Efrén,
cuya vida y doctrina nos impulsan
a alabarte con todo nuestro ser.
Por Jesucristo nuestro Señor.

ANTÍFONA DE COMUNIÓN

Éste es el criado fiel y solícito a quien el Señor ha puesto al frente de su familia para que les reparta la ración a sus horas (Lc 12, 42).

ORACIÓN DESPUÉS DE LA COMUNIÓN

Señor, que cuantos hemos sido fortalecidos con Cristo,
verdadero pan de vida
y único maestro de los hombres,
aprendamos en la fiesta de san Efrén
a conocer tu verdad y a vivirla con amor.
Por Jesucristo nuestro Señor.

MEDITACIÓN

Vivo sin vivir en mí

Vivo sin vivir en mí,
y tan alta vida espero,
que muero porque no muero.

Vivo ya fuera de mí,
después que muero de amor,
porque vivo en el Señor,
que me quiso para sí.
Cuando el corazón le di
puso en él este letrero:
Que muero porque no muero.

Aquesta divina unión
del amor en que yo vivo
ha hecho a Dios mi cautivo
y libre mi corazón.
Y causa en mí tal pasión
ver a Dios mi prisionero,
que muero porque no muero.

¡Ay, qué larga es esta vida!,
¡qué duros estos destierros,

esta cárcel, estos hierros,
en que el alma está metida!
Sólo esperar la salida
me causa dolor tan fiero,
que muero porque no muero.

SANTA TERESA DE JESÚS
Carmelita descalza, reformadora del Carmelo
y doctora de la Iglesia (1515-1582)

Oración de la tarde

Vísperas de la solemnidad del Santísimo Cuerpo y Sangre de Cristo

Tu nombre es admirable, Señor Jesús.

¡Gloria al Padre! ¡Gloria al Hijo!
¡Gloria al Espíritu Santo!
¡Gloria a la Trinidad!

HIMNO

La tarde se disuelve en espirales
de harina y sol, en suave aliento.
Despacio se desliza el Sacramento
allanando tomillos y jarales.

Un penacho de luz -oro y cristales-
espejea las calles en un lento
guiño de plenitud; como argumento
que elevara a la vida sus caudales.

Esquilillas despiertan los fervores
olvidados, tras rudas servidumbres.
Y el incienso se agita entre los cirios.

Blanco pétalo asoma sus fulgores
injertando en el pecho certidumbres.
Y los ojos florecen como lirios.

Gloria al Padre, al Hijo y al Espíritu. Amén.

Salmo 15

Protégeme, Dios mío, que me refugio en ti;
yo digo al Señor: «Tú eres mi bien».
Los dioses y señores de la tierra
no me satisfacen.

Multiplican las estatuas
de dioses extraños;
no derramaré sus libaciones con mis manos,
ni tomaré sus nombres en mis labios.

El Señor es el lote de mi heredad y mi copa,
mi suerte está en tu mano:
me ha tocado un lote hermoso,
me encanta mi heredad.

Bendeciré al Señor que me aconseja,
hasta de noche me instruye internamente.
Tengo siempre presente al Señor,
con él a mi derecha no vacilaré.

Por eso se me alegra el corazón,
se gozan mis entrañas,
y mi carne descansa serena.
Porque no me entregarás a la muerte
ni dejarás a tu fiel conocer la corrupción.

Me enseñarás el sendero de la vida,
me saciarás de gozo en tu presencia,
de alegría perpetua a tu derecha.

Gloria al Padre…

Palabra de Dios — 1 Corintios 10, 16-17

El cáliz de la bendición que bendecimos, ¿no es comunión con la sangre de Cristo? Y el pan que partimos, ¿no es comunión con el cuerpo de Cristo? El pan es uno, y así nosotros, aunque somos muchos, formamos un solo cuerpo, porque comemos todos del mismo pan.

Les dio pan del cielo. Aleluya, aleluya.
Les dio…

CÁNTICO DE MARÍA

(Texto contraportada A)

¡Qué bueno es, Señor, tu espíritu! Para demostrar a tus hijos tu ternura, les has dado un pan delicioso bajado del cielo, que colma de bienes a los hambrientos y deja vacíos a los ricos hastiados.

PRECES

En la vigilia de la solemnidad del Corpus Christi, pidámosle a Dios que prepare en nosotros una digna morada para él:

Prepara, amado mío, prepara en mí
una apacible y deleitosa morada para ti,
de modo que vengas a mí y tengas en mí tu reposo.
Mortifica y quita de mí todo lo que te desagrada.
Apártame y arráncame de todo cuanto hay debajo de ti.
Hazme un hombre a la medida de tu corazón.
Hazme conforme a tu sagrada Humanidad.
Hiere lo íntimo de mi corazón con la flecha de tu amor.
Embriaga mi espíritu con el vino de la perfecta caridad.
Júntame a ti íntimamente,
transfórmame y múdame todo en ti,
para que puedas tener en mí tus deleites y regalos.
(Ludovico Blosio)

Intenciones libres

Padre nuestro…

ANTÍFONA MARIANA

(Texto página 27)

SANTOS
DE AYER Y DE HOY

Corazón de Jesús,
unido sustancialmente al Verbo de Dios,
ten piedad de nosotros.

BEATO JOSÉ IMBERT
Religioso (Ca. 1719-1794)

Nació en Marsella hacia 1719. En 1748 ingresó en la Compañía de Jesús. Fue ordenado sacerdote y lo destinaron al apostolado de la enseñanza. En 1762 fue suprimida la Compañía de Jesús y José quedó adscrito a una de las iglesias de Moulins. Cuando la Revolución Francesa expulsó a los obispos, el papa Pío VI lo nombró vicario apostólico de Moulins y su territorio. Fue arrestado por los revolucionarios y, tras pasar por sucesivas cárceles, lo embarcaron en un viejo pontón, «Les Deux-Associés», anclado frente a la costa de Rochefort (Francia) donde murió, agotado por los malos tratos y contagiado por una enfermedad mortal, en 1794.

La máxima gloria de Cristo
radica en insinuarse
en el corazón de todos los hombres.

San Ambrosio

Palabra de Dios para el domingo

Las lecturas de este año nos invitan a contemplar la Eucaristía como sacrificio. Con frecuencia no lo tenemos presente, pero la Misa es un sacrificio. Sacrificar significa hacer sagrado. Los sacrificios antiguos buscaban alcanzar la complacencia de Dios, pero quienes los realizaban eran conscientes de que el valor de la ofrenda dependía más de la aceptación de Dios que de lo que se ofrecía. Por eso mismo su efecto era limitado. A ello se refiere la carta a los Hebreos al contraponer la sangre de los animales, que producía una purificación externa, a la de Cristo, que puede purificar *nuestra conciencia de las obras muertas*. Porque el ofrecimiento que Jesucristo hace de sí mismo tiene un valor infinito. En la Misa se realiza el mismo y único sacrificio del Calvario. La consagración por separado del pan y del vino, por la que pasan a ser el Cuerpo y la Sangre del Señor, nos recuerda su muerte, su entrega por todos nosotros.

En la primera lectura, la sangre de las víctimas ofrecidas sirve para rociar al pueblo, que de esa manera ratifica la Alianza con Dios. Sabemos las dificultades que pasó Israel para ser fiel a ese pacto y de sus muchos incumplimientos. La Sangre de Cristo es derramada para establecer la Nueva y definitiva Alianza. Nosotros experimentamos la misma debilidad que los israelitas, y quizás muchas veces nos apartamos de lo que Dios nos pide. Sin embargo, cada día se sigue celebrando el memorial del Señor, cada día se ratifica la entrega de Cristo por nosotros y su obediencia al padre. La ofrenda que Cristo ha presentado, su propia vida, ha sido consumada por el fuego de un amor infinito. Dice la carta a los Hebreos que ha sido *en virtud del Espíritu eterno*. Por ello, el ofrecimiento de quien no tiene mancha también es de validez infinita. Señala además el autor de la carta que gracias a la Sangre de Cristo nuestros pecados han quedado perdonados.

En la primera lectura leemos cómo Moisés roció con la sangre de las víctimas al pueblo. Era una manera de significar que ratificaban el pacto con Dios. Ahora a nosotros se nos ofrece recibir al mismo Señor en nuestro interior. Es lo que realizamos en la comunión, por la que él verdaderamente se une a nosotros. Esa unión íntima, consecuencia de su amor por nosotros, nos lleva a poder hacer de nuestra vida una ofrenda agradable a Dios. El amor con que se nos entrega es también el amor que nos da. Por ese amor todos nuestros actos pueden transformarse en una ofrenda de amor. Éste se muestra especialmente cuando, movidos por su amor, somos capaces de acercarnos a las personas que sufren y pasan necesidad. Entonces vivimos según el impulso de Cristo y de acuerdo con su corazón. Se da así una unión entre lo que celebramos en la Misa y lo que vivimos: toda nuestra existencia puede estar unida al sacrificio de Cristo.

En el evangelio vemos que el Señor encarga a sus discípulos que preparen la celebración de la Pascua. Les da indicaciones muy precisas, lo que demuestra que Jesús no improvisó su entrega por nosotros. Del mismo modo hemos de preparar nosotros la celebración de la Misa. Todos los acontecimientos de nuestra vida han de poder ponerse en el altar y unirlos al sacrificio de Cristo. Al mismo tiempo, del altar nos va a venir la fuerza para llevar una vida según el amor de Dios, para amar en cualquier circunstancia y que en todo momento podamos dar gracias a Dios.

David Amado Fernández

La oración universal

Estas intenciones deben ser completadas y actualizadas por la comunidad que celebra.

Hermanos, el Señor quiere celebrar su Pascua con nosotros y desea que nos preparemos para vivirla mejor. Por eso, unidos a toda la Iglesia oremos con fe diciendo:

℟ *Danos tu Pan, Señor.*

Para que la Iglesia, fiel a la alianza del Señor, renueve el sacrificio del altar y viva con gozo su fe en Jesús Eucaristía. *Oremos.* ℟

Para que los sacerdotes, a imitación de Cristo, que dio su vida por todos los hombres, lleven una vida acorde con los sacramentos que celebran. *Oremos.* ℟

Para que, alimentados con el Cuerpo del Señor, vivamos la unidad y promovamos la justicia, la paz y la convivencia. *Oremos.* ℟

Para que Jesús Eucaristía fortalezca la fe de los que hoy lo recibirán por primera vez. *Oremos.* ℟

Para que el Cuerpo de Cristo conceda la salud a los enfermos, el perdón a los pecadores y la paz a los agonizantes. *Oremos.* ℟

Para que al comulgar con el Cuerpo de Cristo nos dejemos transformar en él y tengamos sus mismos sentimientos. *Oremos.* ℟

Aliméntanos con tu Cuerpo y Sangre, Señor, renueva en nosotros tu alianza y escucha nuestras oraciones para que, viviendo en comunión contigo, manifestemos tu fidelidad a los hombres. Tú que vives y reinas por los siglos de los siglos.

℟ *Amén.*

DOMINGO 10 DE JUNIO

El Santísimo Cuerpo y Sangre de Cristo

Día de la Caridad

Oración de la mañana

Adoremos a Cristo, Pan vivo bajado del cielo, ¡aleluya!
Adoremos al Padre, al Hijo y al Espíritu Santo, ¡aleluya!

Alabad al Señor, todos los pueblos;
aclamadlo, todas las naciones.

Fuerte es su amor para con nosotros.
¡La fidelidad del Señor es eterna!

Gloria al Padre, y al Hijo, y al Espíritu Santo,
por los siglos de los siglos. Amén. ¡Aleluya!

HIMNO

Altar de Dios: el centro de la vida
con el Señor en medio de su pueblo,
mesa del pan que a todos nos convida
a reunirnos en un mundo nuevo.

Altar de Dios: la fuente de aguas vivas,
para saciar la sed del universo:
«que todos sean uno» en Jesucristo,
la oración del Señor, su testamento.

Pueblo de Dios, escucha su palabra,
que está el Señor presente entre los hombres;
pueblo de Dios, camino de la patria,
convoca a la unidad a las naciones.

Venid a la asamblea, de Dios es la llamada,
que nadie quede fuera, de todos es la casa.
Miembros de Cristo fieles, y de su amor testigos,
pueblo de Dios, de paz sediento y peregrino.

Gloria al Padre, y al Hijo, y al Espíritu Santo.
Amén.

CÁNTICO — Daniel 3, 57-88. 56

Criaturas todas del Señor, bendecid al Señor,
ensalzadlo con himnos por los siglos.

Ángeles del Señor, bendecid al Señor;
cielos, bendecid al Señor.

Aguas del espacio, bendecid al Señor;
ejércitos del Señor, bendecid al Señor.

Sol y luna, bendecid al Señor;
astros del cielo, bendecid al Señor.

Lluvia y rocío, bendecid al Señor;
vientos todos, bendecid al Señor.

Fuego y calor, bendecid al Señor;
fríos y heladas, bendecid al Señor.

Rocíos y nevadas, bendecid al Señor;
témpanos y hielos, bendecid al Señor.

Escarchas y nieves, bendecid al Señor;
noche y día, bendecid al Señor.

Luz y tinieblas, bendecid al Señor;
rayos y nubes, bendecid al Señor.

Bendiga la tierra al Señor,
ensálcelo con himnos por los siglos.

Montes y cumbres, bendecid al Señor;
cuanto germina en la tierra, bendiga al Señor.

Manantiales, bendecid al Señor;
mares y ríos, bendecid al Señor.

Cetáceos y peces, bendecid al Señor;
aves del cielo, bendecid al Señor.

Fieras y ganados, bendecid al Señor,
ensalzadlo con himnos por los siglos.

Hijos de los hombres, bendecid al Señor;
bendiga Israel al Señor.

Sacerdotes del Señor, bendecid al Señor;
siervos del Señor, bendecid al Señor.

Almas y espíritus justos, bendecid al Señor;
santos y humildes de corazón, bendecid al Señor.

Ananías, Azarías y Misael, bendecid al Señor;
ensalzadlo con himnos por los siglos.

Bendigamos al Padre y al Hijo con el Espíritu Santo,
ensalcémoslo con himnos por los siglos.

Bendito el Señor en la bóveda del cielo,
alabado y glorioso y ensalzado por los siglos.

Gloria al Padre…

Palabra de Dios — Malaquías 1, 11

Del oriente al poniente es grande entre las naciones mi nombre; en todo lugar ofrecerán incienso y sacrificio a mi nombre, una ofrenda pura, porque es grande mi nombre entre las naciones -dice el Señor de los ejércitos-.

Sacas pan de los campos y vino que alegra
el corazón del hombre. Aleluya, aleluya. Sacas…

Cántico de Zacarías — (Texto contraportada B)

Yo soy el pan vivo que ha bajado del cielo; el que coma de este pan vivirá para siempre. Aleluya.

Preces

Demos gracias a Jesucristo, que ha querido quedarse cerca de los hombres en el sacramento de la Eucaristía:

℟ Tú eres, Señor, el Pan de vida.

En la Última Cena partiste el pan para tus apóstoles, y en cada Misa te entregas por cada uno de nosotros,
- que nuestra vida sea alabanza de tu nombre. ℟

Por amor alimentas a los hombres con tu cuerpo,
- que toda nuestra vida sólo deseemos estar a tu servicio. ℟

Te entregaste del todo para darnos vida eterna,
- haz que estemos atentos a las necesidades de los demás para que a nadie falte lo necesario para llevar una vida digna. ℟

Por el misterio de la comunión haces que formemos un solo pueblo,
- enséñanos a cuidar de nuestra familia, de nuestros amigos y de la comunidad en la que vivimos nuestra fe. ℟

Intenciones libres

Padre nuestro…

ORACIÓN

Oh Dios, que en este sacramento admirable nos dejaste el memorial de tu pasión, te pedimos nos concedas venerar de tal modo los sagrados misterios de tu Cuerpo y de tu Sangre, que experimentemos constantemente en nosotros el fruto de tu redención. Tú que vives y reinas.

MISA

El Santísimo Cuerpo y Sangre de Cristo

Solemnidad

ANTÍFONA DE ENTRADA

El Señor los alimentó con flor de harina y los sació con miel silvestre (Sal 80, 17).

GLORIA ——— página 224

ORACIÓN COLECTA

Oh Dios, que en este sacramento admirable
nos dejaste el memorial de tu pasión
te pedimos nos concedas venerar de tal modo
los sagrados misterios de tu Cuerpo y de tu Sangre,
que experimentemos constantemente en nosotros
el fruto de tu redención.
Tú que vives y reinas.

Lectura del libro del Éxodo 24, 3-8

EN AQUELLOS DÍAS, Moisés bajó y contó al pueblo todo lo que había dicho el Señor y todos sus mandatos; y el pueblo contestó a una: - «Haremos todo lo que dice el Señor».
Moisés puso por escrito todas las palabras del Señor. Se levantó temprano y edificó un altar en la falda del monte, y doce estelas, por las doce tribus de Israel. Y mandó a algunos jóvenes israelitas ofrecer al Señor holocaustos, y vacas como sacrificio de comunión. Tomó la mitad de la sangre, y la puso en vasijas, y la otra mitad la derramó sobre el altar. Después, tomó el documento de la alianza y se lo leyó en alta voz al pueblo, el cual respondió: - «Haremos todo lo que manda el Señor y lo obedeceremos».
Tomó Moisés la sangre y roció al pueblo, diciendo: - «Ésta es la sangre de la alianza que hace el Señor con vosotros, sobre todos estos mandatos».
Palabra de Dios.

• SALMO 115 •

℟ **Alzaré la copa de la salvación,**
invocando el nombre del Señor.

O bien:

℟ **Aleluya.**

¿Cómo pagaré al Señor
todo el bien que me ha hecho?
Alzaré la copa de la salvación,
invocando su nombre. ℟

Mucho le cuesta al Señor
la muerte de sus fieles.
Señor, yo soy tu siervo, hijo de tu esclava;
rompiste mis cadenas. ℟

Te ofreceré un sacrificio de alabanza,
invocando tu nombre, Señor.
Cumpliré al Señor mis votos
en presencia de todo el pueblo. ℟

Lectura de la carta a los Hebreos 9, 11-15

HERMANOS: Cristo ha venido como sumo sacerdote de los bienes definitivos. Su tabernáculo es más grande y más perfecto: no hecho por manos de hombre, es decir, no de este mundo creado.
No usa sangre de machos cabríos ni de becerros, sino la suya propia; y así ha entrado en el santuario una vez para siempre, consiguiendo la liberación eterna.
Si la sangre de machos cabríos y de toros y el rociar con las cenizas de una becerra tienen el poder de consagrar a los profanos, devolviéndoles la pureza externa, cuánto más la sangre de Cristo, que, en virtud del Espíritu eterno, se ha ofrecido a Dios como sacrificio sin mancha, podrá purificar nuestra conciencia de las obras muertas, llevándonos al culto del Dios vivo.
Por esa razón, es mediador de una alianza nueva: en ella ha habido una muerte que ha redimido de los pecados cometidos durante la primera alianza; y así los llamados pueden recibir la promesa de la herencia eterna.
Palabra de Dios.

Aleluya. **Yo soy el pan vivo que ha bajado del cielo -dice el Señor-; el que coma de este pan vivirá para siempre.**

UN MINUTO CON EL EVANGELIO

Marko I. Rupnik, SJ

● *Con la encarnación de Dios en Jesucristo, la humanidad se convierte en el lugar privilegiado de la revelación y del amor de Dios. La parte más expuesta de la humanidad es el cuerpo, la carne, que está sometida al tiempo y, por tanto, a la muerte. Por esto se convierte en el motivo del egoísmo y del apego a uno mismo. De hecho, tarde o temprano todos sentimos la precariedad de nuestra vida, porque está ligada a una fragilidad tal como nuestro cuerpo.*

Cristo se ofrece en nuestras manos precisamente a través de su Cuerpo. Él se entrega a nosotros para que podamos confiar en él y confiarnos a su amor.

Jesús ha encerrado todo este misterio de entrega en algo tan esencial y simple como el pan y el vino. Nosotros, con el pan y el vino, presentamos nuestra ofrenda, pero todo lo que ofrecemos se convierte en Cristo y se nos da de nuevo en la comunión como lo que nos salva. Así, lo que experimentamos como fragilidad, como dolor y como precariedad se convierte para nosotros en lugar de salvación. ●

Lectura del santo evangelio según san Marcos 14, 12-16. 22-26

EL PRIMER DÍA DE LOS ÁZIMOS, cuando se sacrificaba el cordero pascual, le dijeron a Jesús sus discípulos: - «¿Dónde quieres que vayamos a prepararte la cena de Pascua?» Él envió a dos discípulos, diciéndoles: - «Id a la ciudad, encontraréis un hombre que lleva un cántaro de agua; seguidlo y, en la casa en que entre, decidle al dueño: "El Maestro pregunta: ¿Dónde está la habitación en que voy a comer la Pascua con mis discípulos?"

Os enseñará una sala grande en el piso de arriba, arreglada con divanes. Preparadnos allí la cena».
Los discípulos se marcharon, llegaron a la ciudad, encontraron lo que les había dicho y prepararon la cena de Pascua.
Mientras comían, Jesús tomó un pan, pronunció la bendición, lo partió y se lo dio, diciendo: - «Tomad, esto es mi cuerpo».
Cogiendo una copa, pronunció la acción de gracias, se la dio, y todos bebieron.
Y les dijo: - «Ésta es mi sangre, sangre de la alianza, derramada por todos. Os aseguro que no volveré a beber del fruto de la vid hasta el día que beba el vino nuevo en el reino de Dios».
Después de cantar el salmo, salieron para el monte de los Olivos.
Palabra del Señor.

CREDO ——— página 225

ORACIÓN SOBRE LAS OFRENDAS

Concede, Señor, a tu Iglesia
el don de la paz y la unidad,
significado en las ofrendas sacramentales
que te presentamos.
Por Jesucristo nuestro Señor.

PREFACIO I DE LA SANTÍSIMA EUCARISTÍA

En verdad es justo y necesario,
es nuestro deber y salvación
darte gracias
siempre y en todo lugar,
Señor, Padre santo,
Dios todopoderoso y eterno,
por Cristo, Señor nuestro.
El cual,
al instituir el sacrificio de la eterna alianza,
se ofreció a sí mismo como víctima de salvación,

y nos mandó perpetuar esta ofrenda
en conmemoración suya.
Su carne, inmolada por nosotros,
es alimento que nos fortalece;
su sangre, derramada por nosotros,
es bebida que nos purifica.
Por eso,
con los ángeles y los arcángeles
y con todos los coros celestiales,
cantamos sin cesar
el himno de tu gloria: Santo…

O bien:

PREFACIO II DE LA SANTÍSIMA EUCARISTÍA

En verdad es justo y necesario,
es nuestro deber y salvación
darte gracias
siempre y en todo lugar,
Señor, Padre santo,
Dios todopoderoso y eterno,
por Cristo, Señor nuestro.
El cual,
en la última cena con los Apóstoles,
para perpetuar su pasión salvadora
se entregó a sí mismo
como Cordero inmaculado y Eucaristía perfecta.
Con este sacramento
alimentas y santificas a tus fieles,
para que una misma fe ilumine
y un mismo amor congregue
a todos los hombres que habitan un mismo mundo.
Así pues, nos reunimos
en torno a la mesa de este sacramento admirable,
para que la abundancia de tu gracia
nos lleve a poseer la vida celestial.
Por eso,
Señor, todas tus criaturas,
en el cielo y en la tierra
te adoran cantando un cántico nuevo;

y también nosotros, con los ángeles,
te aclamamos por siempre, diciendo: Santo…

ANTÍFONA DE COMUNIÓN

El que come mi carne y bebe mi sangre habita en mí y yo en él -dice el Señor (Jn 6, 57).

ORACIÓN DESPUÉS DE LA COMUNIÓN

La comunión de tu Cuerpo y Sangre, Señor,
signo del banquete del reino,
que hemos gustado en nuestra vida mortal,
nos llene del gozo eterno de tu divinidad.
Tú que vives y reinas por los siglos de los siglos.

DÍA TRAS DÍA

Ésta es mi sangre, sangre de la alianza, derramada por todos

Hoy, sobre el altar hemos contemplado a nuestro Señor Jesucristo.

Hoy, hemos sido alimentados con el carbón de fuego, a la sombra del cual cantan los querubines.

Hoy hemos oído la voz poderosa y suave que nos dice: «Este cuerpo quema las espinas de los pecados, ilumina el alma de los hombres».

A este cuerpo se acercó la pecadora con todo el ardor de su alma, y fue liberada del barro de sus pecados.

Este cuerpo, lo tocó Tomás y lo reconoció exclamando: «Mi Señor y mi Dios».

Antaño el que es el Verbo y la Vida declaró: «Esta sangre ha sido derramada por vosotros y entregada para la remisión de los pecados».

Hemos bebido, amados míos, la sangre santa e inmortal.

Hemos bebido, amados míos, la sangre que fluyó del costado del Señor, que cura toda enfermedad, que libera a todas las almas.

Hemos bebido la sangre con la que hemos sido rescatados.

¡Mirad, hermanos, qué cuerpo hemos comido!

¡Hemos sido juzgados dignos de participar del don!

ANÓNIMO

Oración de la tarde

Dios mío, ven en mi auxilio;
Señor, date prisa en socorrerme.

Gloria al Padre, y al Hijo, y al Espíritu Santo…

HIMNO

Oveja perdida, ven
sobre mis hombros, que hoy
no sólo tu pastor soy,
sino tu pasto también.

Por descubrirte mejor
cuando balabas perdida,
dejé en un árbol la vida
donde me subió el amor;
si prenda quieres mayor,
mis obras hoy te la den.

Pasto, al fin, hoy tuyo hecho,
¿cuál dará mayor asombro,
o el traerte yo en el hombro
o el traerme tú en el pecho?
Prendas son de amor estrecho
que aún los más ciegos las ven.
Gloria al Padre, y al Hijo, y al Espíritu Santo.
Amén.

SALMO 144 (II)

El Señor es fiel a sus palabras,
bondadoso en todas sus acciones.
El Señor sostiene a los que van a caer,
endereza a los que ya se doblan.

Los ojos de todos te están aguardando,
tú les das la comida a su tiempo;
abres tú la mano,
y sacias de favores a todo viviente.

El Señor es justo en todos sus caminos,
es bondadoso en todas sus acciones;
cerca está el Señor de los que lo invocan,
de los que lo invocan sinceramente.

Satisface los deseos de sus fieles,
escucha sus gritos, y los salva.
El Señor guarda a los que lo aman,
pero destruye a los malvados.

Pronuncie mi boca la alabanza del Señor,
todo viviente bendiga su santo nombre
por siempre jamás.

Gloria al Padre…

Palabra de Dios — 1 Corintios 11, 23-25

YO HE RECIBIDO una tradición, que procede del Señor y que a mi vez os he transmitido: que el Señor Jesús, en la noche en que iban a entregarlo, tomó pan y, pronunciando la acción de gracias, lo partió y dijo: «Esto es mi cuerpo, que se entrega por vosotros. Haced esto en memoria mía». Lo mismo hizo con el cáliz, después de cenar, diciendo: «Este cáliz es la nueva alianza sellada con mi sangre; haced esto cada vez que lo bebáis, en memoria mía».

Les dio pan del cielo. Aleluya, aleluya. Les dio...

CÁNTICO DE MARÍA (Texto contraportada A)

¡Oh sagrado banquete, en que Cristo es nuestra comida, se celebra el memorial de su pasión, el alma se llena de gracia y se nos da la prenda de la gloria futura! Aleluya.

PRECES

Alabemos a Jesucristo, que se nos ofrece como alimento y compañero de viaje en el sacramento de la Eucaristía:

℟ Por siempre seas bendito y alabado.

Bendito seas porque te acercas a nosotros a través de la Eucaristía,
- y unes nuestro corazón al tuyo por la comunión. ℟

Te alabamos porque la Iglesia se fortalece con tu presencia,
- y gracias ti puede cumplir su misión en el mundo. ℟

Te damos gracias porque te has entregado por nosotros,
- y nos comunicas tu amor para que toda nuestra vida pueda ser una ofrenda agradable a tus ojos. ℟

Te bendecimos porque te haces presente en medio de nosotros,
- y contigo podemos vencer todas las tentaciones y peligros. ℟

Te alabamos porque en la Eucaristía se nos anticipa la vida eterna,
- y te pedimos que puedan participar de ella todos los que ya han dejado este mundo. ℟

Intenciones libres

Padre nuestro...

ANTÍFONA MARIANA (Texto página 27)

LUNES 11 DE JUNIO

San Bernabé

Oración de la mañana

¡Venid, adoremos al Señor, Rey de los apóstoles!

Gloria al Padre, y al Hijo, y al Espíritu Santo…

HIMNO

¡Guardadnos en la fe y en la unidad,
vosotros, que ya estáis desde el principio
en comunión con Cristo y con el Padre!

¿A quién acudiremos
cuando la fe va herida
sino a vosotros, testigos vigilantes,
que anunciáis con palabra poderosa
lo que era en el principio,
lo que vieron de cerca vuestros ojos
y lo que vuestras manos
tocaron y palparon del Verbo de la vida?

¡Guardadnos en la fe y en la unidad,
vosotros, que ya estáis desde el principio
en comunión con Cristo y con el Padre!

¿En quién descansaremos
la duda y la esperanza
sino en vosotros, cimientos de la Iglesia,
que habéis visto al Señor resucitado,
y oísteis al Espíritu
revelar por el fuego y la palabra
el misterio de Cristo
que estaba oculto en Dios desde los siglos?

¡Guardadnos en la fe y en la unidad,
vosotros, que ya estáis desde el principio
en comunión con Cristo y con el Padre!

Gloria al Padre, y al Hijo, y al Espíritu Santo.
Por los siglos. Amén.

SALMO 18 A

El cielo proclama la gloria de Dios,
el firmamento pregona la obra de sus manos:
el día al día le pasa el mensaje,
la noche a la noche se lo susurra.

Sin que hablen, sin que pronuncien,
sin que resuene su voz,
a toda la tierra alcanza su pregón
y hasta los límites del orbe su lenguaje.

Allí le ha puesto su tienda al sol:
él sale como el esposo de su alcoba,
contento como un héroe, a recorrer su camino.

Asoma por un extremo del cielo,
y su órbita llega al otro extremo:
nada se libra de su calor.

Gloria al Padre...

Palabra de Dios — 1 Corintios 15, 1-2a. 3-4

OS RECUERDO, hermanos, el Evangelio que os proclamé y que vosotros aceptasteis, y en el que estáis fundados, y que os está salvando. Porque lo primero que yo os transmití, tal como lo había recibido, fue esto: que Cristo murió por nuestros pecados, según las Escrituras; que fue sepultado y que resucitó al tercer día, según las Escrituras.

Contaron las alabanzas del Señor
y su poder. Contaron...

CÁNTICO DE ZACARÍAS (Texto contraportada B)

Bernabé salió para Tarso, en busca de Saulo; lo encontró y se lo llevó a Antioquía, fueron huéspedes de aquella Iglesia e instruyeron a muchos.

PRECES

Recordando a san Bernabé, pidamos para que todos los que anuncian el Evangelio sean portadores de alegría, de paz y de esperanza:

℟ Señor, muéstranos tu rostro.

Para que los cristianos, irradiando la paz del Evangelio y obrando el bien, seamos signo visible de los nuevos tiempos inaugurados por Cristo. ℟

Para que todos los fieles redescubran la fuerza vivificante de su bautismo, y se renueve en la Iglesia el espíritu misionero de los orígenes. ℟

Para que nuestra fe nos lleve a ser impulsores de paz en nuestros hogares, en los lugares donde trabajamos, en nuestros pueblos y ciudades. ℟

Para que no falten personas dispuestas a dejarlo todo para llevar al conocimiento de Cristo a los hombres y mujeres que no han tenido noticia de él. ℟

Para que durante este día nada turbe nuestro espíritu y podamos hacer de todas nuestras ocupaciones una ofrenda agradable a Dios. ℟

Intenciones libres

Padre nuestro…

ORACIÓN

Señor, tú mandaste que san Bernabé, varón lleno de fe y de Espíritu Santo, fuera designado para llevar a las naciones tu mensaje de salvación; concédenos, te rogamos, que el Evangelio de Cristo, que él anunció con tanta firmeza, sea siempre proclamado en la Iglesia con fidelidad, de palabra y de obra. Por nuestro Señor Jesucristo.

MISA

San Bernabé

Memoria

Hoy, la primera lectura de la memoria de san Bernabé es obligatoria porque hace referencia al santo celebrado. No se puede, pues, elegir la primera lectura de la feria, pero se pueden leer el salmo 120 y el evangelio Mt 5, 1-12 de la feria: páginas 161 y 162.

● *Nacido en la isla de Chipre, fue uno de los primeros fieles de Jerusalén, predicó en Antioquía y acompañó a Pablo en su primer viaje. Intervino en el Concilio de Jerusalén. Volvió a su patria, predicó el Evangelio y allí murió.* ●

ANTÍFONA DE ENTRADA

Dichoso este santo que mereció ser contado entre los apóstoles, pues era hombre de bien, lleno de Espíritu Santo y de fe (cf. Hch 11, 24).

ORACIÓN COLECTA

Señor, tú mandaste que san Bernabé,
varón lleno de fe y de Espíritu Santo,
fuera designado para llevar a las naciones
tu mensaje de salvación;
concédenos, te rogamos, que el Evangelio de Cristo,
que él anunció con tanta firmeza,
sea siempre proclamado en la Iglesia
con fidelidad, de palabra y de obra.
Por nuestro Señor Jesucristo.

Lectura del libro de los Hechos de los apóstoles 11, 21b-26; 13, 1-3

EN AQUELLOS DÍAS, gran número creyó y se convirtió al Señor. Llegó noticia a la Iglesia de Jerusalén, y enviaron a Bernabé a Antioquía; al llegar y ver la acción de la gracia de Dios, se alegró mucho, y exhortó a todos a seguir unidos al Señor con todo empeño; como era hombre de bien, lleno de Espíritu Santo y de fe, una multitud considerable se adhirió al Señor.

Más tarde, salió para Tarso, en busca de Saulo; lo encontró y se lo llevó a Antioquía. Durante un año fueron huéspedes de aquella Iglesia e instruyeron a muchos. Fue en Antioquía donde por primera vez llamaron a los discípulos cristianos.

En la Iglesia de Antioquía había profetas y maestros: Bernabé, Simeón, apodado el Moreno, Lucio el Cireneo, Manahén, hermano de leche del virrey Herodes, y Saulo. Un día que ayunaban y daban culto al Señor, dijo el Espíritu Santo: - «Apartadme a Bernabé y a Saulo para la misión a que los he llamado».

Volvieron a ayunar y a orar, les impusieron las manos y los despidieron.

Palabra de Dios.

• SALMO 97 •

℟ **El Señor revela a las naciones su justicia.**

Cantad al Señor un cántico nuevo,
porque ha hecho maravillas:
su diestra le ha dado la victoria,
su santo brazo. ℟

El Señor da a conocer su victoria,
revela a las naciones su justicia:

se acordó de su misericordia y su fidelidad
en favor de la casa de Israel. ℟

Los confines de la tierra han contemplado
la victoria de nuestro Dios.
Aclama al Señor, tierra entera;
gritad, vitoread, tocad. ℟

Tañed la cítara para el Señor,
suenen los instrumentos:
con clarines y al son de trompetas,
aclamad al Rey y Señor. ℟

O bien:

[Lunes de la 10ª semana del tiempo ordinario]

• SALMO 120 •

℟ **Nuestro auxilio es el nombre del Señor,**
que hizo el cielo y la tierra.

Levanto mis ojos a los montes:
¿de dónde me vendrá el auxilio?
El auxilio me viene del Señor,
que hizo el cielo y la tierra. ℟

No permitirá que resbale tu pie,
tu guardián no duerme;
no duerme ni reposa
el guardián de Israel. ℟

El Señor te guarda a su sombra,
está a tu derecha;
de día el sol no te hará daño,
ni la luna de noche. ℟

El Señor te guarda de todo mal,
él guarda tu alma;

el Señor guarda tus entradas y salidas,
ahora y por siempre. ℟

Aleluya. Estad alegres y contentos, porque vuestra recompensa será grande en el cielo.

● *«DICHOSOS LOS QUE LLORAN, PORQUE ELLOS SERÁN CONSOLADOS». El Señor valora todos los aspectos de la vida humana. Uno de ellos es el dolor que se expresa por medio del llanto. Las lágrimas -que expresan el don de algo muy profundo, puesto que salen de los sentimientos más recónditos del hombre- serán convertidas en consuelo. Ya desde ahora el Señor permite vivir esta realidad a quien le entrega todos sus sentimientos.* ●

Lectura del santo evangelio según san Mateo

5, 1-12

EN AQUEL TIEMPO, al ver Jesús el gentío, subió a la montaña, se sentó, y se acercaron sus discípulos; y él se puso a hablar, enseñándoles: «Dichosos los pobres en el espíritu, porque de ellos es el reino de los cielos.
Dichosos los que lloran, porque ellos serán consolados.
Dichosos los sufridos, porque ellos heredarán la tierra.
Dichosos los que tienen hambre y sed de la justicia, porque ellos quedarán saciados.
Dichosos los misericordiosos, porque ellos alcanzarán la misericordia.
Dichosos los limpios de corazón, porque ellos verán a Dios.
Dichosos los que trabajan por la paz, porque ellos se llamarán los Hijos de Dios.
Dichosos los perseguidos por causa de la justicia, porque de ellos es el reino de los cielos.
Dichosos vosotros cuando os insulten y os persigan y os calumnien de cualquier modo por mi causa. Estad alegres y contentos, porque vuestra recompensa será grande en

el cielo, que de la misma manera persiguieron a los profetas anteriores a vosotros».
Palabra del Señor.

[San Bernabé]

Aleluya. Id y haced discípulos de todos los pueblos -dice el Señor-; yo estoy con vosotros todos los días, hasta el fin del mundo.

Lectura del santo evangelio según san Mateo 10, 7-13

EN AQUEL TIEMPO, dijo Jesús a sus apóstoles: - «Id y proclamad que el reino de los cielos está cerca. Curad enfermos, resucitad muertos, limpiad leprosos, echad demonios. Lo que habéis recibido gratis, dadlo gratis.
No llevéis en la faja oro, plata ni calderilla; ni tampoco alforja para el camino, ni túnica de repuesto, ni sandalias, ni bastón; bien merece el obrero su sustento. Cuando entréis en un pueblo o aldea, averiguad quién hay allí de confianza y quedaos en su casa hasta que os vayáis. Al entrar en una casa, saludad; si la casa se lo merece, la paz que le deseáis vendrá a ella. Si no se lo merece, la paz volverá a vosotros».
Palabra del Señor.

ORACIÓN SOBRE LAS OFRENDAS

Santifica, Señor, estas ofrendas
y que ellas nos alcancen de tu gracia
aquel amor ardiente,
que impulsó a tu apóstol san Bernabé
a llevar a las naciones la luz del Evangelio.
Por Jesucristo nuestro Señor.

PREFACIO: LOS APÓSTOLES, FUNDAMENTO DE LA IGLESIA Y TESTIMONIO PARA EL MUNDO

En verdad es justo y necesario,
es nuestro deber y salvación

darte gracias
siempre y en todo lugar,
Señor, Padre santo,
Dios todopoderoso y eterno,
por Cristo, Señor nuestro.
Porque has cimentado tu Iglesia
sobre la roca de los apóstoles,
para que permanezca en el mundo
como signo de santidad
y señale a todos los hombres
el camino que nos lleva hacia ti.
Por eso,
Señor, con todos los ángeles
te alabamos ahora y por siempre
diciendo con humilde fe: Santo…

Antífona de comunión

Ya no os llamo siervos, porque el siervo no sabe lo que hace su señor; a vosotros os llamo amigos, porque todo lo que he oído a mi Padre os lo he dado a conocer (Jn 15, 15).

Oración después de la comunión

Después de recibir en esta eucaristía
la prenda de la vida eterna,
te suplicamos, Señor,
que cuanto hoy realizamos en imagen,
al celebrar la fiesta de san Bernabé,
lo alcancemos un día como plena realidad en el cielo.
Por Jesucristo nuestro Señor.

Meditación

Aprended de mí

¿Qué es seguir sino imitar? La prueba está en que *Cristo sufrió por nosotros dejándonos así un ejemplo,* como dice el Apóstol, *para que sigamos sus pasos.*

Dichosos los pobres en el espíritu.

Imitad, pues, al que *se hizo pobre por vosotros siendo él rico.*

Dichosos los mansos.

Imitad al que ha dicho: *Tomad sobre vosotros mi yugo y aprended de mí, que soy manso y humilde de corazón.*

Dichosos los que lloran.

Imitad al que lloró sobre Jerusalén.

Dichosos los que tienen hambre y sed de justicia.

Imitad al que dice: *Mi alimento es hacer la voluntad del que me ha enviado.*

Dichosos los misericordiosos.

Imitad al que ayudó a aquel a quien los ladrones hirieron y yacía en el camino medio muerto y desesperanzado.

Dichosos los limpios de corazón.

Imitad al que no tuvo ni sombra de pecado y *sobre sus labios no se encontró ni un punto de malicia.*

Dichosos los pacíficos.

Imitad al que dijo en favor de sus perseguidores: *Padre, perdónalos porque no saben lo que hacen.*

Dichosos los que sufren persecución por causa de la justicia.

Imitad al que sufrió por vosotros, dejándoos un ejemplo para que sigáis sus huellas.

Con los ojos de la fe que has abierto en mí, te veo, oh mi buen Jesús, te veo clamando y diciendo: «Venid a mí y poneos bajo mi escuela».

SAN AGUSTÍN

Oriundo de Tagaste (en la actual Argelia), fue obispo de Hipona. Es uno de los cuatro grandes padres de la Iglesia latina. Es doctor de la Iglesia (354-430)

Oración de la tarde

¡Demos gracias a Dios:
eterno es su amor!

Gloria al Padre, y al Hijo,
y al Espíritu Santo...

Himno

Benditos son los pies de los que llegan
para anunciar la paz que el mundo espera,
apóstoles de Dios que Cristo envía,
voceros de su voz, grito del Verbo.

De pie en la encrucijada del camino
del hombre peregrino y de los pueblos,
es el fuego de Dios el que los lleva
como cristos vivientes a su encuentro.

Abrid, pueblos, la puerta a su llamada,
la verdad y el amor son don que llevan;
no temáis, pecadores, acogedlos,
el perdón y la paz serán su gesto.

Gracias, Señor, que el pan de tu palabra
nos llega por tu amor, pan verdadero;
gracias, Señor, que el pan de vida nueva
nos llega por tu amor, partido y tierno. Amén.

Salmo 44 (II)

Escucha, hija, mira: inclina el oído,
olvida tu pueblo y la casa paterna:
prendado está el rey de tu belleza,
póstrate ante él, que él es tu señor.
La ciudad de Tiro viene con regalos,
los pueblos más ricos buscan tu favor.

Ya entra la princesa, bellísima,
vestida de perlas y brocado;
la llevan ante el rey, con séquito de vírgenes;
la siguen sus compañeras.
Las traen entre alegría y algazara,
van entrando en el palacio real.

«A cambio de tus padres tendrás hijos,
que nombrarás príncipes por toda la tierra».

Quiero hacer memorable tu nombre
por generaciones y generaciones,
y los pueblos te alabarán,
por los siglos de los siglos.

Gloria al Padre…

Palabra de Dios — Colosenses 1, 3-6a

EN NUESTRAS ORACIONES damos siempre gracias por vosotros a Dios, Padre de nuestro Señor Jesucristo, desde que nos enteramos de vuestra fe en Cristo Jesús y del amor que tenéis a todos los santos. Os anima a esto la esperanza de lo que Dios os ha reservado en los cielos, que ya conocisteis cuando llegó hasta vosotros por primera vez el Evangelio, la palabra, el mensaje de la verdad. Éste se sigue propagando y va dando fruto en el mundo entero.

Contad a los pueblos la gloria del Señor.
Aleluya, aleluya. Contad…

CÁNTICO DE MARÍA — (Texto contraportada A)

Toda la asamblea hizo silencio para escuchar a Bernabé y Pablo, que les contaron los signos y prodigios que habían hecho entre los gentiles con la ayuda de Dios.

PRECES

Oremos al Señor Jesús, que se une a nosotros al caminar por la vida, nos ayuda a comprender la palabra de Dios y acepta nuestra hospitalidad:

℟ Quédate con nosotros, Señor.

Por la Iglesia: para que, caminando al paso de la humanidad, sepa llevar a todos la esperanza gozosa de la resurrección en Cristo. ℟

Por los que reconocemos a Cristo en la Palabra y en la fracción del pan: para que también lo reconozcamos en nuestros compañeros de camino desesperanzados, y sepamos explicarles los planes de Dios. ℟

Por los que viven sin fe, sin esperanza, decepcionados: para que el Señor Jesús camine junto a ellos, abra sus ojos y encienda sus corazones. ℟

Por los creyentes: para que seamos capaces de reconocer a Cristo en el prójimo que camina a nuestro lado, en la Escritura y en la Eucaristía. ℟

Por los que murieron confiando en las promesas de Cristo, para que alcancen el gozo pleno que él ha prometido a quienes le aman. ℟

Intenciones libres

Padre nuestro…

ANTÍFONA MARIANA

(Texto página 27)

SANTOS
DE AYER Y DE HOY

Corazón de Jesús,
templo santo de Dios,
ten piedad de nosotros.

BEATA YOLANDA
Abadesa (Ca. 1235-1298)

También llamada Violante o Iolenta en Hungría y en Polonia. Nació en Budapest hacia 1235 y era hija del rey Bela IV. Estaba emparentada con numerosos santos. Fue educada en Polonia por su hermana santa Cunegunda, esposa de Boleslao el Casto de Polonia y después clarisa. De su temprano matrimonio con el duque Boleslao el Piadoso de Polonia nacieron tres hijas. Además de cumplir con sus tareas en el hogar, Yolanda se dedicó a las obras de piedad y misericordia, siendo como una madre para los pobres y necesitados. Fundó iglesias y hospitales, y contribuyó a la difusión de la Orden franciscana. Al morir su esposo y casadas dos de las hijas, ingresó con la tercera hija en el monasterio de clarisas de Sandeck. Lo abandonó por las incursiones de los bárbaros y se trasladó al de Gniezno, fundado por ella, del que fue abadesa y en el que murió el 11 de junio de 1298. Brilló por su profunda humildad y por la asidua contemplación de la pasión del Señor.

Todo el que obra mal
deshonra a Cristo.

San Cesáreo de Arlés

MARTES 12 DE JUNIO

Oración de la mañana

Alabemos al Señor y démosle gracias:
¡eterno es su amor!

Gloria al Padre, y al Hijo, y al Espíritu Santo…

Himno

La mañana de mi infancia,
¡qué mañana de esplendor!,
mi pecho vertió canciones,
el campo aromas vertió.
Yo sentía nacer alas
y volé de flor en flor;
cuando ellas me sonreían
yo les daba mi canción;
si no les gustaban cantos,
les mandaba un beso o dos.
¡Mas no advertí las estrellas
de vuestro trono, Señor!
Al verlas entre el ramaje,
a las flores dejé yo,
¡para el panal de mis cantos
no tienen santo dulzor!
Después miré las estrellas
y aún no os veía a Vos,
del Cielo eterna hermosura
y hechizo de todo amor.
Ahora que os veo y abrazo,
¡estrellas de oro, adiós,
pues para amar a quien quiero
no basta mi corazón!

Gloria al Padre, y al Hijo,
y al Espíritu Santo. Amén.

CÁNTICO Isaías 38, 10-14; 17-20

Yo pensé: «En medio de mis días
tengo que marchar hacia las puertas del abismo;
me privan del resto de mis años».

Yo pensé: «Ya no veré más al Señor
en la tierra de los vivos,
ya no miraré a los hombres
entre los habitantes del mundo.

Levantan y enrollan mi vida
como una tienda de pastores.
Como un tejedor, devanaba yo mi vida,
y me cortan la trama».

Día y noche me estás acabando,
sollozo hasta el amanecer.
Me quiebras los huesos como un león,
día y noche me estás acabando.

Estoy piando como una golondrina,
gimo como una paloma.
Mis ojos mirando al cielo se consumen:
¡Señor, que me oprimen, sal fiador por mí!

Me has curado, me has hecho revivir,
la amargura se me volvió paz
cuando detuviste mi alma ante la tumba vacía
y volviste la espalda a todos mis pecados.

El abismo no te da gracias,
ni la muerte te alaba,
ni esperan en tu fidelidad
los que bajan a la fosa.

Los vivos, los vivos son quienes te alaban:
como yo ahora.
El padre enseña a sus hijos tu fidelidad.

Sálvame, Señor, y tocaremos nuestras arpas
todos nuestros días en la casa del Señor.

Gloria al Padre…

Palabra de Dios

1 Tesalonicenses 5, 4-5

VOSOTROS, hermanos, no vivís en tinieblas, para que ese día no os sorprenda como un ladrón, porque todos sois hijos de la luz e hijos del día; no lo sois de la noche ni de las tinieblas.

Señor, escucha mi voz,
he esperado en tus palabras. Señor…

CÁNTICO DE ZACARÍAS

(Texto contraportada B)

De la mano de todos los que nos odian, sálvanos, Señor.

PRECES

Presentemos ahora nuestra oración confiada diciendo:

℟ Te rogamos, óyenos.

Por la Iglesia, extendida de Oriente a Occidente. Por los que han recibido el bautismo en estos días. Por todos los que luchan por ser fieles. ℟

Por los alcohólicos y los drogadictos; por las personas que ejercen la prostitución, por todos los que sufren la esclavitud de algún vicio. ℟

Por las madres solteras, por los niños huérfanos; por las viudas y los viudos y por cuantos no tienen hogar. ℟

Por los que trabajan en medios de comunicación, por quienes se dedican al mundo del espectáculo y por los que ejercen su profesión de cara al público. ℟

Por las fuerzas de seguridad de nuestro país, por los bomberos, los médicos y enfermeros y por todos los que desempeñan un cargo de servicio público. ℟

Por los profesores, los maestros, los educadores sociales y todas las personas que, de una u otra manera, se dedican a la docencia. ℟

Intenciones libres

Padre nuestro...

Oración

Señor Jesucristo, luz verdadera que alumbras a todo hombre y le muestras el camino de la salvación, concédenos la abundancia de tu fuerza, para que preparemos delante de ti caminos de justicia y de paz. Tú que vives y reinas.

Misa

Martes de la 10ª semana del tiempo ordinario

Antífona de entrada

El Señor es mi luz y mi salvación: ¿a quién temeré? El Señor es la defensa de mi vida: ¿quién me hará temblar? Ellos, mis enemigos y adversarios, tropiezan y caen (Sal 26, 1-2).

Oración colecta

Oh Dios, fuente de todo bien,
escucha sin cesar nuestras súplicas,
y concédenos, inspirados por ti,
pensar lo que es recto
y cumplirlo con tu ayuda.
Por nuestro Señor Jesucristo.

Lectura del primer libro de los Reyes 17, 7-16

EN AQUELLOS DÍAS, se secó el torrente donde se había escondido Elías, porque no había llovido en la región.
Entonces el Señor dirigió la palabra a Elías: - «Anda, vete a Sarepta de Fenicia a vivir allí; yo mandaré a una viuda que te dé la comida».
Elías se puso en camino hacia Sarepta, y, al llegar a la puerta de la ciudad, encontró allí una viuda que recogía leña. La llamó y le dijo: - «Por favor, tráeme un poco de agua en un jarro para que beba».
Mientras iba a buscarla, le gritó: - «Por favor, tráeme también en la mano un trozo de pan».
Respondió ella: - «Te juro por el Señor, tu Dios, que no tengo ni pan; me queda sólo un puñado de harina en el cántaro y un poco de aceite en la alcuza. Ya ves que estaba recogiendo un poco de leña. Voy a hacer un pan para mí y para mi hijo; nos lo comeremos y luego moriremos».
Respondió Elías: - «No temas. Anda, prepáralo como has dicho, pero primero hazme a mí un panecillo y tráemelo; para ti y para tu hijo lo harás después. Porque así dice el Señor, Dios de Israel: "La orza de harina no se vaciará, la alcuza de aceite no se agotará, hasta el día en que el Señor envíe la lluvia sobre la tierra"».
Ella se fue, hizo lo que le había dicho Elías, y comieron él, ella y su hijo. Ni la orza de harina se vació, ni la alcuza de aceite se agotó, como lo había dicho el Señor por medio de Elías.
Palabra de Dios.

• SALMO 4 •

℟. **Haz brillar sobre nosotros, Señor, la luz de tu rostro.**

Escúchame cuando te invoco, Dios, defensor mío;
tú que en el aprieto me diste anchura,

ten piedad de mí y escucha mi oración.
Y vosotros, ¿hasta cuándo ultrajaréis mi honor,
amaréis la falsedad y buscaréis el engaño? R/

Sabedlo: el Señor hizo milagros en mi favor,
y el Señor me escuchará cuando lo invoque.
Temblad y no pequéis,
reflexionad en el silencio de vuestro lecho. R/

Hay muchos que dicen: «¿Quién nos hará ver la dicha,
si la luz de tu rostro ha huido de nosotros?»
Pero tú, Señor, has puesto en mi corazón más alegría
que si abundara en trigo y en vino. R/

Aleluya. Alumbre así vuestra luz a los hombres, para que vean vuestras buenas obras y den gloria a vuestro Padre.

● *«PERO SI LA SAL SE VUELVE SOSA, ¿CON QUÉ LA SALARÁN?» Jesús enseña a sus discípulos que el don recibido puede desvirtuarse si no se cuida de él. Sin dejar de lado la belleza de lo recibido, apela a la responsabilidad del agraciado. Es muy importante que el cristiano sepa que la gracia recibida no es para que quede encerrada en él, sino para comunicarla a los demás; de lo contrario, todo cuanto ha recibido quedará inservible.* ●

Lectura del santo evangelio según san Mateo 5, 13-16

EN AQUEL TIEMPO, dijo Jesús a sus discípulos: - «Vosotros sois la sal de la tierra. Pero si la sal se vuelve sosa, ¿con qué la salarán? No sirve más que para tirarla fuera y que la pise la gente. Vosotros sois la luz del mundo. No se puede ocultar una ciudad puesta en lo alto de un monte. Tampoco se enciende una lámpara para meterla debajo del celemín, sino para ponerla en el candelero y que alumbre a todos los de casa. Alumbre así vuestra luz a

los hombres, para que vean vuestras buenas obras y den gloria a vuestro Padre que está en el cielo».
Palabra del Señor.

ORACIÓN SOBRE LAS OFRENDAS

Mira complacido, Señor,
nuestro humilde servicio,
para que esta ofrenda te sea agradable
y nos haga crecer en el amor.
Por Jesucristo nuestro Señor.

ANTÍFONA DE COMUNIÓN

Señor, mi roca, mi alcázar, mi libertador; Dios mío, peña mía (Sal 17, 3).

O bien:

Dios es amor, y quien permanece en el amor permanece en Dios y Dios en él (1 Jn 4, 16).

ORACIÓN DESPUÉS DE LA COMUNIÓN

Padre de misericordia,
que la fuerza curativa de tu Espíritu
en este sacramento
sane nuestras maldades
y nos conduzca por el camino del bien.
Por Jesucristo nuestro Señor.

MEDITACIÓN

Vosotros sois la luz del mundo

La obra de la redención de Cristo, que de suyo tiende a salvar a los hombres, comprende también la restauración incluso de todo el orden temporal. Por tanto, la misión de la Iglesia no es sólo anunciar el mensaje de Cristo y su gracia a los hombres, sino también el impregnar y perfeccionar todo el orden temporal con el espíritu evangélico. Por consiguiente, los laicos, siguiendo esta misión, ejercitan su apostolado tanto en el mundo como en la Iglesia, lo mismo en el orden espiritual que en el temporal. El laico, que es a un tiempo fiel y ciudadano, debe comportarse siempre en ambos órdenes con una conciencia cristiana.

La misión de la Iglesia tiende a la santificación de los hombres, que hay que conseguir con la fe en Cristo y con su gracia. El apostolado, pues, de la Iglesia y de todos sus miembros se ordena, ante todo, al mensaje de Cristo, que hay que revelar al mundo con las palabras y con las obras, y a comunicar su gracia. A los laicos se les presentan innumerables ocasiones para el ejercicio del apostolado de la evangelización y de la santificación. El mismo testimonio de la vida cristiana y las obras buenas, realizadas con espíritu sobrenatural, tienen eficacia para atraer a los hombres hacia la fe y hacia Dios, pues dice el Señor: *Así ha de brillar vuestra luz ante los hombres, para que, viendo vuestras buenas obras, glorifiquen a vuestro Padre que está en los cielos.*

Concilio Vaticano II

Concilio ecuménico XXI de la Iglesia católica (1963-1965)

Oración de la tarde

Demos gracias al Señor,
porque es eterna su misericordia.

Gloria al Padre, gloria al Hijo,
gloria al Espíritu Santo. Amén.

Himno

Deseo la locura de quererte,
perder mi libertad para ganarte,

ser humilde semilla y espigarte,
vaciarme de mí y poseerte,

anularme y crecer por conocerte,
serenarme en el gozo de esperarte,
fragmentarme en tu amor para donarte,
y encontrarte en la Vida por la muerte.

Deseo caminar en tu presencia
por la estrechez que lleva hacia la anchura,
atravesar la noche hasta la aurora

y, al final, cuando vuele a Ti mi esencia,
pasar de la agonía a la ventura,
de la postrera a la primera hora.

Gloria al Padre, gloria al Hijo, gloria al Espíritu
Santo. Amén.

SALMO 13

Dice el necio para sí:
«No hay Dios».
Se han corrompido cometiendo execraciones,
no hay quien obre bien.

El Señor observa desde el cielo
a los hijos de Adán,
para ver si hay alguno sensato
que busque a Dios.

Todos se extravían
igualmente obstinados,
no hay uno que obre bien,
ni uno solo.

Pero ¿no aprenderán los malhechores
que devoran a mi pueblo como pan
y no invocan al Señor?

Pues temblarán de espanto,
porque Dios está con los justos.
Podéis burlaros de los planes del desvalido,
pero el Señor es su refugio.

¡Ojalá venga desde Sión
la salvación de Israel!
Cuando el Señor cambie la suerte de su pueblo,
se alegrará Jacob y gozará Israel.

Gloria al Padre...

Palabra de Dios — Romanos 3, 23-25a

TODOS PECARON y todos están privados de la gloria de Dios, y son justificados gratuitamente por su gracia, mediante la redención de Cristo Jesús, a quien Dios constituyó sacrificio de propiciación mediante la fe en su sangre. Así quería Dios demostrar que no fue injusto.

Me saciarás de gozo en tu presencia, Señor.
Me saciarás...

CÁNTICO DE MARÍA — (Texto contraportada A)

Haz con nosotros, Señor, obras grandes, porque eres poderoso, y tu nombre es santo.

PRECES

Por Jesucristo, el Señor, hemos renacido del agua y del Espíritu Santo. Presentemos confiados, por su mediación, nuestras súplicas a Dios, Padre nuestro:

℟ Señor, escucha a los que has redimido.

Por todos los cristianos: para que demos testimonio de la fe en los diversos ambientes en que vivimos. ℟

Por los bautizados: para que nuestras obras respondan a nuestra fe y seamos capaces de dar razón de nuestra esperanza. ℟

Por los que poseen bienes temporales: para que sepan compartir con sus hermanos más necesitados lo que han recibido de Dios, Padre de todos. ℟

Por las personas que viven sin esperanza, para que encuentren amigos que les ayuden a descubrir el sentido de la vida.

Por los que han perdido la vida a consecuencia de la violencia de los demás, para que entren en la paz de la Jerusalén celestial. ℟

Intenciones libres

Padre nuestro…

ANTÍFONA MARIANA (Texto página 27)

SANTOS
DE AYER Y DE HOY

Corazón de Jesús,
tabernáculo del Altísimo,
ten piedad de nosotros.

BEATO GUIDO DE CORTONA
(Ca. 1190-Ca. 1245)

Nació en Cortona (Toscana, Italia) hacia el año 1190. Cuando en 1211 san Francisco de Asís visitó la ciudad en sus tareas apostólicas, el joven Guido, que lo había hospedado y se había enamorado de sus ideales, le pidió el hábito. Fue admitido, se despojó de sus bienes, se despidió de su familia y llevó una vida de ayuno, pobreza y humildad, como los mejores compañeros del santo. Además, san Francisco, viendo las cualidades de este hermano, lo hizo ordenar sacerdote y le confió el ministerio de la predicación, en la que fue celoso y carismático. De su ministerio se beneficiaron Cortona y los pueblos de sus alrededores. Vivió en el eremitorio de Las Celdas de Cortona, fundado por él y visitado por san Francisco poco antes de morir. Murió allí un 12 de junio hacia el año 1245.

Examinemos todos los días por la mañana
y por la noche con cuidado cómo va
nuestro comercio espiritual y,
si vemos que hemos tenido pérdidas,
en adelante trabajemos cuidadosamente
para reparar con ganancias ventajosas
los menoscabos que hemos padecido en el pasado.

San Efrén

[MIÉRCOLES 13 DE JUNIO
San Antonio de Padua]

Oración de la mañana

Aclamemos al Señor en esta celebración de san Antonio.

¡Gloria al Padre, y al Hijo, y al Espíritu Santo!

Himno

Puerta de Dios en el redil humano
fue Cristo el Buen Pastor que al mundo vino;
glorioso va delante del rebaño,
guiando su marchar por buen camino.

Madero de la cruz es su cayado,
su voz es la verdad que a todos llama,
su amor es el del Padre, que le ha dado
Espíritu de Dios que a todos ama.

Pastores del Señor son sus ungidos,
nuevos cristos de Dios, son enviados
a los pueblos del mundo redimidos;
del único Pastor siervos amados.

La cruz de su Señor es su cayado,
la voz de su verdad es su llamada,
los pastos de su amor, fecundo prado,
son vida del Señor que nos es dada. Amén.

Salmo 96

El Señor reina, la tierra goza,
se alegran las islas innumerables.
Tiniebla y nube lo rodean,
justicia y derecho sostienen su trono.

Delante de él avanza fuego,
abrasando en torno a los enemigos;

sus relámpagos deslumbran el orbe,
y, viéndolos, la tierra se estremece.

Los montes se derriten como cera
ante el dueño de toda la tierra;
los cielos pregonan su justicia
y todos los pueblos contemplan su gloria.

Los que adoran estatuas se sonrojan,
y los que ponen su orgullo en los ídolos;
ante él se postran todos los dioses.

Lo oye Sión, y se alegra,
se regocijan las ciudades de Judá
por tus sentencias, Señor;
porque tú eres, Señor,
altísimo sobre toda la tierra,
encumbrado sobre todos los dioses.

El Señor ama al que aborrece el mal,
protege la vida de sus fieles
y los libra de los malvados.

Amanece la luz para el justo,
y la alegría para los rectos de corazón.
Alegraos, justos, con el Señor,
celebrad su santo nombre.

Gloria al Padre…

Palabra de Dios

Hebreos 13, 7-9a

ACORDAOS de vuestros dirigentes, que os anunciaron la palabra de Dios; fijaos en el desenlace de su vida e imitad su fe. Jesucristo es el mismo ayer y hoy y siempre. No os dejéis arrastrar por doctrinas complicadas y extrañas.

Sobre tus murallas, Jerusalén,
he colocado centinelas. Sobre…

CÁNTICO DE ZACARÍAS (Texto contraportada B)

Sirvamos con santidad al Señor, todos nuestros días.

PRECES

Dios suscitó en la Iglesia a san Antonio de Padua, quien defendió a los pobres y ayudó a los pecadores para que volvieran a Cristo. Con agradecimiento decimos:

℟ Señor, salva a los que esperan en ti.

Señor, sigue suscitando en tu Iglesia profetas, teólogos y hombres santos que, como san Antonio, sepan irradiar tu Evangelio por los caminos del mundo. ℟

Suscita jóvenes que se consagren con generosidad a tu servicio y que puedan ser, como san Antonio, evangelio vivo para quienes los conozcan. ℟

Danos un corazón sensible y unas manos trabajadoras que sepan socorrer al pobre, al indigente y al marginado, con el fin de que se sepa que tú amas a todos los hombres. ℟

Señor, ven a nuestro encuentro y, pues somos pecadores, suscita a nuestro alrededor sacerdotes que, al administrar la confesión, sean signo de tu misericordia. ℟

Haz que durante este día aumente en nosotros la certeza de tu presencia y que hagamos de todas nuestras obras una ofrenda que te sea agradable. ℟

Intenciones libres

Padre nuestro...

ORACIÓN

Dios todopoderoso y eterno, tú que has dado a tu pueblo en la persona de san Antonio de Padua un predicador insigne y un intercesor poderoso, concédenos seguir fielmente los principios de la vida cristiana, para que merezcamos tenerte como protector en todas las adversidades. Por nuestro Señor Jesucristo.

MISA

Miércoles de la 10ª semana del tiempo ordinario

SAN ANTONIO DE PADUA (SIGLOS XII-XIII) *Memoria*

● *Nació en Lisboa a finales del siglo XII. Primero formó parte de los canónigos regulares de san Agustín, y, poco después de su ordenación sacerdotal, ingresó en la Orden de los Frailes Menores, con la intención de dedicarse a propagar la fe cristiana en África. Sin embargo, fue en Francia y en Italia donde ejerció con gran provecho sus dotes de predicador, convirtiendo a muchos herejes. Fue el primero que enseñó teología en su Orden. Escribió varios sermones llenos de doctrina y de unción. Murió en Padua en 1231.* ●

ANTÍFONA DE ENTRADA

El Espíritu del Señor está sobre mí, porque él me ha ungido. Me ha enviado para dar la Buena Noticia a los pobres, para vendar los corazones desgarrados (Lc 4, 18).

ORACIÓN COLECTA

Dios todopoderoso y eterno,
tú que has dado a tu pueblo
en la persona de san Antonio de Padua
un predicador insigne y un intercesor poderoso,
concédenos seguir fielmente
los principios de la vida cristiana,
para que merezcamos tenerte como protector
en todas las adversidades.
Por nuestro Señor Jesucristo.

Lectura del primer libro de los Reyes 18, 20-39

EN AQUELLOS DÍAS, el rey Ajab despachó órdenes a todo Israel, y los profetas de Baal se reunieron en el monte Carmelo.

Elías se acercó a la gente y dijo: - «¿Hasta cuándo vais a caminar con muletas? Si el Señor es el verdadero Dios, seguidlo; si lo es Baal, seguid a Baal».
La gente no respondió una palabra. Entonces Elías les dijo: - «He quedado yo solo como profeta del Señor, mientras que los profetas de Baal son cuatrocientos cincuenta. Que nos den dos novillos: vosotros elegid uno; que lo descuarticen y lo pongan sobre la leña, sin prenderle fuego; yo prepararé el otro novillo y lo pondré sobre la leña, sin prenderle fuego. Vosotros invocaréis a vuestro dios, y yo invocaré al Señor; y el dios que responda enviando fuego, ése es el Dios verdadero».
Toda la gente asintió: - «¡Buena idea!»
Elías dijo a los profetas de Baal: - «Elegid un novillo y preparadlo vosotros primero, porque sois más. Luego invocad a vuestro dios, pero sin encender el fuego».
Cogieron el novillo que les dieron, lo prepararon y estuvieron invocando a Baal desde la mañana hasta mediodía: - «¡Baal, respóndenos!»
Pero no se oía una voz ni una respuesta, mientras brincaban alrededor del altar que habían hecho.
Al mediodía, Elías empezó a reírse de ellos: - «¡Gritad más fuerte! Baal es dios, pero estará meditando, o bien ocupado, o estará de viaje; ¡a lo mejor está durmiendo y se despierta!»
Entonces gritaron más fuerte; y se hicieron cortaduras, según su costumbre, con cuchillos y punzones, hasta chorrear sangre por todo el cuerpo.
Pasado el mediodía, entraron en trance, y así estuvieron hasta la hora de la ofrenda. Pero no se oía una voz, ni una palabra, ni una respuesta.
Entonces Elías dijo a la gente: - «¡Acercaos!»
Se acercaron todos, y él reconstruyó el altar del Señor, que estaba demolido: cogió doce piedras, una por cada tribu de Jacob, a quien el Señor había dicho: «Te llamarás

Israel»; con las piedras levantó un altar en honor del Señor, hizo una zanja alrededor del altar, como para sembrar dos fanegas; apiló la leña, descuartizó el novillo, lo puso sobre la leña y dijo: - «Llenad cuatro cántaros de agua y derramadla sobre la víctima y la leña».
Luego dijo: - «¡Otra vez!»
Y lo hicieron otra vez.
Añadió: - «¡Otra vez!»
Y lo repitieron por tercera vez.
El agua corrió alrededor del altar, e incluso la zanja se llenó de agua.
Llegada la hora de la ofrenda, el profeta Elías se acercó y oró: - «¡Señor, Dios de Abrahán, Isaac e Israel! Que se vea hoy que tú eres el Dios de Israel, y yo tu siervo, que he hecho esto por orden tuya. Respóndeme, Señor, respóndeme, para que sepa este pueblo que tú, Señor, eres el Dios verdadero, y que eres tú quien les cambiará el corazón».
Entonces el Señor envió un rayo que abrasó la víctima, la leña, las piedras y el polvo, y secó el agua de la zanja.
Al verlo, cayeron todos sobre su rostro, exclamando:
- «¡El Señor es el Dios verdadero! ¡El Señor es el Dios verdadero!»
Palabra de Dios.

• SALMO 15 •

℟ **Protégeme, Dios mío, que me refugio en ti.**

Protégeme, Dios mío, que me refugio en ti;
yo digo al Señor: «Tú eres mi bien». ℟

Multiplican las estatuas
de dioses extraños;
no derramaré sus libaciones con mis manos,
ni tomaré sus nombres en mis labios. ℟

El Señor es el lote de mi heredad y mi copa;
mi suerte está en tu mano.

Tengo siempre presente al Señor,
con él a mi derecha no vacilaré. ℟

Me enseñarás el sendero de la vida,
me saciarás de gozo en tu presencia,
de alegría perpetua a tu derecha. ℟

Aleluya. Dios mío, instrúyeme en tus sendas, haz que camine con lealtad.

● *«QUIEN LOS CUMPLA Y ENSEÑE SERÁ GRANDE EN EL REINO DE LOS CIELOS». El valor de la ley y los profetas no ha quedado obsoleto con la venida del Hijo de Dios. Al contrario: Jesús mismo muestra que la exigencia es mayor, puesto que reconduce a su sentido originario cada una de las normas establecidas por el Padre del cielo. Nuevamente el Señor nos hace una invitación a vivir en obediencia amorosa al Dueño de la ley siguiendo su ejemplo.* ●

Lectura del santo evangelio según san Mateo 5, 17-19

EN AQUEL TIEMPO, dijo Jesús a sus discípulos: - «No creáis que he venido a abolir la Ley y los profetas: no he venido a abolir, sino a dar plenitud.
Os aseguro que antes pasarán el cielo y la tierra que deje de cumplirse hasta la última letra o tilde de la Ley.
El que se salte uno solo de los preceptos menos importantes y se lo enseñe así a los hombres será el menos importante en el reino de los cielos. Pero quien los cumpla y enseñe será grande en el reino de los cielos».
Palabra del Señor.

ORACIÓN SOBRE LAS OFRENDAS

Dios todopoderoso,
humildemente imploramos
de tu divina Majestad
que estos dones, que ofrecemos

en honor de tus santos
y que testimonian tu poder y tu gloria,
le alcancen a tu pueblo
los frutos de la eterna salvación.
Por Jesucristo nuestro Señor.

ANTÍFONA DE COMUNIÓN

Sabed que yo estoy con vosotros todos los días, hasta el fin del mundo -dice el Señor (Mt 28, 20).

ORACIÓN DESPUÉS DE LA COMUNIÓN

Señor, que estos sacramentos que hemos recibido
nos hagan dignos de los gozos eternos
que mereció san Antonio de Padua,
tu servidor bueno y fiel.
Por Jesucristo nuestro Señor.

O bien:

Fortalecidos con el pan de vida,
te rogamos, Señor,
que, a ejemplo de san Antonio de Padua,
nos concedas servirte con entrega generosa
y amar a nuestros hermanos
con amor incansable.
Por Jesucristo nuestro Señor.

MEDITACIÓN

No he venido a abolir la Ley, sino a darle plenitud

El Señor, siendo Dios, se revistió de la naturaleza de hombre: sufrió por el que sufría, fue encarcelado en bien del que estaba cautivo, juzgado en lugar del culpable, sepultado por el que yacía en el sepulcro. Y, resucitando de entre los muertos, exclamó con voz potente: «¿Quién tiene algo contra mí? ¡Que se me acerque! Yo soy quien ha librado al condenado; yo, quien ha vivificado al muerto; yo, quien hace salir de la tumba al que ya estaba sepultado. ¿Quién peleará contra mí? Yo soy -dice- Cristo; el que venció la muerte, encadenó al enemigo, pisoteó el infierno, maniató al fuerte, llevó al hombre hasta lo más alto de los cielos.

Venid, pues, vosotros todos, los hombres que os halláis enfangados en el mal, recibid el perdón de vuestros pecados. Porque yo soy vuestro perdón, soy la Pascua de salvación, soy el cordero degollado por vosotros, soy vuestra agua lustral, vuestra vida, vuestra resurrección, vuestra luz, vuestra salvación y vuestro rey. Puedo llevaros hasta la cumbre de los cielos, os resucitaré, os mostraré al Padre celestial, os haré resucitar con el poder de mi diestra».

MELITÓN DE SARDES

Asceta, obispo de Sardes, en Lidia, y teólogo renombrado (siglo II)

Oración de la tarde

Que mi oración, Señor, llegue hasta ti
como incienso en tu presencia;
y el alzar de mis manos, como ofrenda de la tarde.

Gloria al Padre, y al Hijo, y al Espíritu Santo,
al Dios que es, que era y que viene,
por los siglos de los siglos. Amén. ¡Aleluya!

HIMNO

Cantemos al Señor con alegría,
unidos a la voz del pastor santo;
demos gracias a Dios, que es luz y guía,
solícito pastor de su rebaño.

Es su voz y su amor el que nos llama
en la voz del pastor que él ha elegido,
es su amor infinito el que nos ama
en la entrega y amor de este otro cristo.

Conociendo en la fe su fiel presencia,
hambrientos de verdad y luz divina,
sigamos al pastor que es providencia
de pastos abundantes que son vida.

Apacienta, Señor, guarda a tus hijos,
manda siempre a tu mies trabajadores;
cada aurora, a la puerta del aprisco,
nos aguarde el amor de tus pastores. Amén.

SALMO 66

El Señor tenga piedad y nos bendiga,
ilumine su rostro sobre nosotros:
conozca la tierra tus caminos,
todos los pueblos tu salvación.

Oh Dios, que te alaben los pueblos,
que todos los pueblos te alaben.

Que canten de alegría las naciones,
porque riges el mundo con justicia,
riges los pueblos con rectitud,
y gobiernas las naciones de la tierra.

Oh Dios, que te alaben los pueblos,
que todos los pueblos te alaben.

La tierra ha dado su fruto,
nos bendice el Señor, nuestro Dios.
Que Dios nos bendiga; que le teman
hasta los confines del orbe.

Gloria al Padre…

Palabra de Dios — 1 Pedro 5, 1-4

A LOS PRESBÍTEROS en esa comunidad, yo, presbítero como ellos, testigo de los sufrimientos de Cristo y partícipe de la gloria que va a manifestarse, os exhorto: sed pastores del rebaño de Dios que tenéis a vuestro cargo, gobernándolo no a la fuerza, sino de buena gana, como Dios quiere; no por sórdida ganancia, sino con generosidad; no como déspotas sobre la heredad de Dios, sino convirtiéndoos en modelos del rebaño. Y cuando aparezca el supremo Pastor, recibiréis la corona de gloria que no se marchita.

Éste es el que ama a sus hermanos,
el que ora mucho por su pueblo. Éste…

CÁNTICO DE MARÍA (Texto contraportada A)

Haz, Señor, proezas con tu brazo: dispersa a los soberbios y enaltece a los humildes.

PRECES

Por intercesión de san Antonio de Padua, pidamos a Dios que siga cuidando de todos nosotros:

℟ Escucha a tu pueblo, Señor.

Por el Papa, los obispos y los sacerdotes,
- para que permanezcan fieles a la palabra que predican. ℟

Por el pueblo hebreo,
- para que descubra en Jesucristo el cumplimiento de las promesas que esperan. ℟

Por los responsables del gobierno de las naciones,
- para que en las leyes que promulgan respeten siempre el derecho y la conciencia de los hombres. ℟

Por los que hoy han muerto,
- que les sean perdonados sus pecados y puedan entrar en la gloria. ℟

Intenciones libres

Padre nuestro…

ANTÍFONA MARIANA (Texto página 27)

SANTOS
DE AYER Y DE HOY

Corazón de Jesús,
colmado de oprobios,
ten piedad de nosotros.

BEATA MARÍA ANA BIERNACKA
Mártir (1888-1943)

Nació en Lipsk (Polonia) en el año 1888 en el seno de una familia ortodoxa. A los 17 años abrazó el catolicismo. En 1908 se casó y tuvo seis hijos, de los que sobrevivieron dos, un hijo y una hija. Al contraer matrimonio, el hijo se quedó a vivir con su esposa en casa de la beata, que se volcó en atenciones con ambos. Cuando los nazis invadieron Polonia los esposos fueron incluidos en la lista de represaliados. La nuera estaba embarazada de ocho meses y Ana María, para salvar la vida de su nuera y la del hijo que llevaba en sus entrañas, se ofreció a los soldados para sustituirla. Arrestada y llevada a la cárcel de Grodno, murió de un tiro en la cabeza el 13 de junio de 1943 en las cercanías de Naumowicze (Bielorrusia). Es un caso modélico, similar al de san Maximiliano Kolbe. Pertenece al grupo de los 108 mártires de Polonia que fueron asesinados por los nazis durante la Segunda Guerra Mundial.

Los que hacen profesión de pertenecer a Cristo
se distinguen por sus obras.

San Ignacio de Antioquía

[JUEVES 14 DE JUNIO]

Oración de la mañana

Adoremos al Señor, que quiso nacer de María Virgen.

Gloria al Padre, y al Hijo, y al Espíritu Santo…

HIMNO

En este nuevo día
que me concedes, ¡oh Señor!,
dame mi parte de alegría
y haz que consiga ser mejor.

Dame Tú el don de la salud,
la fe, el ardor, la intrepidez,
séquito de la juventud;
y la cosecha de verdad,
la reflexión, la sensatez,
séquito de la ancianidad.

Dichoso yo si, al fin del día,
un odio menos llevo en mí;
si una luz más mis pasos guía
y si un error más yo extinguí.

Y si por la rudeza mía
nadie sus lágrimas vertió,
y si alguien tuvo la alegría
que mi ternura le ofreció.

Que cada tumbo en el sendero
me vaya haciendo conocer
cada pedrusco traicionero
que mi ojo ruin no supo ver.

Y más potente me incorpore,
sin protestar, sin blasfemar.
Y mi ilusión la senda dore,
y mi ilusión me la haga amar.

Que dé la suma de bondad,
de actividades y de amor
que a cada ser se manda dar:
suma de esencias a la flor
y de albas nubes a la mar.

Y que, por fin, mi siglo engreído
en su grandeza material,
no me deslumbre hasta el olvido
de que soy barro y soy mortal.

Ame a los seres este día;
a todo trance halle la luz.
Ame mi gozo y mi agonía:
¡ame la prueba de mi cruz! Amén.

SALMO 80

Aclamad a Dios, nuestra fuerza,
dad vítores al Dios de Jacob:

acompañad, tocad los panderos,
las cítaras templadas y las arpas;
tocad la trompeta por la luna nueva,
por la luna llena, que es nuestra fiesta:

Porque es una ley de Israel,
un precepto del Dios de Jacob,
una norma establecida para José
al salir de la tierra de Egipto.

Oigo un lenguaje desconocido:
«Retiré sus hombros de la carga,
y sus manos dejaron la espuerta.

Clamaste en la aflicción, y te libré,
te respondí oculto entre los truenos,
te puse a prueba junto a la fuente de Meribá.

Escucha, pueblo mío, doy testimonio contra ti,
¡ojalá me escuchases, Israel!

No tendrás un dios extraño,
no adorarás un dios extranjero,
yo soy el Señor, Dios tuyo,
que te saqué del país de Egipto.
Abre la boca que te la llene».

Pero mi pueblo no escuchó mi voz,
Israel no quiso obedecer:
los entregué a su corazón obstinado,
para que anduviesen según sus antojos.

¡Ojalá me escuchase mi pueblo,
y caminase Israel por mi camino!:
en un momento humillaría a sus enemigos
y volvería mi mano contra sus adversarios;

los que aborrecen al Señor te adularían,
y su suerte quedaría fijada;
te alimentaría con flor de harina,
te saciaría con miel silvestre.

Gloria al Padre…

Palabra de Dios — Romanos 14, 17-19

NO REINA DIOS por lo que uno come o bebe, sino por la justicia, la paz y la alegría que da el Espíritu Santo; y el que sirve así a Cristo agrada a Dios, y lo aprueban los hombres.

En resumen: esmerémonos en lo que favorece la paz y construye la vida común.

Velando medito en ti, Señor,
porque fuiste mi auxilio. Velando...

Cántico de Zacarías

(Texto contraportada B)

Anuncia a tu pueblo, Señor, la salvación, y perdónanos nuestros pecados.

Preces

Jesucristo sigue siendo contemporáneo nuestro. Conscientes de que siempre nos escucha, le suplicamos:

℟ Señor, atiende nuestras súplicas.

Por la Iglesia, por todos sus ministros y fieles. ℟

Por los pueblos que gratuitamente han sido configurados por el cristianismo, para que sean fieles a sus raíces. ℟

Por los que no son capaces de renunciar a sus riquezas para vivir con plenitud el Evangelio. ℟

Por los que se han consagrado totalmente al servicio del reino. ℟

Por los que son capaces de amar a los que les tratan mal. ℟

Por los que se preparan para las misiones. ℟

Por los jóvenes que luchan por mantener un noviazgo puro. ℟

Por los que han abandonado la fe. ℟

Intenciones libres

Padre nuestro...

Oración

Humildemente te pedimos, a ti, Señor, que eres la luz verdadera y la fuente misma de toda luz, que, meditando fielmente tu ley, vivamos siempre en tu claridad. Por nuestro Señor Jesucristo.

MISA

Jueves de la 10ª semana del tiempo ordinario

ANTÍFONA DE ENTRADA

El Señor es mi luz y mi salvación: ¿a quién temeré? El Señor es la defensa de mi vida: ¿quién me hará temblar? Ellos, mis enemigos y adversarios, tropiezan y caen (Sal 26, 1-2).

ORACIÓN COLECTA

Oh Dios, fuente de todo bien,
escucha sin cesar nuestras súplicas,
y concédenos, inspirados por ti,
pensar lo que es recto
y cumplirlo con tu ayuda.
Por nuestro Señor Jesucristo.

Lectura del primer libro de los Reyes 18, 41-46

EN AQUELLOS DÍAS, Elías dijo a Ajab: - «Vete a comer y a beber, que ya se oye el ruido de la lluvia».
Ajab fue a comer y a beber, mientras Elías subía a la cima del Carmelo; allí se encorvó hacia tierra, con el rostro en las rodillas, y ordenó a su criado: - «Sube a otear el mar». El criado subió, miró y dijo: - «No se ve nada». Elías ordenó: - «Vuelve otra vez». El criado volvió siete veces, y a la séptima dijo: - «Sube del mar una nubecilla como la palma de una mano». Entonces Elías mandó: - «Vete a decirle a Ajab que enganche y se vaya, no le coja la lluvia». En un instante se oscureció el cielo con nubes empujadas por el viento, y empezó a diluviar.
Ajab montó en el carro y marchó a Yezrael. Y Elías, con la fuerza del Señor, se ciñó y fue corriendo delante de Ajab, hasta la entrada de Yezrael.
Palabra de Dios.

• SALMO 64 •

℟ **Oh Dios, tú mereces un himno en Sión.**

Tú cuidas de la tierra, la riegas
y la enriqueces sin medida;
la acequia de Dios va llena de agua,
preparas los trigales. ℟

Riegas los surcos, igualas los terrones,
tu llovizna los deja mullidos,
bendices sus brotes. ℟

Coronas el año con tus bienes,
tus carriles rezuman abundancia;
rezuman los pastos del páramo,
y las colinas se orlan de alegría. ℟

Aleluya. Os doy un mandamiento nuevo -dice el Señor-: que os améis unos a otros, como yo os he amado.

● *«SI NO SOIS MEJORES QUE LOS ESCRIBAS Y FARISEOS, NO ENTRARÉIS EN EL REINO DE LOS CIELOS». Las palabras del Señor son una exhortación a que estemos dispuestos a dar siempre un paso más. Nuestros cálculos y medidas, pensando que hemos cumplido todo y por tanto no hay nada más que hacer, nos impiden seguir adelante. Dios, que es inabarcable como inagotable es su amor, siempre quiere sorprender con algo nuevo; por eso, una de las condiciones del que quiere entrar en la dinámica de su amor es la disponibilidad permanente.* ●

Lectura del santo evangelio según san Mateo 5, 20-26

EN AQUEL TIEMPO, dijo Jesús a sus discípulos: - «Si no sois mejores que los escribas y fariseos, no entraréis en el reino de los cielos. Habéis oído que se dijo a los antiguos:

“No matarás”, y el que mate será procesado. Pero yo os digo: Todo el que esté peleado con su hermano será procesado. Y si uno llama a su hermano “imbécil”, tendrá que comparecer ante el Sanedrín, y si lo llama “renegado”, merece la condena del fuego.
Por tanto, si cuando vas a poner tu ofrenda sobre el altar, te acuerdas allí mismo de que tu hermano tiene quejas contra ti, deja allí tu ofrenda ante el altar y vete primero a reconciliarte con tu hermano, y entonces vuelve a presentar tu ofrenda. Con el que te pone pleito, procura arreglarte en seguida, mientras vais todavía de camino, no sea que te entregue al juez, y el juez al alguacil, y te metan en la cárcel. Te aseguro que no saldrás de allí hasta que hayas pagado el último cuarto».
Palabra del Señor.

ORACIÓN SOBRE LAS OFRENDAS

Mira complacido, Señor,
nuestro humilde servicio,
para que esta ofrenda te sea agradable
y nos haga crecer en el amor.
Por Jesucristo nuestro Señor.

ANTÍFONA DE COMUNIÓN

Señor, mi roca, mi alcázar, mi libertador; Dios mío, peña mía (Sal 17, 3).

O bien:

Dios es amor, y quien permanece en el amor permanece en Dios y Dios en él (1 Jn 4, 16).

ORACIÓN DESPUÉS DE LA COMUNIÓN

Padre de misericordia,
que la fuerza curativa de tu Espíritu
en este sacramento
sane nuestras maldades
y nos conduzca por el camino del bien.
Por Jesucristo nuestro Señor.

MEDITACIÓN

Lo que habéis recibido gratis, dadlo gratis

El Señor Jesús, ya desde el principio, *llamó a sí a los que él quiso, y designó a doce para que lo acompañaran y para enviarlos a predicar.* De esta forma los apóstoles fueron los gérmenes del nuevo Israel y al mismo tiempo origen de la sagrada Jerarquía. Después el Señor, una vez que hubo completado en sí mismo con su muerte y resurrección los misterios de nuestra salvación y de la renovación de todas las cosas, recibió todo poder en el cielo y en la tierra; antes de subir al cielo, fundó su Iglesia como sacramento de salvación y envió a los apóstoles a todo el mundo, como él había sido enviado por el Padre, ordenándoles: *Id, pues, enseñad a todas las gentes, bautizándolas en el nombre del Padre y del Hijo y del Espíritu Santo, enseñándoles a observar todo cuanto yo os he mandado.*

Por ello, incumbe a la Iglesia el deber de propagar la fe y la salvación de Cristo, tanto en virtud del mandato expreso, que de los apóstoles heredó el orden de los obispos con la cooperación de los presbíteros, juntamente con el sucesor de Pedro, Sumo Pastor de la Iglesia, como en virtud de la vida que Cristo infundió en sus miembros. La misión, pues, de la Iglesia se realiza mediante la actividad por la cual, obediente al mandato de Cristo y movida por la caridad del Espíritu Santo, se hace plena y actualmente presente a todos los hombres y pueblos para conducirlos a la fe, la libertad y a la paz de Cristo por el ejemplo de la vida y de la predicación, por los sacramentos y demás medios de la gracia, de forma que se les descubra el camino libre y seguro para la plena participación del misterio de Cristo.

CONCILIO VATICANO II
Concilio ecuménico XXI de la Iglesia católica (1963-1965)

Oración de la tarde

Vísperas de la Solemnidad del Sagrado Corazón de Jesús

Dios mío, ven en mi auxilio;
Señor, date prisa en socorrerme.

Gloria al Padre, y al Hijo,
y al Espíritu Santo...

HIMNO

Si el agua mansa, callada,
que gotea de la fuente,
con su labor insistente
hasta las peñas horada,
¿qué no podrá la oración
del que sufre, ama y espera,
al derramarse en la hoguera
del Divino Corazón?
Dulce Jesús, que no dejas
sin consuelo algún dolor;
Tú que eres el buen Pastor
que muere por sus ovejas,
cuando mis ojos la muerte
ciegue el fin de la carrera,
hazme la gracia que muera
con la esperanza de verte.
Amén.

SALMO 129

Desde lo hondo a ti grito, Señor:
Señor, escucha mi voz;
estén tus oídos atentos
a la voz de mi súplica.

Si llevas cuenta de los delitos, Señor,
¿quién podrá resistir?
Pero de ti procede el perdón,
y así infundes respeto.

Mi alma espera en el Señor,
espera en su palabra;
mi alma aguarda al Señor,
más que el centinela la aurora.

Aguarde Israel al Señor,
como el centinela la aurora;
porque del Señor viene la misericordia,
la redención copiosa;
y él redimirá a Israel
de todos sus delitos.

Gloria al Padre…

Palabra de Dios — Efesios 5, 25b-27

CRISTO AMÓ A SU IGLESIA. Él se entregó a sí mismo por ella, para consagrarla, purificándola con el baño del agua y la palabra, y para colocarla ante sí gloriosa, la Iglesia, sin mancha ni arruga ni nada semejante, sino santa e inmaculada.

Cristo nos amó y nos ha librado por su sangre. Cristo…

CÁNTICO DE MARÍA — (Texto contraportada A)

A los hambrientos de justicia, el Señor los sacia y colma de bienes.

PRECES

Dios, al hacerse hombre, nos ha amado con un corazón de carne. Atraídos por su misericordia, le decimos:

℟ Sagrado Corazón de Jesús, en ti confío.

Señor, tú te has compadecido de nosotros y has venido a visitarnos,
- te pedimos que busquemos siempre tu presencia para que no temamos los males de este mundo. ℟

Señor, te hiciste en todo igual a nosotros excepto en el pecado,
- haz que nosotros lleguemos a tener tus mismos sentimientos y amemos como tú nos has amado. ℟

Movido por la compasión, cargaste con nuestras enfermedades,
- sana las heridas de nuestro corazón para que sepamos comunicar a los demás tu misericordia. ℟

Tu corazón fue traspasado por una lanza,
- apiádate de todos los que sufren maltratos o son marginados por nuestra sociedad. ℟

En tu corazón habita la plenitud de la verdad y la belleza,
- enséñanos que de nada sirve ganar todo el mundo si se pierde el alma. ℟

Intenciones libres

Padre nuestro…

ANTÍFONA MARIANA (Texto página 27)

SANTOS
DE AYER Y DE HOY

Corazón de Jesús,
casa de Dios y puerta del cielo,
ten piedad de nosotros.

SAN ELISEO
Profeta († Ca. 790 a.C.)

Profeta del Antiguo Testamento, que vivió entre los siglos IX y VIII antes de Cristo en Samaria (Palestina). Su nombre significa «Dios es mi salvación». Se unió al profeta Elías, siguiendo la llamada divina cuando estaba roturando la tierra. Le sirvió y de él recibió su manto y su espíritu cuando Elías fue arrebatado en el carro de fuego. Fue un verdadero hombre de Dios. Combatió con firmeza el culto a Baal y a los ídolos, tomó parte activa en los acontecimientos políticos de su pueblo, pero no dejó profecías escritas. Sus numerosos milagros, también en favor de los extranjeros, anunciaban la futura salvación que había de llegar a todos los hombres. La Biblia recuerda una larga serie de los prodigios realizados por Eliseo: extendiendo el manto de Elías dividió las aguas del Jordán, volvió potable el agua de Jericó, devolvió a la vida al hijo de la sunamita que lo hospedaba, multiplicó los panes para un centenar de hambrientos… Murió hacia el año 790 antes de Cristo.

Así como cuando uno junta dos trozos de cera y,
derritiéndolos por medio del fuego,
de los dos se forma una cosa, así también,
por la participación del Cuerpo de Cristo
y de su preciosa Sangre, él se une a nosotros
y nosotros nos unimos a él.

San Cirilo de Alejandría

La oración universal

SAGRADO CORAZÓN DE JESÚS

Estas intenciones deben ser completadas y actualizadas por la comunidad que celebra.

Al celebrar la solemnidad del Sagrado Corazón de Jesús, oremos a Dios, que es nuestro Padre y cuida de cada uno de nosotros con amor. Digámosle con fe:

℟ *Te lo pedimos, Señor.*

Por la Iglesia, para que el amor mutuo de los cristianos atraiga al redil del buen Pastor a todos los hombres y mujeres de buena voluntad. *Oremos.* ℟

Por el Papa, por nuestro Obispo y sus sacerdotes, para que con cercanía cordial enseñen el mandamiento del amor y sean signo de la presencia de Dios en medio de su pueblo. *Oremos.* ℟

Por los que anuncian el Evangelio en situaciones difíciles de violencia, indiferencia o falta de fe, para que experimenten que Jesucristo habita en sus corazones. *Oremos.* ℟

Por todos los hombres, para que, purificados por la Sangre de Cristo, lleguen al conocimiento de la verdad y a la vivencia del amor puro y desinteresado. *Oremos.* ℟

Por todos los difuntos, para que gocen de la bondad infinita de Dios. *Oremos.* ℟

Por nosotros y los que celebran su fe en la Eucaristía, para que obremos y amemos según el Corazón de Cristo. *Oremos.* ℟

Señor, mira nuestras oraciones, danos tu gracia y ayúdanos a vivir el mandamiento nuevo del amor. Por el mismo Jesucristo nuestro Señor.

℟ *Amén.*

[VIERNES 15 DE JUNIO]

Sagrado Corazón de Jesús

Oración de la mañana

Miremos al que hemos traspasado.
¡Acerquémonos al Corazón de Dios!

Gloria al Padre, y al Hijo, y al Espíritu Santo…

HIMNO

Junio rojo: color de fuego ardiente,
fulgor de sangre nueva derramada.
Se abre el mes como herida desgarrada.
Como gran corazón incandescente.

El corazón de Dios: vivo torrente
fuego y sangre que bajan en cascada…
¡Y el alma por la sed resquebrajada,
en la orilla, Señor, de la corriente!

Tú que pintas así de rojo fuego
las nubes del ocaso y nos das luego,
generoso, su espléndida visión,

no dejes nuestras mechas apagarse.
Enseña a nuestra sangre a derramarse.
¡Incéndianos, Jesús, el corazón!

Gloria al Padre, y al Hijo, y al Espíritu Santo.
Amén.

SALMO 62 2-9

Oh Dios, tú eres mi Dios, por ti madrugo,
mi alma está sedienta de ti;
mi carne tiene ansia de ti,
como tierra reseca, agostada, sin agua.

¡Cómo te contemplaba en el santuario
viendo tu fuerza y tu gloria!
Tu gracia vale más que la vida,
te alabarán mis labios.

Toda mi vida te bendeciré
y alzaré las manos invocándote.
Me saciaré como de enjundia y de manteca,
y mis labios te alabarán jubilosos.

En el lecho me acuerdo de ti
y velando medito en ti,
porque fuiste mi auxilio,
y a la sombra de tus alas canto con júbilo;
mi alma está unida a ti
y tu diestra me sostiene.

Gloria al Padre…

Palabra de Dios — Jeremías 31, 33

ASÍ SERÁ LA ALIANZA que haré con ellos, después de aquellos días -oráculo del Señor-: Meteré mi ley en su pecho, la escribiré en sus corazones; yo seré su Dios, y ellos serán mi pueblo.

Cargad con mi yugo y aprended de mí,
que soy manso y humilde de corazón. Cargad…

Cántico de Zacarías — (Texto contraportada B)

Por la entrañable misericordia de nuestro Dios, nos visitará el Sol que nace de lo alto.

Preces

Jesús nos ha amado con corazón de carne. Acudamos a aquel en quien están las fuentes del agua viva:

℟ Sagrado Corazón de Jesús, en vos confío.

Por los hombres que no escuchan la voz de su conciencia y deambulan por el mundo sin sentido,
- para que descubran en su interior la presencia de Dios. ℟

Por las personas doloridas a causa de la traición de otros, de una ruptura matrimonial, o que están acosadas por problemas que les superan,
- para que sepan acogerse al yugo del que es manso y humilde de corazón. ℟

Por los agobiados a causa del trabajo, de la penuria económica o por otros motivos,
- que escuchen la voz del buen Pastor que nos guía por caminos de paz. ℟

Por todos nosotros, para que unamos nuestro corazón al de Jesús,
- y así encontremos el descanso que él nos ofrece. ℟

Por la Iglesia, extendida por todo el mundo, que anuncia la misericordia de Dios,
- para que quienes la formamos seamos los primeros en experimentar la reconciliación que Jesús ha traído al mundo. ℟

Intenciones libres

Padre nuestro…

Oración

Señor, Dios todopoderoso, te pedimos nos concedas que, del mismo modo que hemos cantado tus alabanzas en esta celebración matutina, así las podamos cantar también plenamente, con la asamblea de tus santos, por toda la eternidad. Por nuestro Señor Jesucristo.

MISA

El Sagrado Corazón de Jesús

Solemnidad

ANTÍFONA DE ENTRADA

Los proyectos del corazón del Señor subsisten de edad en edad, para librar las vidas de sus fieles de la muerte y reanimarlos en tiempo de hambre (Sal 32, 11. 19).

GLORIA

página 224

ORACIÓN COLECTA

Dios todopoderoso,
al celebrar la solemnidad del Corazón de tu Hijo unigénito,
recordamos los beneficios de su amor para con nosotros;
concédenos recibir de esta fuente divina
una inagotable abundancia de gracia.
Por nuestro Señor Jesucristo.

O bien:

Oh Dios, que en el Corazón de tu Hijo,
herido por nuestros pecados,
has depositado infinitos tesoros de caridad;
te pedimos que, al rendirle el homenaje de nuestro amor,
le ofrezcamos una cumplida reparación.
Por nuestro Señor Jesucristo.

Lectura de la profecía de Oseas

11, 1b. 3-4. 8c-9

ASÍ DICE EL SEÑOR: - «Cuando Israel era joven, lo amé, desde Egipto llamé a mi hijo.
Yo enseñé a andar a Efraín, lo alzaba en brazos; y él no comprendía que yo lo curaba.
Con cuerdas humanas, con correas de amor lo atraía; era para ellos como el que levanta el yugo de la cerviz, me inclinaba y le daba de comer.
Se me revuelve el corazón, se me conmueven las entrañas.
No cederé al ardor de mi cólera, no volveré a destruir a

Efraín; que soy Dios, y no hombre; santo en medio de ti, y no enemigo a la puerta».
Palabra de Dios.

—— • SALMO (ISAÍAS 12) • ——

℟ **Sacaréis aguas con gozo**
de las fuentes de la salvación.

El Señor es mi Dios y Salvador:
confiaré y no temeré,
porque mi fuerza y mi poder es el Señor,
él fue mi salvación.
Y sacaréis aguas con gozo
de las fuentes de la salvación. ℟

Dad gracias al Señor,
invocad su nombre,
contad a los pueblos sus hazañas,
proclamad que su nombre es excelso. ℟

Tañed para el Señor, que hizo proezas,
anunciadlas a toda la tierra;
gritad jubilosos, habitantes de Sión:
«Qué grande es en medio de ti
el santo de Israel». ℟

Lectura de la carta del apóstol san pablo a los Efesios 3, 8-12. 14-19

HERMANOS: A mí, el más insignificante de todos los santos, se me ha dado esta gracia: anunciar a los gentiles la riqueza insondable que es Cristo, y aclarar a todos la realización del misterio, escondido desde el principio de los siglos en Dios, creador de todo.
Así, mediante la Iglesia, los Principados y Potestades en los cielos conocen ahora la multiforme sabiduría de Dios,

según el designio eterno, realizado en Cristo Jesús, Señor nuestro, por quien tenemos libre y confiado acceso a Dios, por la fe en él.
Por esta razón, doblo las rodillas ante el Padre, de quien toma nombre toda familia en el cielo y en la tierra, pidiéndole que, de los tesoros de su gloria, os conceda por medio de su Espíritu robusteceros en lo profundo de vuestro ser, que Cristo habite por la fe en vuestros corazones, que el amor sea vuestra raíz y vuestro cimiento; y así, con todos los santos, lograréis abarcar lo ancho, lo largo, lo alto y lo profundo, comprendiendo lo que trasciende toda filosofía: el amor cristiano.
Así llegaréis a vuestra plenitud, según la plenitud total de Dios.
Palabra de Dios.

Aleluya. Cargad con mi yugo y aprended de mí - dice el Señor-, que soy manso y humilde de corazón.

O bien:

Aleluya. Dios nos amó y nos envió a su Hijo como víctima de propiciación por nuestros pecados.

● «LE TRASPASÓ EL COSTADO». *El Señor Jesús lo ha dado todo, se ha entregado sin medida a su pasión. Estando muerto en la cruz, una última afrenta le espera. No obstante, la transforma en el inicio de una gracia inagotable. Su costado permanecerá abierto para siempre, porque su entrega ha sido fecunda y no hay poder alguno que pueda privar a la humanidad de su amor. Lo único que pide es ser acogido, amado.* ●

Lectura del santo evangelio según san Juan 19, 31-37

EN AQUEL TIEMPO, los judíos, como era el día de la Preparación, para que no se quedaran los cuerpos en la cruz el sábado, por-

que aquel sábado era un día solemne, pidieron a Pilato que les quebraran las piernas y que los quitaran. Fueron los soldados, le quebraron las piernas al primero y luego al otro que habían crucificado con él; pero al llegar a Jesús, viendo que ya había muerto, no le quebraron las piernas, sino que uno de los soldados, con la lanza, le traspasó el costado, y al punto salió sangre y agua.
El que lo vio da testimonio, y su testimonio es verdadero, y él sabe que dice verdad, para que también vosotros creáis. Esto ocurrió para que se cumpliera la Escritura: «No le quebrarán un hueso»; y en otro lugar la Escritura dice: «Mirarán al que atravesaron».
Palabra del Señor.

CREDO ———— página 225

ORACIÓN SOBRE LAS OFRENDAS

Mira, Señor, el amor del Corazón de tu Hijo,
para que los dones que te ofrecemos
sean agradables a tus ojos
y sirvan para el perdón de nuestras culpas.
Por Jesucristo nuestro Señor.

PREFACIO: EL INMENSO AMOR DE CRISTO

En verdad es justo y necesario,
es nuestro deber y salvación
darte gracias
siempre y en todo lugar,
Señor, Padre santo,
Dios todopoderoso y eterno,
por Cristo, Señor nuestro.
El cual, con amor admirable, se entregó por nosotros,
y elevado sobre la cruz
hizo que de la herida de su costado
brotaran, con el agua y la sangre,
los sacramentos de la Iglesia:
para que así, acercándose al Corazón abierto
del Salvador,
todos puedan beber con gozo

de la fuente de la salvación.
Por eso,
con los ángeles y arcángeles
y con todos los coros celestiales,
cantamos sin cesar
el himno de tu gloria: Santo…

ANTÍFONA DE COMUNIÓN

Dice el Señor: El que tenga sed, que venga a mí; el que cree en mí, que beba. De sus entrañas manarán torrentes de agua viva (Jn 7, 37-38).

O bien:

Uno de los soldados con la lanza le traspasó el costado, y al punto salió sangre y agua (Jn 19, 34).

ORACIÓN DESPUÉS DE LA COMUNIÓN

Este sacramento de tu amor, Dios nuestro,
encienda en nosotros el fuego de la caridad
que nos mueva a unirnos más a Cristo
y a reconocerle presente en los hermanos.
Por Jesucristo nuestro Señor.

MEDITACIÓN

Al punto salió sangre y agua

Acerquémonos al corazón del dulcísimo Señor Jesús, y exultaremos y nos regocijaremos en él. ¡Cuán bueno y suave es habitar en este corazón! Es el tesoro escondido, la perla preciosa que encontramos, oh Jesús, al ir profundizando en el campo de tu cuerpo. ¿Quién rechazará esta perla? Al contrario, por ella daré todos mis bienes; dejaré a cambio todas mis preocupaciones, todos mis afectos. Todas mis preocupaciones las abandonaré en el Corazón de Jesús: él me bastará y proveerá sin falta a mi subsistencia.

Es en este templo, en este Santo de los santos, en

esta arca de la alianza, donde vendré a adorar y alabar el nombre del Señor. *Tu siervo ha encontrado su corazón*, decía David, *para orar a mi Dios*. También yo he encontrado el corazón de mi Señor y mi Rey, de mi hermano y amigo. ¿No oraré? Sí, oraré porque, lo digo con toda audacia, su corazón es mío. Oh Jesús, dígnate aceptar y escuchar mi oración. Hazme entrar todo entero en tu corazón. Aunque la deformación por mis pecados me prive de entrar en él, puesto que este Corazón, por un amor incomprensible, se ha dilatado y ensanchado, tú me puedes recibir y purificar de mi impureza. Oh Jesús, lávame de mis inquietudes para que, purificado por ti, pueda habitar en tu Corazón todos los días de mi vida para ver y hacer tu voluntad. Si tu costado ha sido traspasado es para que su entrada sea una gran abertura. Si tu corazón ha sido herido es para que, al abrigo de exteriores agitaciones, podamos habitar en él. Y es también para que, en la herida visible, veamos la herida invisible del amor.

ATRIBUIDO A SAN BUENAVENTURA
Teólogo franciscano, cardenal y general de la Orden franciscana y doctor de la Iglesia. Conocido como el «Doctor Seráfico», escribió la vida de san Francisco de Asís (1221-1274)

Oración de la tarde

Miremos al que hemos traspasado.
¡Acerquémonos al Corazón de Dios!

Gloria al Padre, y al Hijo,
y al Espíritu Santo…

HIMNO

Postrado a vuestros pies humildemente
vengo a pediros, dulce Jesús mío,

poderos repetir constantemente:
¡Sagrado Corazón, en Vos confío!

Si el confiar es prueba de ternura,
esa prueba de amor daros ansío;
aun cuando esté sumido en la amargura,
¡Sagrado Corazón, en Vos confío!

En las horas más tristes de la vida,
cuando todos me dejan, ¡oh Dios mío!,
y el alma está por penas combatida,
¡Sagrado Corazón, en Vos confío!

Aunque sienta huir la confianza
y merezca muy bien vuestro desvío,
no será confundida mi esperanza;
¡Sagrado Corazón, en Vos confío!

Si en el bautismo que lavó mi alma
yo os prometí ser vuestro, y Vos ser mío,
clamaré siempre, en tempestad o en calma,
¡Sagrado Corazón, en Vos confío!

Firme esperanza siento, de tal suerte,
que sin ningún temor, ¡oh Dueño mío!,
espero repetir hasta la muerte:
¡Sagrado Corazón, en Vos confío! Amén.

SALMO 120

Levanto mis ojos a los montes:
¿de dónde me vendrá el auxilio?
El auxilio me viene del Señor,
que hizo el cielo y la tierra.

No permitirá que resbale tu pie,
tu guardián no duerme;
no duerme ni reposa
el guardián de Israel.

El Señor te guarda a su sombra,
está a tu derecha;
de día el sol no te hará daño,
ni la luna de noche.

El Señor te guarda de todo mal,
él guarda tu alma;
el Señor guarda tus entradas y salidas,
ahora y por siempre.

Gloria al Padre...

Palabra de Dios

Efesios 2, 4-7

Dios, rico en misericordia, por el gran amor con que nos amó, estando nosotros muertos por los pecados, nos ha hecho vivir con Cristo -por pura gracia estáis salvados-, nos ha resucitado con Cristo Jesús y nos ha sentado en el cielo con él. Así muestra a las edades futuras la inmensa riqueza de su gracia, su bondad para con nosotros en Cristo Jesús.

Cristo nos amó
y nos ha librado por su sangre. Cristo...

Cántico de María

(Texto contraportada A)

Acuérdate de tu misericordia, Señor, como lo habías prometido a nuestros padres.

Preces

En el Corazón de Jesús se nos ama con amor divino y humano. Por eso, le decimos:

℟ Ten piedad de nosotros.

Corazón de Jesús, paciente y de gran misericordia. ℟

Corazón de Jesús, fuente de vida y santidad. ℟

Corazón de Jesús, obediente hasta la muerte. ℟

Corazón de Jesús, de donde podemos esperarlo todo. ℟

Corazón de Jesús, traspasado por la lanza. ℟

Corazón de Jesús, a quien siempre podemos invocar con confianza. ℟

Corazón de Jesús, salvación de los que en ti esperan. ℟

Corazón de Jesús, esperanza de los que en ti mueren. ℟

Intenciones libres

Padre nuestro…

ANTÍFONA MARIANA (Texto página 27)

TESOROS DE LA LITURGIA

Prefacio común V

Juan Manuel Sierra López

El autor, colaborador habitual de MAGNIFICAT, es doctor en Liturgia. Trabaja al servicio de la Santa Sede como oficial de la Congregación para el Culto divino y la Disciplina de los Sacramentos.

En el Prefacio común quinto se nos ofrece un texto breve y aparentemente sencillo, aunque encierra un gran contenido teológico y espiritual, de inmediata aplicación en el terreno litúrgico. Como los otros prefacios comunes del Misal, su uso está previsto los días en que no hay un prefacio propio que sea más apropiado.

Se trata de un texto de nueva redacción, para el Misal de Pablo VI, en el que aparece desde su primera edición (1970). El cuerpo central, en su redacción latina, apenas ocupa tres líneas, que se convierten en cuatro en el Misal español.

El texto del prefacio

El prefacio, en el Misal de España, dice así:

Porque, unidos en la caridad,
celebramos la muerte de tu Hijo,
con fe viva proclamamos su resurrección,
y con esperanza firme anhelamos su venida gloriosa.

Las variantes con el texto latino son mínimas y están justificadas por el estilo latino, más conciso, que prescinde de la mención del Hijo; en el original no aparece el adjetivo «unidos» cuando se habla de la caridad y se utiliza el verbo «confesar» en vez del «proclamar» la fe en la resurrección de la redacción en castellano. Aunque aporte algún matiz, nada de esto afecta a lo esencial del texto.

Estructura ternaria

El prefacio presenta una estructura ternaria en distintos aspectos. En primer lugar, se nos habla de la caridad, la fe y la esperanza, virtudes teologales; en segundo lugar, señala que los cristianos y, más concretamente, la asamblea reunida en la liturgia «celebra», «proclama» y «anhela»; por último, se escalonan tres momentos cruciales de la historia de la salvación y de la misma vida de Cristo: su muerte, su resurrección y su venida gloriosa o parusía.

Esta salvación realizada por el misterio pascual de Jesucristo constituye el motivo de la acción de gracias y el cuerpo central de nuestra oración.

Las virtudes teologales

Una breve y completa definición de lo que son las virtudes teologales (fe, esperanza y caridad) la encontramos en el *Compendio del Catecismo de la Iglesia Católica* (n. 384), donde se nos recuerda que «las virtudes teologales son las que tienen como origen, motivo y objeto inmediato a Dios mismo». Después se explica que se nos infunden con la gracia santificante, «nos hacen capaces de vivir la relación con la Santísima Trinidad» y «son garantía de la presencia y de la acción del Espíritu Santo en las facultades del ser humano».

El prefacio no las cita en el orden tradicional, sino en función de su relevancia en la celebración. Inicia con la caridad, que hace posible la celebración litúrgica y la participación en la muerte de Cristo. Podemos participar de la caridad gracias al sacrificio de Cristo; al mismo tiempo, sólo por la caridad se constituye la comunidad que puede realizar los sacramentos (la Eucaristía, en este caso) y que es imagen y concreción de la Iglesia toda, cuerpo de Cristo.

Sigue la fe, «fe viva» en la expresión de nuestra oración, que nos hace confesar o proclamar la resurrección, acentuando así la faceta del testimonio hacia los demás. Confesar y proclamar la resurrección es lo que harán los apóstoles desde la Pascua; es lo que decimos al terminar las palabras de la consagración en la Misa, con una expresión que presenta cierto paralelismo con este prefacio: «Anunciamos tu muerte, proclamamos tu resurrección, ven, Señor Jesús». También en este momento acuden a nosotros las palabras de san Pablo, que coloca en la confesión de la resurrección el fundamento de nuestra fe y el sentido de nuestra vida: en lo natural y en lo sobrenatural.

El último lugar le corresponde a la esperanza, que mira al cumplimiento escatológico, al final de los tiempos, de todas las promesas de Cristo, cuando él vuelva en gloria y majestad. Debe ser, como señala el texto, una «esperanza firme», capaz de perseverar en medio de las pruebas de esta vida y del aparente retraso del Señor, como ya lo experimentaron los primeros cristianos. Sin embargo, la Iglesia no ha dejado de esperar el retorno del Señor y debe aguardar fielmente el cumplimiento de cuanto nos ha prometido.

Pero todo esto, las virtudes y la misma celebración, gira en torno al misterio de Cristo, que la Iglesia celebra en la Misa, que lo actualiza por medio de los signos sacramentales.

Conclusión

El final del prefacio, con la mención de la «venida gloriosa» del Señor, nos lleva a lo que afirmábamos al comienzo del párrafo: «unidos en la caridad». Lo que permanecerá para siempre, lo que nos unirá definitivamente a Cristo, es la caridad. Esta caridad no sólo nos congrega en la Eucaristía, sino que del sacramento del Cuerpo y de la Sangre de Cristo brota esa caridad que necesitamos para vivir nuestra fe y no desfallecer en la esperanza.

En la medida en que participemos de la Eucaristía, podremos vivir las virtudes teologales y Cristo lo será todo en nosotros. ■

ORDINARIO DE LA MISA

■ En el nombre del Padre, y del Hijo,
y del Espíritu Santo.
■ **Amén.**

Saludo y respuesta

■ El Señor esté con vosotros.
■ **Y con tu espíritu.**

Acto penitencial

1

■ Hermanos:
para celebrar dignamente estos sagrados misterios,
reconozcamos nuestros pecados.
■ **Yo confieso ante Dios todopoderoso
y ante vosotros, hermanos,
que he pecado mucho
de pensamiento, palabra, obra y omisión.**

Golpeándose el pecho, dicen:

■ **Por mi culpa, por mi culpa, por mi gran culpa.**

Luego prosiguen:

■ **Por eso ruego a santa María, siempre Virgen,
a los ángeles, a los santos
y a vosotros, hermanos,
que intercedáis por mí ante Dios,
nuestro Señor.**

El sacerdote concluye con la siguiente plegaria:

■ Dios todopoderoso
tenga misericordia de nosotros,
perdone nuestros pecados
y nos lleve a la vida eterna.
■ **Amén.**

2

■ Al comenzar esta celebración eucarística,
pidamos a Dios que nos conceda
la conversión de nuestros corazones;
así obtendremos la reconciliación

y se acrecentará nuestra comunión
con Dios y con nuestros hermanos.

Se hace una breve pausa en silencio. Después, el sacerdote dice:

■ Señor, ten misericordia de nosotros.
■ **Porque hemos pecado contra ti.**

El sacerdote prosigue:

■ Muéstranos, Señor, tu misericordia.
■ **Y danos tu salvación.**

El sacerdote concluye con la siguiente plegaria:

■ Dios todopoderoso
tenga misericordia de nosotros,
perdone nuestros pecados
y nos lleve a la vida eterna.
■ **Amén.**

3

■ Jesucristo, el justo, intercede por nosotros
y nos reconcilia con el Padre.
Abramos, pues, nuestro espíritu al arrepentimiento,
para acercarnos a la mesa del Señor.

Se hace una breve pausa en silencio. Después, el sacerdote dice las siguientes invocaciones u otras semejantes:

■ Tú, que has sido enviado a sanar los corazones afligidos:
Señor, ten piedad. (*O bien:* Kyrie, eléison.)
■ **Señor, ten piedad.** (*O bien:* **Kyrie, eléison.**)
■ Tú, que has venido a llamar a los pecadores:
Cristo, ten piedad. (*O bien:* Christe, eléison.)
■ **Cristo, ten piedad.** (*O bien:* **Christe, eléison.**)
■ Tú, que estás sentado a la derecha del Padre
para interceder por nosotros:
Señor, ten piedad. (*O bien:* Kyrie, eléison.)
■ **Señor, ten piedad.** (*O bien:* **Kyrie, eléison.**)

El sacerdote concluye con la siguiente plegaria:

■ Dios todopoderoso
tenga misericordia de nosotros,
perdone nuestros pecados
y nos lleve a la vida eterna.
■ **Amén.**

Kyrie

(Siguen las invocaciones Señor, ten piedad, a no ser que ya se hayan utilizado en alguna de las fórmulas del acto penitencial.)

■ Señor, ten piedad.	Kyrie, eléison.
■ **Señor, ten piedad.**	**Kyrie, eléison.**
■ Cristo, ten piedad.	Christe, eléison.
■ **Cristo, ten piedad.**	**Christe, eléison.**
■ Señor, ten piedad.	Kyrie, eléison.
■ **Señor, ten piedad.**	**Kyrie, eléison.**

Gloria

**Gloria a Dios en el cielo,
y en la tierra paz a los hombres
que ama el Señor.
Por tu inmensa gloria
te alabamos, te bendecimos,
te adoramos, te glorificamos,
te damos gracias,
Señor Dios, Rey celestial,
Dios Padre todopoderoso.
Señor, Hijo único, Jesucristo.
Señor Dios, Cordero de Dios,
Hijo del Padre; tú que quitas el pecado del mundo,
ten piedad de nosotros;
tú que quitas el pecado del mundo,
atiende nuestra súplica;
tú que estás sentado a la derecha del Padre,
ten piedad de nosotros;
porque sólo tú eres Santo,
sólo tú Señor,
sólo tú Altísimo, Jesucristo,
con el Espíritu Santo
en la gloria de Dios Padre.
Amén.**

**Glória in excélsis Deo
et in terra pax homínibus bonae voluntátis.
Laudámus te, benedícimus te,
adorámus te, glorificamus te,
grátias agimus tibi propter magnam glóriam tuam,
Dómine Deus, Rex caeléstis,**

Deus Pater omnípotens.
Dómine Fili unigénite, Iesu Christe,
Dómine Deus, Agnus Dei, Fílius Patris,
qui tollis peccáta mundi, miserére nobis;
qui tollis peccáta mundi,
súscipe deprecatiónem nostram.
Qui sedes ad déxteram Patris, miserére nobis.
Quóniam tu solus Sanctus, tu solus Dóminus,
tu solus Altíssimus,
Iesu Christe,
cum Sancto Spíritu: in glória Dei Patris.
Amen.

Oración colecta

LITURGIA DE LA PALABRA

Primera lectura

Salmo

Segunda lectura

Aleluya o el canto antes del evangelio

Evangelio

El sacerdote (o el diácono), inclinado ante el altar, dice en secreto:

Purifica mi corazón y mis labios,
Dios todopoderoso,
para que anuncie dignamente tu Evangelio.

- El Señor esté con vosotros.
- **Y con tu espíritu.**
- Lectura del santo evangelio según san N.
- **Gloria a ti, Señor.**

Acabado el evangelio, el sacerdote (o el diácono) dice:

- Palabra del Señor.
- **Gloria a ti, Señor Jesús.**

Después el sacerdote (o el diácono) besa el libro, diciendo en secreto:

Las palabras del Evangelio borren nuestros pecados.

Homilía

Profesión de fe

Creo en un solo Dios,
Padre todopoderoso, Creador del cielo y de la tierra,
de todo lo visible y lo invisible.

Creo en un solo Señor, Jesucristo, Hijo único de Dios,
nacido del Padre antes de todos los siglos:
Dios de Dios, Luz de Luz,
Dios verdadero de Dios verdadero,
engendrado, no creado,
de la misma naturaleza del Padre,
por quien todo fue hecho;
que por nosotros, los hombres,
y por nuestra salvación bajó del cielo,

En las palabras que siguen, hasta se hizo hombre, *todos se inclinan.*

y por obra del Espíritu Santo
se encarnó de María, la Virgen, y se hizo hombre;
y por nuestra causa fue crucificado
en tiempos de Poncio Pilato;
padeció y fue sepultado,
y resucitó al tercer día, según las Escrituras,
y subió al cielo, y está sentado a la derecha del Padre;
y de nuevo vendrá con gloria
para juzgar a vivos y muertos,
y su reino no tendrá fin.
Creo en el Espíritu Santo, Señor y dador de vida,
que procede del Padre y del Hijo,
que con el Padre y el Hijo
recibe una misma adoración y gloria,
y que habló por los profetas.
Creo en la Iglesia,
que es una, santa, católica y apostólica.
Confieso que hay un solo bautismo
para el perdón de los pecados.
Espero la resurrección de los muertos
y la vida del mundo futuro.
Amén.

Símbolo de los apóstoles

Creo en Dios, Padre todopoderoso,
Creador del cielo y de la tierra.
Creo en Jesucristo, su único Hijo, nuestro Señor,

En las palabras que siguen, hasta María Virgen, *todos se inclinan.*

que fue concebido por obra y gracia del Espíritu Santo,
nació de santa María Virgen,

padeció bajo el poder de Poncio Pilato,
fue crucificado, muerto y sepultado,
descendió a los infiernos,
al tercer día resucitó de entre los muertos,
subió a los cielos
y está sentado a la derecha de Dios, Padre todopoderoso.
Desde allí ha de venir a juzgar a vivos y muertos.
Creo en el Espíritu Santo,
la santa Iglesia católica,
la comunión de los santos,
el perdón de los pecados,
la resurrección de la carne
y la vida eterna.
Amén.

Credo in unum Deum,
Patrem omnipoténtem, factórem caeli et terrae,
visibílium ómnium et invisibílium.
Et in unum Dóminum Iesum Christum,
Fílium Dei unigénitum,
et ex Patre natum ante ómnia saecula.
Deum de Deo, lumen de lúmine, Deum verum de Deo vero,
génitum, non factum, consubstantiálem Patri:
per quem ómnia facta sunt.
Qui propter nos hómines et propter nostram salútem
descéndit de caelis.
Et incarnátus est de Spíritu Sancto
ex María Vírgine, et homo factus est.
Crucifíxus étiam pro nobis sub Póntio Piláto,
passus et sepúltus est,
et resurréxit tertia die, secúndum Scriptúras,
et ascéndit in caelum, sedet ad déxteram Patris.
Et íterum ventúrus est cum glória, iudicáre vivos et mórtuos,
cuius regni non erit finis.
Et in Spíritum Sanctum, Dóminum et vivificántem:
qui ex Patre Filióque procédit.
Qui cum Patre et Fílio, simul adorátur et conglorificátur:
qui locútus est per prophétas.
Et unam, sanctam, cathólicam et apostólicam Ecclésiam.
Confíteor unum baptísma in remissiónem peccatórum.

Et exspécto resurrectiónem mortuórum,
et vitam ventúri saeculi.
Amen.

Plegaria universal

LITURGIA EUCARÍSTICA

Altar y ofrendas

■ Bendito seas, Señor, Dios del universo,
por este pan,
fruto de la tierra y del trabajo del hombre,
que recibimos de tu generosidad y ahora te presentamos;
él será para nosotros pan de vida.
■ **Bendito seas por siempre, Señor.**

(El sacerdote dice en secreto:)

El agua unida al vino
sea signo de nuestra participación en la vida divina
de quien ha querido compartir nuestra condición humana.
■ Bendito seas, Señor, Dios del universo,
por este vino,
fruto de la vid y del trabajo del hombre,
que recibimos de tu generosidad y ahora te presentamos;
él será para nosotros bebida de salvación.
■ **Bendito seas por siempre, Señor.**

(El sacerdote dice en secreto:)

Acepta, Señor, nuestro corazón contrito
y nuestro espíritu humilde;
que éste sea hoy nuestro sacrificio
y que sea agradable en tu presencia,
Señor, Dios nuestro.

(El sacerdote dice en secreto:)

Lava del todo mi delito, Señor,
limpia mi pecado.
■ Orad, hermanos,
para que este sacrificio, mío y vuestro,
sea agradable a Dios, Padre todopoderoso.
■ **El Señor reciba de tus manos este sacrificio,
para alabanza y gloria de su nombre,
para nuestro bien
y el de toda su santa Iglesia.**

Oración sobre las ofrendas
Plegaria eucarística

- El Señor esté con vosotros.
- Y con tu espíritu.
- Levantemos el corazón.
- Lo tenemos levantado hacia el Señor.
- Demos gracias al Señor, nuestro Dios.
- Es justo y necesario.

Prefacio I dominical del tiempo ordinario

En verdad es justo y necesario,
es nuestro deber y salvación
darte gracias
siempre y en todo lugar,
Señor, Padre santo,
Dios todopoderoso y eterno,
por Cristo, Señor nuestro.

Quien, por su misterio pascual,
realizó la obra maravillosa
de llamarnos del pecado y de la muerte
al honor de ser estirpe elegida,
sacerdocio real,
nación consagrada,
pueblo de su propiedad,
para que, trasladados de las tinieblas a tu luz admirable,
proclamemos ante el mundo tus maravillas.

Por eso,
con los ángeles y los arcángeles
y con todos los coros celestiales,
cantamos sin cesar
el himno de tu gloria: Santo…

Prefacio común I

En verdad es justo y necesario,
es nuestro deber y salvación
darte gracias
siempre y en todo lugar,
Señor, Padre santo,
Dios todopoderoso y eterno,
por Cristo, Señor nuestro.

A quien hiciste fundamento de todo
y de cuya plenitud quisiste que participáramos todos.
Siendo él de condición divina
se despojó de su rango,
y por su sangre derramada en la cruz
puso en paz todas las cosas;
y así, constituido Señor del universo,
es fuente de salvación eterna
para cuantos creen en él.
Por eso,
con los ángeles y arcángeles
y con todos los coros celestiales,
cantamos sin cesar
el himno de tu gloria:

Santo, Santo, Santo es el Señor, Dios del universo.
Llenos están el cielo y la tierra de tu gloria.
Hosanna en el cielo.
Bendito el que viene en nombre del Señor.
Hosanna en el cielo.

■ Sanctus, Sanctus, Sanctus Dóminus Deus Sabaoth.
Pleni sunt caeli et terra glória tua.
Hosánna in excélsis.
Benedíctus qui venit in nómine Dómini.
Hosánna in excélsis.

Plegaria eucarística I (Canon romano)

(II: página 234; III: página 237; IV: página 240)

Padre misericordioso,
te pedimos humildemente
por Jesucristo, tu Hijo, nuestro Señor,
que aceptes y bendigas estos † dones,
este sacrificio santo y puro que te ofrecemos,
ante todo, por tu Iglesia santa y católica,
para que le concedas la paz, la protejas,
la congregues en la unidad
y la gobiernes en el mundo entero,
con tu servidor el papa N.,
con nuestro obispo N.,

y todos los demás Obispos que, fieles a la verdad,
promueven la fe católica y apostólica.

Acuérdate, Señor, de tus hijos (N. y N.)
y de todos los aquí reunidos,
cuya fe y entrega bien conoces;
por ellos y todos los suyos,
por el perdón de sus pecados
y la salvación que esperan,
te ofrecemos, y ellos mismos te ofrecen,
este sacrificio de alabanza,
a ti, eterno Dios, vivo y verdadero.

Reunidos en comunión con toda la Iglesia,

**En los domingos,
cuando no hay otro «Reunidos...» propio:**

para celebrar el domingo, día en que Cristo ha vencido a la muerte y nos ha hecho partícipes de su vida inmortal,

---

veneramos la memoria,
ante todo, de la gloriosa siempre Virgen María,
Madre de Jesucristo, nuestro Dios y Señor;
la de su esposo, san José;
la de los santos apóstoles y mártires
Pedro y Pablo, Andrés,
[Santiago y Juan,
Tomás, Santiago, Felipe,
Bartolomé, Mateo, Simón y Tadeo;
Lino, Cleto, Clemente,
Sixto, Cornelio, Cipriano,
Lorenzo, Crisógono,
Juan y Pablo,
Cosme y Damián,]
y la de todos los santos;
por sus méritos y oraciones
concédenos en todo tu protección.
[Por Cristo, nuestro Señor. Amén.]

Acepta, Señor, en tu bondad,
esta ofrenda de tus siervos
y de toda tu familia santa;
ordena en tu paz nuestros días,
líbranos de la condenación eterna

y cuéntanos entre tus elegidos.
[Por Cristo, nuestro Señor. Amén.]

Bendice y santifica, oh Padre, esta ofrenda,
haciéndola perfecta, espiritual y digna de ti,
de manera que sea para nosotros
Cuerpo y Sangre de tu Hijo amado,
Jesucristo, nuestro Señor.

El cual, la víspera de su pasión,
tomó pan en sus santas y venerables manos,
y, elevando los ojos al cielo,
hacia ti, Dios, Padre suyo todopoderoso,
dando gracias te bendijo,
lo partió,
y lo dio a sus discípulos, diciendo:
«Tomad y comed todos de él,
porque esto es mi Cuerpo,
que será entregado por vosotros».

Del mismo modo, acabada la cena,
tomó este cáliz glorioso
en sus santas y venerables manos,
dando gracias te bendijo,
y lo dio a sus discípulos, diciendo:

«Tomad y bebed todos de él,
porque éste es el cáliz de mi Sangre,
Sangre de la alianza nueva y eterna,
que será derramada por vosotros
y por todos los hombres
para el perdón de los pecados.
Haced esto en conmemoración mía».

1

■ Éste es el Sacramento de nuestra fe.

O bien:

■ Éste es el Misterio de la fe.
■ Anunciamos tu muerte,
proclamamos tu resurrección.
¡Ven, Señor Jesús!

2

■ Aclamad el Misterio de la redención.
■ Cada vez que comemos de este pan

y bebemos de este cáliz,
anunciamos tu muerte, Señor,
hasta que vuelvas.

3

- Cristo se entregó por nosotros.
- Por tu cruz y resurrección
nos has salvado, Señor.

Por eso, Padre,
nosotros, tus siervos, y todo tu pueblo santo,
al celebrar este memorial de la muerte gloriosa
de Jesucristo, tu Hijo, nuestro Señor,
de su santa resurrección del lugar de los muertos
y de su admirable ascensión a los cielos,
te ofrecemos, Dios de gloria y majestad,
de los mismos bienes que nos has dado,
el sacrificio puro, inmaculado y santo:
pan de vida eterna
y cáliz de eterna salvación.

Mira con ojos de bondad esta ofrenda
y acéptala,
como aceptaste los dones del justo Abel,
el sacrificio de Abrahán, nuestro padre en la fe,
y la oblación pura
de tu sumo sacerdote Melquisedec.

Te pedimos humildemente,
Dios todopoderoso,
que esta ofrenda sea llevada a tu presencia,
hasta el altar del cielo,
por manos de tu ángel,
para que cuantos recibimos
el Cuerpo y la Sangre de tu Hijo,
al participar aquí de este altar,
seamos colmados
de gracia y bendición.
[Por Cristo, nuestro Señor. Amén.]

Acuérdate también, Señor,
de tus hijos (N. y N.)
que nos han precedido con el signo de la fe
y duermen ya el sueño de la paz.

A ellos, Señor, y a cuantos descansan en Cristo,
concédeles el lugar del consuelo,
de la luz y de la paz.
[Por Cristo, nuestro Señor. Amén.]

Y a nosotros, pecadores, siervos tuyos,
que confiamos en tu infinita misericordia,
admítenos en la asamblea
de los santos apóstoles y mártires
Juan el Bautista, Esteban,
Matías y Bernabé,
[Ignacio, Alejandro,
Marcelino y Pedro,
Felicidad y Perpetua,
Águeda, Lucía,
Inés, Cecilia, Anastasia,]
y de todos los santos;
y acéptanos en su compañía,
no por nuestros méritos,
sino conforme a tu bondad.

Por Cristo, Señor nuestro,
por quien sigues creando todos los bienes,
los santificas, los llenas de vida,
los bendices y los repartes entre nosotros.

Por Cristo, con él y en él,
a ti, Dios Padre omnipotente,
en la unidad del Espíritu Santo,
todo honor y toda gloria
por los siglos de los siglos.
■ Amén.

(Padre nuestro: página 244)

Plegaria eucarística II

En verdad es justo y necesario,
es nuestro deber y salvación
darte gracias, Padre santo,
siempre y en todo lugar,
por Jesucristo, tu Hijo amado.

Por él, que es tu Palabra, hiciste todas las cosas;
tú nos lo enviaste

para que, hecho hombre por obra del Espíritu Santo
y nacido de María, la Virgen,
fuera nuestro Salvador y Redentor.
Él, en cumplimiento de tu voluntad,
para destruir la muerte
y manifestar la resurrección,
extendió sus brazos en la cruz,
y así adquirió para ti un pueblo santo.

Por eso,
con los ángeles y los santos,
proclamamos tu gloria, diciendo: Santo…

Santo eres en verdad, Señor,
fuente de toda santidad;
por eso te pedimos que santifiques estos dones
con la efusión de tu Espíritu,
de manera que sean para nosotros
Cuerpo y † Sangre
de Jesucristo, nuestro Señor.

El cual,
cuando iba a ser entregado a su pasión,
voluntariamente aceptada,
tomó pan, dándote gracias, lo partió
y lo dio a sus discípulos, diciendo:
«Tomad y comed todos de él,
porque esto es mi Cuerpo,
que será entregado por vosotros».

Del mismo modo, acabada la cena,
tomó el cáliz,
y, dándote gracias de nuevo,
lo pasó a sus discípulos, diciendo:

«Tomad y bebed todos de él,
porque éste es el cáliz de mi Sangre,
Sangre de la alianza nueva y eterna,
que será derramada por vosotros
y por todos los hombres
para el perdón de los pecados.
Haced esto en conmemoración mía».

1

■ Éste es el Sacramento de nuestra fe.

O bien:

■ Éste es el Misterio de la fe.

■ **Anunciamos tu muerte,
proclamamos tu resurrección.
¡Ven, Señor Jesús!**

2

■ Aclamad el Misterio de la redención.

■ **Cada vez que comemos de este pan
y bebemos de este cáliz,
anunciamos tu muerte, Señor,
hasta que vuelvas.**

3

■ Cristo se entregó por nosotros.

■ **Por tu cruz y resurrección
nos has salvado, Señor.**

Así pues, Padre,
al celebrar ahora el memorial
de la muerte y resurrección de tu Hijo,
te ofrecemos
el pan de vida y el cáliz de salvación,
y te damos gracias
porque nos haces dignos de servirte en tu presencia.
Te pedimos humildemente
que el Espíritu Santo congregue en la unidad
a cuantos participamos
del Cuerpo y Sangre de Cristo.

Acuérdate, Señor, de tu Iglesia extendida
por toda la tierra;

**En los domingos,
cuando no hay otro «Acuérdate…» propio:**

y reunida aquí en el domingo, día en que Cristo ha vencido a la muerte y nos ha hecho partícipes de su vida inmortal.

y con el papa N.,
con nuestro obispo N.,
y todos los pastores que cuidan de tu pueblo,
llévala a su perfección por la caridad.

Acuérdate también de nuestros hermanos
que durmieron en la esperanza
de la resurrección,
y de todos los que han muerto en tu misericordia;
admítelos a contemplar la luz de tu rostro.
Ten misericordia de todos nosotros,
y así, con María, la Virgen Madre de Dios,
los apóstoles
y cuantos vivieron en tu amistad
a través de los tiempos,
merezcamos, por tu Hijo Jesucristo,
compartir la vida eterna
y cantar tus alabanzas.

Por Cristo, con él y en él,
a ti, Dios Padre omnipotente,
en la unidad del Espíritu Santo,
todo honor y toda gloria
por los siglos de los siglos.
■ **Amén.**

(Padre nuestro: página 244)

Plegaria eucarística III

Santo eres en verdad, Padre,
y con razón te alaban todas tus criaturas,
ya que por Jesucristo, tu Hijo, Señor nuestro,
con la fuerza del Espíritu Santo,
das vida y santificas todo,
y congregas a tu pueblo sin cesar,
para que ofrezca en tu honor
un sacrificio sin mancha
desde donde sale el sol hasta el ocaso.

Por eso, Padre, te suplicamos
que santifiques por el mismo Espíritu
estos dones que hemos separado para ti,
de manera que sean
Cuerpo y † Sangre de Jesucristo,
Hijo tuyo y Señor nuestro,
que nos mandó celebrar estos misterios.

Porque él mismo,
la noche en que iba a ser entregado,
tomó pan,

y dando gracias te bendijo,
lo partió
y lo dio a sus discípulos, diciendo:

**«Tomad y comed todos de él,
porque esto es mi Cuerpo,
que será entregado por vosotros».**

Del mismo modo, acabada la cena,
tomó el cáliz,
dando gracias te bendijo,
y lo pasó a sus discípulos, diciendo:

**«Tomad y bebed todos de él,
porque éste es el cáliz de mi Sangre,
Sangre de la alianza nueva y eterna,
que será derramada por vosotros
y por todos los hombres
para el perdón de los pecados.
Haced esto en conmemoración mía».**

1

■ Éste es el Sacramento de nuestra fe.

O bien:

■ Éste es el Misterio de la fe.

■ **Anunciamos tu muerte,
proclamamos tu resurrección.
¡Ven, Señor Jesús!**

2

■ Aclamad el Misterio de la redención.

■ **Cada vez que comemos de este pan
y bebemos de este cáliz,
anunciamos tu muerte, Señor,
hasta que vuelvas.**

3

■ Cristo se entregó por nosotros.

■ **Por tu cruz y resurrección
nos has salvado, Señor.**

Así, pues, Padre,
al celebrar ahora el memorial
de la pasión salvadora de tu Hijo,
de su admirable resurrección y ascensión al cielo,

mientras esperamos su venida gloriosa,
te ofrecemos, en esta acción de gracias,
el sacrificio vivo y santo.
Dirige tu mirada sobre la ofrenda de tu Iglesia,
y reconoce en ella la Víctima
por cuya inmolación
quisiste devolvernos tu amistad,
para que, fortalecidos
con el Cuerpo y la Sangre de tu Hijo
y llenos de su Espíritu Santo,
formemos en Cristo
un solo cuerpo y un solo espíritu.

Que él nos transforme en ofrenda permanente,
para que gocemos de tu heredad
junto con tus elegidos:
con María, la Virgen Madre de Dios,
los apóstoles y los mártires,
(san N.: santo del día o patrono)
y todos los santos,
por cuya intercesión
confiamos obtener siempre tu ayuda.

Te pedimos, Padre,
que esta Víctima de reconciliación
traiga la paz y la salvación al mundo entero.
Confirma en la fe y en la caridad
a tu Iglesia, peregrina en la tierra:
a tu servidor, el papa N., a nuestro obispo N.,
al orden episcopal, a los presbíteros y diáconos,
y a todo el pueblo redimido por ti.

Atiende los deseos y súplicas de esta familia
que has congregado en tu presencia,

En los domingos,
cuando no hay otro «Atiende...» propio:

en el domingo, día en que Cristo ha vencido a la muerte y nos ha hecho partícipes de su vida inmortal.

---

† Reúne en torno a ti, Padre misericordioso,
a todos tus hijos dispersos por el mundo.

[Recuerda a tu hijo (-a) N.,
a quien llamaste
de este mundo a tu presencia;
concédele que, así como ha compartido ya la muerte de Jesucristo, comparta también con él
la gloria de la resurrección,
cuando Cristo haga resurgir de la tierra a los muertos
y transforme nuestro cuerpo frágil
en cuerpo gloriosos como el suyo.]

A nuestros hermanos difuntos
y a cuantos murieron en tu amistad
recíbelos en tu reino,
donde esperamos gozar todos juntos
de la plenitud eterna de tu gloria,
[allí enjugarás las lágrimas de nuestros ojos
porque al contemplarte como tú eres, Dios nuestro,
seremos semejantes a ti
y cantaremos eternamente tus alabanzas,]
por Cristo, Señor nuestro,
por quien concedes al mundo todos los bienes.

Por Cristo, con él y en él,
a ti, Dios Padre omnipotente,
en la unidad del Espíritu Santo,
todo honor y toda gloria
por los siglos de los siglos.

■ **Amén.** (Padre nuestro: página 244)

Plegaria eucarística IV

En verdad es justo darte gracias,
y deber nuestro glorificarte, Padre santo,
porque tú eres el único Dios vivo y verdadero
que existes desde siempre
y vives para siempre;
luz sobre toda luz.
Porque tú solo eres bueno y la fuente de la vida,
hiciste todas las cosas
para colmarlas de tus bendiciones
y alegrar su multitud con la claridad de tu gloria.

Por eso,
innumerables ángeles en tu presencia,
contemplando la gloria de tu rostro,
te sirven siempre y te glorifican sin cesar.
Y con ellos también nosotros, llenos de alegría,
y por nuestra voz las demás criaturas,
aclamamos tu nombre cantando: Santo...

Te alabamos, Padre santo,
porque eres grande
y porque hiciste todas las cosas con sabiduría y amor.

A imagen tuya creaste al hombre
y le encomendaste el universo entero,
para que, sirviéndote sólo a ti, su Creador,
dominara todo lo creado.

Y cuando por desobediencia perdió tu amistad,
no lo abandonaste al poder de la muerte,
sino que, compadecido, tendiste la mano a todos,
para que te encuentre el que te busca.

Reiteraste, además, tu alianza a los hombres;
por los profetas
los fuiste llevando con la esperanza de salvación.
Y tanto amaste al mundo, Padre santo,
que, al cumplirse la plenitud de los tiempos,
nos enviaste como salvador a tu único Hijo.

El cual se encarnó por obra del Espíritu Santo,
nació de María, la Virgen,
y así compartió en todo nuestra condición humana
menos en el pecado;
anunció la salvación a los pobres,
la liberación a los oprimidos
y a los afligidos el consuelo.

Para cumplir tus designios,
él mismo se entregó a la muerte,
y, resucitando, destruyó la muerte
y nos dio nueva vida.

Y porque no vivamos ya para nosotros mismos,
sino para él, que por nosotros murió y resucitó,

envió, Padre, al Espíritu Santo
como primicia para los creyentes,
a fin de santificar todas las cosas,
llevando a plenitud su obra en el mundo.

Por eso, Padre, te rogamos
que este mismo Espíritu
santifique estas ofrendas,
para que sean
Cuerpo y † Sangre
de Jesucristo, nuestro Señor,
y así celebremos el gran misterio
que nos dejó como alianza eterna.

Porque él mismo,
llegada la hora en que había de ser glorificado
por ti, Padre santo,
habiendo amado a los suyos
que estaban en el mundo,
los amó hasta el extremo.
Y, mientras cenaba con sus discípulos,
tomó pan,
te bendijo,
lo partió
y se lo dio, diciendo:

«Tomad y comed todos de él,
porque esto es mi Cuerpo,
que será entregado por vosotros».

Del mismo modo,
tomó el cáliz lleno del fruto de la vid,
te dio gracias
y lo pasó a sus discípulos, diciendo:

«Tomad y bebed todos de él,
porque éste es el cáliz de mi Sangre,
Sangre de la alianza nueva y eterna,
que será derramada por vosotros
y por todos los hombres
para el perdón de los pecados.
Haced esto en conmemoración mía».

1

▪ Éste es el Sacramento de nuestra fe.

O bien:

▪ Éste es el Misterio de la fe.
▪ **Anunciamos tu muerte,**
proclamamos tu resurrección.
¡Ven, Señor Jesús!

2

▪ Aclamad el Misterio de la redención.
▪ **Cada vez que comemos de este pan**
y bebemos de este cáliz,
anunciamos tu muerte, Señor,
hasta que vuelvas.

3

▪ Cristo se entregó por nosotros.
▪ **Por tu cruz y resurrección**
nos has salvado, Señor.

Por eso, Padre,
al celebrar ahora el memorial de nuestra redención,
recordamos la muerte de Cristo
y su descenso al lugar de los muertos,
proclamamos su resurrección y ascensión a tu derecha;
y mientras esperamos su venida gloriosa,
te ofrecemos su Cuerpo y su Sangre,
sacrificio agradable a ti
y salvación para todo el mundo.
Dirige tu mirada sobre esta Víctima
que tú mismo has preparado a tu Iglesia,
y concede a cuantos compartimos
este pan y este cáliz,
que, congregados en un solo cuerpo por el
Espíritu Santo,
seamos en Cristo
víctima viva para alabanza de tu gloria.

Y ahora, Señor, acuérdate
de todos aquellos por quienes te ofrecemos
este sacrificio:
de tu servidor el papa N.,
de nuestro obispo N.,

del orden episcopal y de los presbíteros y diáconos,
de los oferentes y de los aquí reunidos,
de todo tu pueblo santo
y de aquellos que te buscan con sincero corazón.
Acuérdate también
de los que murieron en la paz de Cristo
y de todos los difuntos,
cuya fe sólo tú conociste.
Padre de bondad,
que todos tus hijos nos reunamos
en la heredad de tu reino,
con María, la Virgen Madre de Dios,
con los apóstoles y los santos;
y allí, junto con toda la creación
libre ya del pecado y de la muerte,
te glorifiquemos por Cristo, Señor nuestro,
por quien concedes al mundo todos los bienes.
Por Cristo, con él y en él,
a ti, Dios Padre omnipotente,
en la unidad del Espíritu Santo,
todo honor y toda gloria
por los siglos de los siglos.

■ Amén.

(Padre nuestro)

RITO DE LA COMUNIÓN

Padre nuestro

■ Fieles a la recomendación del Salvador
y siguiendo su divina enseñanza,
nos atrevemos a decir:

O bien:

■ Llenos de alegría por ser hijos de Dios,
digamos confiadamente
la oración que Cristo nos enseñó:

O bien:

■ El amor de Dios ha sido derramado
en nuestros corazones
con el Espíritu Santo que se nos ha dado;
digamos con fe y esperanza:

O bien:

■ Antes de participar en el banquete de la Eucaristía,
signo de reconciliación
y vínculo de unión fraterna,
oremos juntos como el Señor nos ha enseñado:

**Padre nuestro, que estás en el cielo,
santificado sea tu nombre;
venga a nosotros tu reino;
hágase tu voluntad en la tierra como en el cielo.
Danos hoy nuestro pan de cada día;
perdona nuestras ofensas,
como también nosotros perdonamos
a los que nos ofenden;
no nos dejes caer en la tentación,
y líbranos del mal.**

**Pater noster, qui es in caelis:
sanctificétur nomen tuum;
advéniat regnum tuum;
fiat volúntas tua,
sicut in caelo, et in terra.
Panem nostrum cotidiánum da nobis hódie;
et dimítte nobis débita nostra,
sicut et nos dimíttimus debitóribus nostris;
et ne nos indúcas in tentatiónem;
sed líbera nos a malo.**

■ Líbranos de todos los males, Señor,
y concédenos la paz en nuestros días,
para que, ayudados por tu misericordia,
vivamos siempre libres de pecado
y protegidos de toda perturbación,
mientras esperamos la gloriosa venida
de nuestro Salvador Jesucristo.

■ **Tuyo es el reino,
tuyo el poder y la gloria, por siempre, Señor.**

La paz

■ Señor Jesucristo,
que dijiste a tus apóstoles:
«La paz os dejo, mi paz os doy»,
no tengas en cuenta nuestros pecados,

sino la fe de tu Iglesia
y, conforme a tu palabra,
concédele la paz y la unidad.
Tú que vives y reinas
por los siglos de los siglos.

■ Amén.

■ La paz del Señor esté siempre con vosotros.

■ Y con tu espíritu.

(Luego, si se juzga oportuno, el diácono, o el sacerdote, añade:)

Daos fraternalmente la paz.

La fracción del pan

(El sacerdote deja caer en el cáliz una parte del pan consagrado, diciendo en secreto:)

El Cuerpo y la Sangre de nuestro Señor Jesucristo,
unidos en este cáliz,
sean para nosotros
alimento de vida eterna.

(Mientras tanto se canta o se dice:)

■ Cordero de Dios, que quitas el pecado del mundo,
ten piedad de nosotros.
Cordero de Dios, que quitas el pecado del mundo,
ten piedad de nosotros.
Cordero de Dios, que quitas el pecado del mundo,
danos la paz.

■ Agnus Dei, qui tollis peccáta mundi:
Miserére nobis.
Agnus Dei, qui tollis peccáta mundi:
Miserére nobis.
Agnus Dei, qui tollis peccáta mundi:
Dona nobis pacem.

(A continuación, el sacerdote, con las manos juntas, dice en secreto:)

Señor Jesucristo, Hijo de Dios vivo,
que por voluntad del Padre,
cooperando el Espíritu Santo,
diste con tu muerte la vida al mundo,
líbrame, por la recepción de tu Cuerpo y de tu Sangre,
de todas mis culpas y de todo mal.

Concédeme cumplir siempre tus mandamientos
y jamás permitas que me separe de ti.

O bien:

Señor Jesucristo,
la comunión de tu Cuerpo y de tu Sangre
no sea para mí un motivo de juicio y condenación,
sino que, por tu piedad,
me aproveche para defensa de alma y cuerpo
y como remedio saludable.

Sagrada comunión

(El sacerdote hace genuflexión, toma el pan consagrado y, sosteniéndolo un poco elevado sobre el cáliz, lo muestra al pueblo, diciendo:)

- Éste es el Cordero de Dios,
  que quita el pecado del mundo.
  Dichosos los invitados a la cena del Señor.
- **Señor, no soy digno**
  de que entres en mi casa,
  pero una palabra tuya
  bastará para sanarme.

(El sacerdote dice en secreto:)

El Cuerpo de Cristo me guarde para la vida eterna.

(Y comulga reverentemente el Cuerpo de Cristo. Después toma el cáliz y dice en secreto:)

La Sangre de Cristo me guarde para la vida eterna.

(Y bebe reverentemente la Sangre de Cristo.)

- El Cuerpo de Cristo.
- **Amén.**

El canto de comunión

(Se pueden guardar unos momentos de silencio o cantar un salmo o cántico de alabanza.)

Oración después de la sagrada comunión

RITO DE CONCLUSIÓN

Anuncios y bendición final

- El Señor esté con vosotros.
- Y con tu espíritu.

■ La bendición de Dios todopoderoso,
Padre, Hijo † y Espíritu Santo,
descienda sobre vosotros.
■ Amén.

Despedida

(Luego el diácono, o el mismo sacerdote, con las manos juntas, despide al pueblo con una de las fórmulas siguientes:)

I

■ Podéis ir en paz.

II

■ La alegría del Señor sea nuestra fuerza.
Podéis ir en paz.

III

■ Glorificad al Señor con vuestra vida.
Podéis ir en paz.

IV

■ En el nombre del Señor, podéis ir en paz.

V (especialmente en los domingos de Pascua)

■ Anunciad a todos la alegría del Señor resucitado.
Podéis ir en paz.

I, II, III, IV, V

■ Demos gracias a Dios.

[SÁBADO 16 DE JUNIO]
El Inmaculado Corazón de María

Oración de la mañana

*Aclamemos al Señor al celebrar
el Inmaculado Corazón de María.*

*Gloria al Padre, y al Hijo, y al Espíritu Santo,
al Dios que es, que era y que viene,
por los siglos de los siglos. Amén. ¡Aleluya!*

HIMNO

¡Salve, Reina María, inspiradora!,
única musa que mi mente ansía,
musa de perfectísima armonía
a quien mi corazón férvido adora.

Si yo no os canto a Vos, ¡oh gran Señora!,
romped las cuerdas de la lira mía
y no brote en mi ingrata poesía
sublime inspiración, grande y sonora.

Y haced, Vos, que al saltar mi lira rota
hieran sus cuerdas mi alma endurecida
y que sea un lamento cada nota.

Lamento que al salir por la ancha herida
vaya a perderse en la región ignota,
en la oscura región desconocida. Amen.

SALMO 91

Es bueno dar gracias al Señor
y tocar para tu nombre, oh Altísimo,
proclamar por la mañana tu misericordia
y de noche tu fidelidad,

con arpas de diez cuerdas y laúdes
sobre arpegios de cítaras.

Tus acciones, Señor, son mi alegría
y mi júbilo, la obra de tus manos.
¡Qué magníficas son tus obras, Señor,
qué profundos tus designios!
El ignorante no los entiende
ni el necio se da cuenta.

Aunque germinen como hierba los malvados
y florezcan los malhechores,
serán destruidos para siempre.
Tú, en cambio, Señor,
eres excelso por los siglos.

Porque tus enemigos, Señor, perecerán,
los malhechores serán dispersados;
pero a mí me das la fuerza de un búfalo
y me unges con aceite nuevo.
Mis ojos despreciarán a mis enemigos,
mis oídos escucharán su derrota.

El justo crecerá como una palmera,
se alzará como cedro del Líbano:
plantado en la casa del Señor,
crecerá en los atrios de nuestro Dios;

en la vejez seguirá dando fruto
y estará lozano y frondoso,
para proclamar que el Señor es justo,
que en mi Roca no existe la maldad.

Gloria al Padre…

Palabra de Dios — Cf. Isaías 61, 10

DESBORDO DE GOZO con el Señor, y me alegro con mi Dios: porque me ha vestido un traje de gala y me ha envuelto en un manto de triunfo, como novia que se adorna con sus joyas.

El Señor la eligió y la predestinó. El Señor...

CÁNTICO DE ZACARÍAS

(Texto contraportada B)

Guía nuestros pasos, Señor, por el camino de la paz.

PRECES

El Corazón de María contiene el Evangelio vivo de Jesucristo escrito por el dedo de Dios, que es el Espíritu Santo. Acojámonos a él y oremos diciendo:

℟ Madre del Redentor, intercede por tus hijos.

María, ven a nuestro lado para que podamos caminar en la fe como tú siempre hiciste. ℟

Madre de Jesús y Madre nuestra, acude en socorro de todas las mujeres que están solas y han de cuidar de sus hijos. ℟

Modelo de santidad, acompaña a nuestros niños y jóvenes para que no se separen del camino del bien. ℟

Mujer humilde de Nazaret, sé consuelo para todos los que trabajan y enséñanos a hacer todas las cosas para mayor gloria de Dios. ℟

Virgen inmaculada que en todo cumpliste la voluntad de Dios, sé nuestra maestra en el camino de la vida para que nunca nos apartemos de tu Hijo. ℟

Intenciones libres

Padre nuestro...

ORACIÓN

Que nuestra voz, Señor, nuestro espíritu y toda nuestra vida sean una continua alabanza en tu honor; y, pues toda nuestra existencia es puro don de tu liberalidad, que también cada una de nuestras acciones te esté plenamente dedicada. Por nuestro Señor Jesucristo.

MISA

Hoy, la lectura del evangelio de la memoria del Corazón inmaculado de María es obligatoria. No se puede, pues, elegir el evangelio de la feria, pero se leen la primera lectura y el salmo de la feria: páginas 253 y 254.

El Inmaculado Corazón de María

Memoria

● *Después de su entrada a los cielos, el Corazón de María sigue ejerciendo a favor nuestro su amorosa intercesión. El amor de María se dirige primero a Dios y a su Hijo Jesús, pero se extiende también con solicitud maternal sobre todo el género humano que Jesús le confió al morir; y así la veneramos por la santidad de su Inmaculado Corazón y le solicitamos su ayuda maternal en nuestro camino a su Hijo. Veneramos el Corazón que guarda todas las cosas de Dios y que nos ayuda a sanar y consagrar a Dios nuestro propio corazón. Ya san Juan Eudes, en el siglo XVII, había difundido esta devoción. En 1942, en plena II Guerra Mundial, el papa Pío XII consagró el mundo al Corazón Inmaculado de María. El papa Juan Pablo II declaró que la conmemoración del Inmaculado Corazón de María será de naturaleza «obligatoria» y no «opcional». Es decir, por primera vez en la Iglesia, la liturgia para esta celebración debe realizarse en todo el mundo católico.* ●

ANTÍFONA DE ENTRADA

Alegra mi corazón con tu auxilio y cantaré al Señor por el bien que me ha hecho (Sal 12, 6).

ORACIÓN COLECTA

Oh Dios, tú que has preparado
en el Corazón de la Virgen María

una digna morada al Espíritu Santo,
haz que nosotros, por intercesión de la Virgen,
lleguemos a ser templos dignos de tu gloria.
Por nuestro Señor Jesucristo.

[Sábado de la 10ª semana del tiempo ordinario]

Lectura del primer libro de los Reyes 19, 19-21

EN AQUELLOS DÍAS, Elías se marchó del monte y encontró a Eliseo, hijo de Safat, arando con doce yuntas en fila, él con la última. Elías pasó a su lado y le echó encima el manto. Entonces Eliseo, dejando los bueyes, corrió tras Elías y le pidió: - «Déjame decir adiós a mis padres; luego vuelvo y te sigo».
Elías le dijo: - «Ve y vuelve; ¿quién te lo impide?»
Eliseo dio la vuelta, cogió la yunta de bueyes y los ofreció en sacrificio; hizo fuego con los aperos, asó la carne y ofreció de comer a su gente; luego se levantó, marchó tras Elías y se puso a su servicio.
Palabra de Dios.

• SALMO 15 •

℟ **Tú, Señor, eres el lote de mi heredad.**

Protégeme, Dios mío, que me refugio en ti;
yo digo al Señor: «Tú eres mi bien».
El Señor es el lote de mi heredad y mi copa;
mi suerte está en tu mano. ℟

Bendeciré al Señor, que me aconseja,
hasta de noche me instruye internamente.
Tengo siempre presente al Señor,
con él a mi derecha no vacilaré. ℟

Por eso se me alegra el corazón,
se gozan mis entrañas,
y mi carne descansa serena.
Porque no me entregarás a la muerte,
ni dejarás a tu fiel conocer la corrupción. ℟

[El Inmaculado Corazón de María]

Aleluya. Dichosa es la Virgen María, que conservaba la palabra de Dios, meditándola en su corazón.

● *«El niño Jesús se quedó en Jerusalén». La vida de Jesús transcurre con normalidad: vive inmerso en las tradiciones del pueblo de Israel y aprende de sus padres la piedad religiosa. A los doce años da prueba de que es momento de comenzar a responder de modo personal a aquel a quien llama Padre. El ámbito que ahora establece les pertenece sólo a Dios y él.* ●

Lectura del santo evangelio según san Lucas 2, 41-51

Los padres de Jesús solían ir cada año a Jerusalén por las fiestas de Pascua. Cuando Jesús cumplió doce años, subieron a la fiesta según la costumbre y, cuando terminó, se volvieron; pero el niño Jesús se quedó en Jerusalén, sin que lo supieran sus padres.

Éstos, creyendo que estaba en la caravana, hicieron una jornada y se pusieron a buscarlo entre los parientes y conocidos; al no encontrarlo, se volvieron a Jerusalén en su busca.

A los tres días, lo encontraron en el templo, sentado en medio de los maestros, escuchándolos y haciéndoles preguntas; todos los que le oían quedaban asombrados de su talento y de las respuestas que daba.

Al verlo, se quedaron atónitos, y le dijo su madre: - «Hijo, ¿por qué nos has tratado así? Mira que tu padre y yo te buscábamos angustiados».

Él les contestó: - «¿Por qué me buscabais? ¿No sabíais que yo debía estar en la casa de mi Padre?»
Pero ellos no comprendieron lo que quería decir.
Él bajó con ellos a Nazaret y siguió bajo su autoridad.
Su madre conservaba todo esto en su corazón.
Palabra del Señor.

ORACIÓN SOBRE LAS OFRENDAS

Acoge, Señor, la ofrenda y las súplicas
que te presentamos
en la conmemoración de María, la Madre de Dios;
haz que sean agradables a tus ojos
y atraigan sobre el pueblo el auxilio de tu protección.
Por Jesucristo nuestro Señor.

PREFACIO: LA MATERNIDAD DE MARÍA

En verdad es justo y necesario,
es nuestro deber y salvación
darte gracias
siempre y en todo lugar,
Señor, Padre santo,
Dios todopoderoso y eterno.
Y alabar, bendecir y proclamar tu gloria
en la veneración de santa María, siempre virgen.
Porque ella concibió a tu único Hijo
por obra del Espíritu Santo,
y, sin perder la gloria de su virginidad,
derramó sobre el mundo la luz eterna,
Jesucristo, Señor nuestro.
Por él,
los ángeles y los arcángeles
y todos los coros celestiales,
celebran tu gloria,
unidos en común alegría.
Permítenos asociarnos a sus voces,
cantando humildemente tu alabanza: Santo…

ANTÍFONA DE COMUNIÓN

María conservaba todas estas cosas, meditándolas en su corazón (Lc 2, 19).

ORACIÓN DESPUÉS DE LA COMUNIÓN

Como partícipes de la redención eterna,
te rogamos, Señor,
que al celebrar la memoria de la Madre de tu Hiio
nos gocemos en la abundancia de tu gracia
y sintamos el aumento continuo de la salvación.
Por Jesucristo nuestro Señor.

MEDITACIÓN

Ahí tienes a tu Madre

Esforcémonos en amar al Señor con el Corazón de la Inmaculada, de recibirlo con su Corazón, de alabarle con las actitudes de ella, de reparar, agradecer, aunque no lo comprendamos. A través de su Corazón, de sus actitudes, alabamos al Señor Jesús. Si verdaderamente es ella quien ama y glorifica a Jesús a través de nosotros, es que somos sus instrumentos. Ella sola nos va a enseñar cómo amar al Señor Jesús mucho mejor, sin comparación, que todos los libros y todos los maestros. Ella nos enseña a amarle tal como ella le ama. Y todo nuestro esfuerzo debe tender a que sea ella sola, con nuestro corazón, la que ame al Señor Jesús.

Sólo el alma poseída por el amor de Dios saca de sí todo lo que le estorba. Todo se concentra en el amor de Dios. Y ahora ¿quién ama más a Jesús pobre y crucificado, en el pesebre, que la Madre santísima? Nadie en el mundo ni entre los ángeles ama ni ha amado tan ardientemente al Señor Jesús como la Madre de Dios. La Inmaculada es el desarrollo total del amor divino en nuestras almas y el medio para acercarnos al Corazón de Jesús.

SAN MAXIMILIANO KOLBE

Franciscano polaco, apóstol del Corazón Inmaculado de María, fundó la Ciudad de la Inmaculada (Niepokalanów). Murió mártir de la caridad en el campo de concentración de Auschwitz (1894-1941)

Oración de la tarde

Vísperas del undécimo domingo del tiempo ordinario

Que mi oración llegue hasta ti
como incienso en tu presencia;
y el alzar de mis manos, como ofrenda de la tarde.

Gloria al Padre, y al Hijo, y al Espíritu Santo...

HIMNO

Pastor, contigo voy.
Si un día me alejé de tus senderos
fue por oír tu voz que me llamaba
en la tarde encendida de luceros.

Pastor, si por el bosque
sobre la hierba en flor me he detenido,
fue por sentir tus pasos amorosos
en busca de la oveja que has perdido.

Pero si Tú pensaste
que intentaba romper tus dulces lazos,
¡perdóname, Pastor!, sólo quería
volver a mi redil entre tus brazos.

Gloria al Padre, y al Hijo, y al Espíritu Santo.
Amén.

SALMO 115

Tenía fe, aun cuando dije:
«¡Qué desgraciado soy!»

Yo decía en mi apuro:
«Los hombres son unos mentirosos».

¿Cómo pagaré al Señor
todo el bien que me ha hecho?
Alzaré la copa de la salvación,
invocando su nombre.
Cumpliré al Señor mis votos,
en presencia de todo el pueblo.

Mucho le cuesta al Señor
la muerte de sus fieles.
Señor, yo soy tu siervo,
siervo tuyo, hijo de tu esclava:
rompiste mis cadenas.

Te ofreceré un sacrificio de alabanza,
invocando tu nombre, Señor.
Cumpliré al Señor mis votos,
en presencia de todo el pueblo;
en el atrio de la casa del Señor,
en medio de ti, Jerusalén.

Gloria al Padre…

Palabra de Dios — Hebreos 13, 20-21

QUE EL DIOS DE LA PAZ, que hizo subir de entre los muertos al gran Pastor de las ovejas, nuestro Señor Jesús, en virtud de la sangre de la alianza eterna, os ponga a punto en todo bien, para que cumpláis su voluntad. Él realizará en nosotros lo que es de su agrado, por medio de Jesucristo; a él la gloria por los siglos de los siglos. Amén.

Cuántas son tus obras, Señor,
y todas las hiciste con sabiduría. Cuántas…

CÁNTICO DE MARÍA

(Texto contraportada A)

Jesús anunciaba el reino de Dios con muchas parábolas.

PRECES

Unidos a María, que llevó en sus entrañas al Redentor del mundo, pidamos a Dios que nos guarde en su misericordia.

℟ Que la Madre de tu Hijo interceda por nosotros.

Señor, danos un corazón como el de María,
- dispuesto a guardar tus palabras y a meditarlas ininterrumpidamente. ℟

Señor, por el Corazón inmaculado de María te pedimos:
- paz para las naciones y el fin de toda clase de violencia injusta. ℟

Señor, como María queremos permanecer junto a ti en las dificultades,
- fortalece a los débiles y conforta a los enfermos y a los que sufren. ℟

Señor, con María queremos estar atentos a las necesidades de nuestro prójimo,
- enciende en nuestros corazones el fuego de la caridad. ℟

Señor, te pedimos por todos los que hoy han muerto,
- llévalos al cielo donde María ya está en cuerpo y alma. ℟

Intenciones libres

Padre nuestro…

ANTÍFONA MARIANA

(Texto página 27)

SANTOS
DE AYER Y DE HOY

Corazón de Jesús,
horno ardiente de caridad,
ten piedad de nosotros.

SAN BENÓN DE MEISSEN
Obispo († 1107)

Nació en la primera mitad del siglo XI, de una familia noble de Sajonia (Alemania). En 1066, siendo capellán de Goslar, fue nombrado obispo de Meissen (Sajonia). Fue llamado el «Apóstol de los eslavos» debido a su gran labor evangélica entre este pueblo. Vivió tiempos turbulentos. Partidario de la paz, no pudo evitar que las tropas imperiales saqueasen su ciudad y se lo llevaran prisionero. Recobró la libertad en 1076 cuando Enrique IV fue excomulgado. Más tarde, por haber defendido al papa Gregorio VII en su lucha con el emperador, los secuaces de Enrique IV lo expulsaron de su sede. Al morir Gregorio VII, prestó obediencia al antipapa y volvió a su diócesis, pero en 1097 reconoció al legítimo papa Urbano II. Fue un hombre piadoso, honrado y amante de la Iglesia. Murió el año 1107. Fue canonizado en 1523.

No es deshonor para el arquitecto habitar la casa que él mismo ha construido. Dios, suma pureza, no se contamina saliendo del seno de una Virgen, pues, de la que había formado sin mancilla, salió también sin contraer ninguna mancha.

San Proclo

Palabra de Dios para el domingo

El historiador Cristopher Dawson, reflexionando sobre los orígenes de Europa, se preguntaba: «¿Cómo ocurrió que un pequeño grupo de pueblos, en un período relativamente breve, pudo transformar el mundo y emanciparse a sí mismo de la dependencia que durante siglos sujetó al hombre a las fuerzas de la naturaleza?» Concluía que quizás aquello fue debido a que su ideal religioso no consistía en adorar una perfección eterna e inmutable, sino en un espíritu que se esforzaba por incorporarse a la humanidad y cambiar el mundo. La reflexión del ilustre autor inglés nos lleva, antes de considerar a esos pueblos, a unas personas, más bien pocas, y con anterioridad a uno solo: a Jesucristo.

En una homilía atribuida a san Juan Crisóstomo leemos: «¿Qué hay mayor que el reino de los cielos y qué más pequeño que un grano de mostaza?» Y decía que la comparación que hoy leemos en el evangelio era justa y adecuada porque el reino de los cielos es el mismo Cristo que, siendo infinito, se ha hecho pequeño por la encarnación. Su misericordia es tan grande que se ha empequeñecido para hacerse todo a todos y salvarlos. Jesús es también la semilla que muere en la cruz y, sepultado, sin que nadie sepa cómo, germina por su resurrección con una vida que se expande en los creyentes.

Las parábolas que hoy meditamos se realizan a lo largo de la historia con el crecimiento de la Iglesia, la conversión de las personas y las obras de caridad. Pero también podemos decir que se realizan cada día de nuevo, porque todos vemos el fruto desproporcionado respecto a nuestras

fuerzas que produce en nosotros la gracia. Aunque no sabemos cómo, experimentamos que el encuentro con Cristo cambia radicalmente nuestra vida. Tampoco lo atribuimos a una casualidad, porque sabemos que Dios nos ha dado su don, que, como la semilla, tiene la potencia para transformarnos. Es lo que, de otra manera, expresa san Pablo al decir que *caminamos sin verlo, guiados por la fe*.
La parábola nos invita a vivir con confianza. Siempre se da una desproporción entre aquello a lo que estamos llamados y nuestras fuerzas. Sin embargo, es el Señor quien realiza la obra contando con nosotros. De ahí que, como se hace en el salmo de hoy, debamos empezar reconociendo su acción y dando gracias. El Señor nos precede con su amor y él es quien hace fecunda nuestra vida. Si tuviéramos que calcular los resultados por nuestras fuerzas, quedaríamos paralizados. Pero Dios no nos deja solos. En la parábola del grano de mostaza se indica que llega a formarse un arbusto en el que encuentran cobijo los pájaros. Aquí no se apunta sólo al hecho del crecimiento, sino también a la irradiación de la caridad. Podemos verlo en tantas obras realizadas bajo el impulso de la fe, como las de san José Benito Cottolengo, que se dedicó a los enfermos sin recursos. Precisamente cuando las autoridades le cerraron su primera casa, que estaba repleta de convalecientes, le dijo a un sacerdote: «Señor Rector, siempre he oído decir que para que los repollos produzcan más y mejor tienen que ser trasplantados. La "Divina Providencia" será, pues, trasplantada y se convertirá en un gran repollo...» La obra que Cristo realiza en cada uno de nosotros siempre conlleva que sepamos tratar a los que nos rodean con amor y que ellos se sientan acogidos por nosotros.

David Amado Fernández

La oración universal

Estas intenciones deben ser completadas y actualizadas por la comunidad que celebra.

Sabiendo que Dios nos ama como somos y que nos ofrece su perdón, oremos con fe diciendo:

℟ *Te lo pedimos, Señor.*

Por los cristianos: para que viviendo en Cristo transmitamos su amor y su entrega. *Oremos.* ℟

Por los sacerdotes: para que sean generosos dispensadores del perdón que viene de Dios. *Oremos.* ℟

Por las naciones que están en guerra y por las que padecen a causa de las catástrofes naturales: para que Dios las visite con la paz y el bienestar. *Oremos.* ℟

Por los matrimonios rotos, por los niños abandonados, por los que viven en la calle: para que a todos les llegue el consuelo y la ayuda que necesitan. *Oremos.* ℟

Por los enfermos y agonizantes: para que la misericordia y el perdón de Dios se manifieste en sus vidas. *Oremos.* ℟

Por los que celebramos nuestra fe en la Eucaristía: para que acojamos al Señor con sencillez de corazón. *Oremos.* ℟

Te lo pedimos por Jesucristo, que vive en nosotros, que nos amó y se entregó por nuestra salvación.

℟ *Amén.*

[DOMINGO 17 DE JUNIO]

Undécimo domingo del tiempo ordinario

Oración de la mañana

El Espíritu del Señor llena el universo.
¡Venid, cantemos la alabanza, aleluya!

Alabad al Señor, todos los pueblos;
aclamadlo, todas las naciones.

Fuerte es su amor para con nosotros;
¡la fidelidad del Señor es eterna!

Gloria al Padre, y al Hijo, y al Espíritu Santo,
por los siglos de los siglos. Amén. ¡Aleluya!

Himno

A nuestros corazones
la hora del Espíritu ha llegado,
la hora de los dones
y del apostolado:
lenguas de fuego y viento huracanado.

Oh Espíritu, desciende,
orando está la Iglesia que te espera;
visítanos y enciende,
como la vez primera,
los corazones en la misma hoguera.

La fuerza y el consuelo,
el río de la gracia y de la vida
derrama desde el cielo;
la tierra envejecida
renovará su faz reverdecida.

Gloria a Dios, uno y trino:
al Padre creador, al Hijo amado,

y Espíritu divino
que nos ha regalado;
alabanza y honor le sea dado. Amén.

Salmo 148

Alabad al Señor en el cielo,
alabad al Señor en lo alto.

Alabadlo, todos sus ángeles,
alabadlo, todos sus ejércitos.

Alabadlo, sol y luna,
alabadlo, estrellas lucientes.

Alabadlo, espacios celestes,
y aguas que cuelgan en el cielo.

Alaben el nombre del Señor,
porque él lo mandó, y existieron.

Les dio consistencia perpetua,
y una ley que no pasará.

Alabad al Señor en la tierra,
cetáceos y abismos del mar,

rayos, granizo, nieve y bruma,
viento huracanado que cumple sus órdenes,

montes y todas las sierras,
árboles frutales y cedros,

fieras y animales domésticos,
reptiles y pájaros que vuelan.

Reyes y pueblos del orbe,
príncipes y jefes del mundo,

los jóvenes y también las doncellas,
los viejos junto con los niños,

alaben el nombre del Señor,
el único nombre sublime.

Su majestad sobre el cielo y la tierra;
él acrece el vigor de su pueblo.

Alabanza de todos sus fieles,
de Israel, su pueblo escogido.

Gloria al Padre…

Palabra de Dios — Ezequiel 37, 12b-14

ASÍ DICE EL SEÑOR: «Yo mismo abriré vuestros sepulcros, y os haré salir de vuestros sepulcros, pueblo mío, y os traeré a la tierra de Israel. Y, cuando abra vuestros sepulcros y os saque de vuestros sepulcros, pueblo mío, sabréis que soy el Señor. Os infundiré mi espíritu, y viviréis; os colocaré en vuestra tierra, y sabréis que yo, el Señor, lo digo y lo hago». Oráculo del Señor.

Cristo, Hijo de Dios vivo, ten piedad de nosotros.
Cristo…

CÁNTICO DE ZACARÍAS — (Texto contraportada B)

El reino de Dios se parece a un hombre que echa simiente en la tierra. Él duerme de noche y se levanta de mañana; la semilla germina y va creciendo.

PRECES

El reino de los cielos es como una semilla que germina y crece sin que sepamos cómo. Para que Dios lleve a plenitud la gracia que hemos recibido en el bautismo, le pedimos:

℟ Señor, aumenta nuestra fe.

Que la celebración de este domingo nos haga más conscientes de nuestra pertenencia a la Iglesia y nos impulse a dar testimonio con nuestra vida de lo que creemos. ℟

Para que la Eucaristía que recibimos en la comunión transforme nuestra vida y nos haga capaces de hacer de ella una acción de gracias. ℟

Para que no despreciemos los medios pobres, sabedores de que Dios obra siempre más allá de lo que somos capaces de imaginar. ℟

Señor, concédenos buscar siempre en primer lugar el reino de Dios y no anteponer nada a él. ℟

Bendice a nuestras familias y hazlas crecer en tu amor. ℟

Intenciones libres

Padre nuestro…

ORACIÓN

Oh Dios, fuerza de los que en ti esperan, escucha nuestras súplicas y, pues el hombre es frágil y sin ti nada puede, concédenos la ayuda de tu gracia para guardar tus mandamientos y agradarte con nuestras acciones y deseos. Por nuestro Señor Jesucristo.

MISA

Undécimo domingo del tiempo ordinario

ANTÍFONA DE ENTRADA

Escúchame, Señor, que te llamo. Tú eres mi auxilio; no me deseches, no me abandones, Dios de mi salvación (Sal 26, 7. 9).

GLORIA ——— página 224

ORACIÓN COLECTA

Oh Dios, fuerza de los que en ti esperan,
escucha nuestras súplicas,
y pues el hombre es frágil y sin ti nada puede,
concédenos la ayuda de tu gracia
para guardar tus mandamientos
y agradarte con nuestras acciones y deseos.
Por nuestro Señor Jesucristo.

Lectura de la profecía de Ezequiel 17, 22-24

ASÍ DICE EL SEÑOR DIOS: - «Arrancaré una rama del alto cedro y la plantaré. De sus ramas más altas arrancaré una tierna y la plantaré en la cima de un monte elevado; la plantaré en la montaña más alta de Israel, para que eche brotes y dé fruto y se haga un cedro noble. Anidarán en él aves de toda pluma, anidarán al abrigo de sus ramas. Y todos los árboles silvestres sabrán que yo soy el Señor, que humilla los árboles altos y ensalza los árboles humildes, que seca los árboles lozanos y hace florecer los árboles secos. Yo, el Señor, lo he dicho y lo haré».
Palabra de Dios.

• SALMO 91 •

℟ **Es bueno darte gracias, Señor.**

Es bueno dar gracias al Señor
y tocar para tu nombre, oh Altísimo,
proclamar por la mañana tu misericordia
y de noche tu fidelidad. ℟

El justo crecerá como una palmera,
se alzará como un cedro del Líbano;
plantado en la casa del Señor,
crecerá en los atrios de nuestro Dios. ℟

En la vejez seguirá dando fruto
y estará lozano y frondoso,
para proclamar que el Señor es justo,
que en mi Roca no existe la maldad. ℟

Lectura de la segunda carta del apóstol san Pablo a los Corintios 5, 6-10

HERMANOS: Siempre tenemos confianza, aunque sabemos que, mientras sea el cuerpo nuestro domicilio, estamos

desterrados lejos del Señor. Caminamos sin verlo, guiados por la fe. Y es tal nuestra confianza, que preferimos desterrarnos del cuerpo y vivir junto al Señor.
Por lo cual, en destierro o en patria, nos esforzamos en agradarle. Porque todos tendremos que comparecer ante el tribunal de Cristo para recibir premio o castigo por lo que hayamos hecho mientras teníamos este cuerpo.
Palabra de Dios.

Aleluya. La semilla es la palabra de Dios, el sembrador es Cristo; quien lo encuentra vive para siempre.

UN MINUTO CON EL EVANGELIO

Marko I. Rupnik, SJ

● *Al ver a la multitud, sintió compasión de ella. Estar bajo su mirada quiere decir ser bañado de misericordia. Los testimonios que nos llegan del Evangelio, como, por ejemplo, el de san Pedro en el patio del sumo sacerdote, nos dicen que basta una sola mirada del Señor para sentirse lavados, perdonados y abrazados, para pasar de la muerte a la vida. El Señor, cuando nos mira, experimenta compasión, la cualidad maternal del amor divino: Dios se conmueve como la madre al ver a su hijo en dificultad. Al ser él mismo amor, no nos fuerza, no nos obliga a caminar por la senda correcta, sino que tiembla de amor por nosotros, y esta compasión suya se convierte para nosotros en motivo de nueva vida. Él quiere que en su misión los discípulos transmitan esta misma compasión. Nosotros, los cristianos, estamos en el mundo no para juzgarlo, sino para conmover a alguien con una mirada que destile compasión de Dios, la misma que nos ha acariciado a nosotros.* ●

Lectura del santo evangelio según san Marcos 4, 26-34

EN AQUEL TIEMPO, dijo Jesús a la gente: - «El reino de Dios se parece a un hombre que echa simiente en la tierra.

Él duerme de noche y se levanta de mañana; la semilla germina y va creciendo, sin que él sepa cómo. La tierra va produciendo la cosecha ella sola: primero los tallos, luego la espiga, después el grano. Cuando el grano está a punto, se mete la hoz, porque ha llegado la siega».
Dijo también: - «¿Con qué podemos comparar el reino de Dios? ¿Qué parábola usaremos? Con un grano de mostaza: al sembrarlo en la tierra es la semilla más pequeña, pero después brota, se hace más alta que las demás hortalizas y echa ramas tan grandes que los pájaros pueden cobijarse y anidar en ellas».
Con muchas parábolas parecidas les exponía la palabra, acomodándose a su entender. Todo se lo exponía con parábolas, pero a sus discípulos se lo explicaba todo en privado.
Palabra del Señor.

CREDO página 225

ORACIÓN SOBRE LAS OFRENDAS

Tú nos has dado, Señor,
por medio de estos dones que te presentamos,
el alimento del cuerpo
y el sacramento que renueva nuestro espíritu;
concédenos con bondad
que siempre gocemos del auxilio de estos dones.
Por Jesucristo nuestro Señor.

PREFACIO página 229

ANTÍFONA DE COMUNIÓN

Una cosa pido al Señor, eso buscaré: habitar en la casa del Señor por los días de mi vida (Sal 26, 4).

O bien:

Padre santo: guárdalos en tu nombre a los que me has dado, para que sean uno como nosotros -dice el Señor (Jn 17, 11).

ORACIÓN DESPUÉS DE LA COMUNIÓN

Que esta comunión en tus misterios, Señor,
expresión de nuestra unión contigo,

realice la unidad de tu Iglesia.
Por Jesucristo nuestro Señor.

D Í A T R A S D Í A

Poner en práctica la Palabra

Hemos comprendido que el mundo necesita una cura de... Evangelio, porque sólo la Buena Nueva puede devolverle esa vida que le falta. Por eso vivimos la Palabra de vida. La encarnamos en nosotros hasta llegar a ser esa Palabra viva.

Bastaría con una Palabra para santificarnos, para ser otro Jesús. A lo largo del tiempo vivimos muchas Palabras de la Sagrada Escritura, de modo que quedan como patrimonio indeleble de nuestra alma. Vivirla en el momento presente de nuestra vida es nuestro deber. Y todos la podemos vivir, desde cualquier vocación, sin que importe de qué vocación, edad, sexo o condición seamos, porque Jesús es Luz para todo hombre que viene a este mundo. Con este sencillo método reevangelizamos nuestras almas y, con ellas, el mundo. El que escucha la Palabra de Dios y la pone en práctica es como una casa sobre roca. Sólo los cristianos que ponen en práctica la Palabra de Dios sabrán obtener la victoria en tiempo de persecución. Podrán llegar vientos y tempestades, pero ellos no se tambalearán.

CHIARA LUBICH
Fundadora de la Obra de María (Movimiento de los Focolares) (1920-2008)

Oración de la tarde

Nuestro auxilio es el nombre del Señor,
que hizo el cielo y la tierra.

Gloria al Padre, y al Hijo, y al Espíritu Santo...

Himno

Comida celestial, pan cuyo gusto
es tan dulce, sabroso y tan suave,
que al bueno, humilde, santo, recto y justo,
a manjar celestial, como es, le sabe;
Justa condenación del hombre injusto
si come el pan de Dios se encierra y cabe;
el sumo Dios que en sí se da y oculta
diga el bien que de tanto bien resulta.

Pan de ángeles, Dios tan verdadero,
que, aunque se quiebra, se divide y parte,
está un inmenso Dios, trino y entero,
en cualquiera migaja y menor parte;
Agnus Dei, sincerísimo Cordero
que en pan al pecador gustas de darte;
pues eres todo Dios, el que es bastante,
de su deidad en sí cifrada cante.

Eres, pues, Dios, de tu deidad tan digno
que no hay justo ni santo entre los santos
que no se juzgue y tenga por indigno
de bocado que da regalos tantos;
eres Pan para el bueno tan benigno,
que de tribulaciones y de llantos
le produces y das gloriosos bienes,
y para con el malo los detienes.

Eres, pan celestial, lo figurado
de aquel maná sabroso del desierto;
Tú lo vivo y aquello lo pintado,
aquello la figura y tú lo cierto;
eres, pan, tan glorioso y endiosado
que a decir tus grandezas yo no acierto:
las angélicas lenguas lo prosigan,
que faltas quedarán aunque más digan. Amén.

SALMO 22

El Señor es mi pastor,
nada me falta:
en verdes praderas me hace recostar;

me conduce hacia fuentes tranquilas
y repara mis fuerzas;
me guía por el sendero justo,
por el honor de su nombre.

Aunque camine por cañadas oscuras,
nada temo, porque tú vas conmigo:
tu vara y tu cayado me sosiegan.

Preparas una mesa ante mí
enfrente de mis enemigos;
me unges la cabeza con perfume,
y mi copa rebosa.

Tu bondad y tu misericordia me acompañan
todos los días de mi vida,
y habitaré en la casa del Señor
por años sin término.

Gloria al Padre...

Palabra de Dios

1 Pedro 1, 3-5

BENDITO SEA DIOS, Padre de nuestro Señor Jesucristo, que en su gran misericordia, por la resurrección de Jesucristo de entre los muertos, nos ha hecho nacer de nuevo para una esperanza viva, para una herencia incorruptible, pura, imperecedera, que os está reservada en el cielo. La fuerza de Dios os custodia en la fe para la salvación que aguarda a manifestarse en el momento final.

Bendito eres, Señor, en la bóveda del cielo. Bendito...

CÁNTICO DE MARÍA (Texto contraportada A)

El reino de los cielos se parece a un grano de mostaza: al sembrarlo en la tierra, es la semilla más pequeña, pero después brota y se hace más alta que las demás hortalizas.

PRECES

Alegres por haber participado de la mesa del altar, oremos a Jesucristo, el Pan vivo que ha bajado del cielo:

℟ Tú eres la resurrección y la vida.

En la Última Cena nos dejaste el mandamiento de tu amor,
- que cada día seamos más fieles en su cumplimiento. ℟

Para saciar el hambre de más de cinco mil hombres multiplicaste los panes y los peces,
- ayúdanos a desprendernos de todo lo que nos sobra. ℟

Tus discípulos te reconocieron al partir el pan,
- que todos los que participamos de la Misa seamos testigos de tu amor en medio del mundo. ℟

Tu sangre ha sido derramada para la salvación de los hombres,
- no permitas que en el mundo haya sufrimientos inútiles. ℟

Quien come tu carne y bebe tu sangre tiene vida eterna,
- concédenos un día participar del banquete del reino. ℟

Intenciones libres

Padre nuestro…

ANTÍFONA MARIANA (Texto página 27)

[LUNES 18 DE JUNIO]

Oración de la mañana

Nuestro auxilio es el nombre del Señor,
que hizo el cielo y la tierra.

¡Gloria al Padre, y al Hijo, y al Espíritu Santo!
¡Gloria a la Santísima Trinidad!

HIMNO

Quiero que mi oración florida crezca
a la orilla, no al fondo, del abismo:
y que el sol que yo espero me amanezca
por las más altas cumbres de mí mismo.

Hombre y Dios, yo te canto por las solas
luces de mi sentido enajenado.

Tu serena verdad me la ha enseñado
el dulce bulto de las amapolas.

Yo andaré, si lo mandas, por las olas
si te tengo - Hombre y Dios - vivo, a mi lado.

Quiero que mi canción para Ti sea,
sin nube, ni temblor de arrobamiento,
la canción inefable de la Idea
en el arpa sin sol del Pensamiento.
Amén.

SALMO 95

Cantad al Señor un cántico nuevo,
cantad al Señor, toda la tierra;
cantad al Señor, bendecid su nombre,
proclamad día tras día su victoria.

Contad a los pueblos su gloria,
sus maravillas a todas las naciones:
porque es grande el Señor, y muy digno de alabanza,
más temible que todos los dioses.

Pues los dioses de los gentiles son apariencia,
mientras que el Señor ha hecho el cielo;
honor y majestad lo preceden,
fuerza y esplendor están en su templo.

Familias de los pueblos, aclamad al Señor,
aclamad la gloria y el poder del Señor,
aclamad la gloria del nombre del Señor,
entrad en sus atrios trayéndole ofrendas.

Postraos ante el Señor en el atrio sagrado,
tiemble en su presencia la tierra toda;
decid a los pueblos: «El Señor es rey,
él afianzó el orbe, y no se moverá;
él gobierna a los pueblos rectamente».

Alégrese el cielo, goce la tierra,
retumbe el mar y cuanto lo llena;
vitoreen los campos y cuanto hay en ellos,
aclamen los árboles del bosque,

delante del Señor, que ya llega,
ya llega a regir la tierra:
regirá el orbe con justicia
y los pueblos con fidelidad.

Gloria al Padre…

Palabra de Dios — Santiago 2, 12-13

HABLAD y actuad como quienes van a ser juzgados por una ley de libertad, porque el juicio será sin misericordia para el que no practicó la misericordia. La misericordia se ríe del juicio.

Bendito sea el Señor ahora y por siempre. Bendito...

CÁNTICO DE ZACARÍAS

(Texto contraportada B)

Bendito sea el Señor, Dios nuestro.

PRECES

Jesús es el Pan vivo que ha bajado del cielo. Sabemos que él nos sostiene en nuestro caminar diario, y por eso le decimos:

℟ Bendito seas, por siempre, Señor.

Bendito seas porque, siendo el alimento de vida eterna, te hiciste hombre como nosotros y quisiste pasar hambre y sed. ℟

Te damos gracias porque venciste las tentaciones del maligno enseñándonos que no sólo de pan vive el hombre, sino de toda Palabra que viene de Dios. ℟

Te alabamos porque multiplicaste los panes y los peces para saciar a la multitud hambrienta, y te partes cada día sobre el altar para poder acercarte a todos los hombres. ℟

Bendito seas, Señor, porque sostienes a tu Iglesia con el pan de la Eucaristía, y en ella encontramos fuerzas para serte fieles. ℟

Te alabamos porque la Eucaristía es escuela de caridad y nos impulsa a ayudar a los más necesitados. ℟

Intenciones libres

Padre nuestro...

ORACIÓN

Señor Dios, rey de cielos y tierra, dirige y santifica en este día nuestros cuerpos y nuestros corazones, nuestros sentidos, palabras y acciones, según tu ley y tus mandatos; para que, con tu auxilio, alcancemos la salvación ahora y por siempre. Por nuestro Señor Jesucristo.

MISA

Lunes de la 11ª semana del tiempo ordinario

ANTÍFONA DE ENTRADA

Escúchame, Señor, que te llamo. Tú eres mi auxilio; no me deseches, no me abandones, Dios de mi salvación (Sal 26, 7. 9).

ORACIÓN COLECTA

Oh Dios, fuerza de los que en ti esperan,
escucha nuestras súplicas,
y pues el hombre es frágil y sin ti nada puede,
concédenos la ayuda de tu gracia
para guardar tus mandamientos
y agradarte con nuestras acciones y deseos.
Por nuestro Señor Jesucristo.

Lectura del primer libro de los Reyes — 21, 1-16

POR AQUEL TIEMPO, Nabot, el de Yezrael, tenía una viña pegando al palacio de Ajab, rey de Samaria. Ajab le propuso:
- «Dame la viña para hacerme yo una huerta, porque está al lado, pegando a mi casa; yo te daré a cambio una viña mejor o, si prefieres, te pago en dinero».
Nabot respondió: - «¡Dios me libre de cederte la heredad de mis padres!»
Ajab marchó a casa malhumorado y enfurecido por la respuesta de Nabot, el de Yezrael, aquello de: «No te cederé la heredad de mis padres».
Se tumbó en la cama, volvió la cara y no quiso probar alimento.
Su esposa Jezabel se le acercó y le dijo: - «¿Por qué estás de mal humor y no quieres probar alimento?»

Él contestó: - «Es que hablé a Nabot, el de Yezrael, y le propuse: "Véndeme la viña o, si prefieres, te la cambio por otra". Y me dice: "No te doy mi viña"».
Entonces Jezabel dijo: - «¿Y eres tú el que manda en Israel? ¡Arriba! A comer, que te sentará bien. ¡Yo te daré la viña de Nabot, el de Yezrael!»
Escribió unas cartas en nombre de Ajab, las selló con el sello del rey y las envió a los ancianos y notables de la ciudad, paisanos de Nabot. Las cartas decían: «Proclamad un ayuno y sentad a Nabot en primera fila. Sentad en frente a dos canallas que declaren contra él: "Has maldecido a Dios y al rey". Lo sacáis afuera y lo apedreáis hasta que muera».
Los paisanos de Nabot, los ancianos y notables que vivían en la ciudad, hicieron tal como les decía Jezabel, según estaba escrito en las cartas que habían recibido. Proclamaron un ayuno y sentaron a Nabot en primera fila; llegaron dos canallas, se le sentaron enfrente y testificaron contra Nabot públicamente: - «Nabot ha maldecido a Dios y al rey».
Lo sacaron fuera de la ciudad y lo apedrearon hasta que murió. Entonces informaron a Jezabel: - «Nabot ha muerto apedreado».
En cuanto oyó Jezabel que Nabot había muerto apedreado, dijo a Ajab: - «Hala, toma posesión de la viña de Nabot, el de Yezrael, que no quiso vendértela. Nabot ya no vive, ha muerto».
En cuanto oyó Ajab que Nabot había muerto, se levantó y bajó a tomar posesión de la viña de Nabot, el de Yezrael.
Palabra de Dios.

• SALMO 5 •

℟ **Atiende a mis gemidos, Señor.**

Señor, escucha mis palabras,
atiende a mis gemidos,

haz caso de mis gritos de auxilio,
Rey mío y Dios mío. ℟

Tú no eres un Dios que ame la maldad,
ni el malvado es tu huésped,
ni el arrogante se mantiene en tu presencia. ℟

Detestas a los malhechores,
destruyes a los mentirosos;
al hombre sanguinario y traicionero
lo aborrece el Señor. ℟

Aleluya. **Lámpara es tu palabra para mis pasos, luz en mi sendero.**

● *«A quien te pide, dale». El Señor presenta una doctrina que resultará decisiva para todo aquel que quiera ser discípulo suyo. Todo lo fundamenta a partir del amor, amor que es capaz de cubrir con una mirada misericordiosa la miseria y la injusticia de los demás. Se trata de plantarse ante los adversarios con un rostro lleno de compasión y amor, porque él así lo hace.* ●

Lectura del santo evangelio según san Mateo

5, 38-42

En aquel tiempo, dijo Jesús a sus discípulos: - «Habéis oído que se dijo: "Ojo por ojo, diente por diente". Yo, en cambio, os digo: No hagáis frente al que os agravia. Al contrario, si uno te abofetea en la mejilla derecha, preséntale la otra; al que quiera ponerte pleito para quitarte la túnica, dale también la capa; a quien te requiera para caminar una milla, acompáñale dos; a quien te pide, dale, y al que te pide prestado, no lo rehúyas».
Palabra del Señor.

Oración sobre las ofrendas

Tú nos has dado, Señor,
por medio de estos dones que te presentamos,

el alimento del cuerpo
y el sacramento que renueva nuestro espíritu;
concédenos con bondad
que siempre gocemos del auxilio de estos dones.
Por Jesucristo nuestro Señor.

Antífona de comunión

Una cosa pido al Señor, eso buscaré: habitar en la casa del Señor por los días de mi vida (Sal 26, 4).

O bien:

Padre santo: guárdalos en tu nombre a los que me has dado, para que sean uno como nosotros -dice el Señor (Jn 17, 11).

Oración después de la comunión

Que esta comunión en tus misterios, Señor,
expresión de nuestra unión contigo,
realice la unidad de tu Iglesia.
Por Jesucristo nuestro Señor.

MEDITACIÓN

Yo os digo: «No hagáis frente al que os agravia»

La Ley dice: *Ojo por ojo, diente por diente*. Pero el Señor nos exhorta no sólo a recibir pacientemente el golpe del que nos abofetea, sino a presentarle humildemente la otra mejilla. Porque la finalidad de la Ley era enseñarnos a no hacer lo que no queremos que nos hagan. Nos priva, pues, de hacer el mal por miedo a lo que nos pueda ocurrir. Pero lo que se nos pide ahora es rechazar el odio, el placer, los honores y las demás tendencias nocivas.

A través de los santos mandamientos, Cristo nos enseña a purificar nuestras pasiones a fin de que éstas no nos hagan caer de nuevo en los mismos pecados. Nos muestra la causa que nos hace llegar al desprecio y a la transgresión de los preceptos de Dios, y nos proporciona el remedio para que podamos obedecer y ser salvados. ¿Cuál es, pues, el remedio y la causa de este desprecio? Escuchad lo que nos dice el mismo Señor: *Aprended de mí que soy manso y humilde de corazón, y encontraréis el descanso para vuestras almas*. He aquí que, de manera breve, con una sola frase, nos muestra la raíz y la causa de todos los males, junto con su remedio, fuente de todos los bienes. El que quiera encontrar el verdadero descanso para su alma que aprenda a ser humilde.

SAN DOROTEO DE GAZA

Abad y fundador de monasterio de Gaza.
Escritor palestino de obras ascéticas (siglos VI-VII)

Oración de la tarde

¡Bendito seas, Señor,
por tu Cuerpo y por tu Sangre!

Gloria al Padre, y al Hijo, y al Espíritu Santo...

HIMNO

¡Qué lejana veía tu casa,
mi dulce Maestro!
Qué difícil y abrupto el camino,
qué estrecho el sendero.
Y cuánta hojarasca
-remolinos locos de mis pensamientos-
llevaban mis pasos por otro camino
más fácil, ¡más lejos!

Pero yo sabía que en alguna parte
me esperabas siempre.
¡Ay Maestro bueno!

No puedo explicarme por qué esa paciencia
tuviste conmigo, ni cómo, ni cuando, ni qué
[fuerza hubo
que me colocara ante tu sendero.
Ante tu mirada sonriente y dulce.

¡Mi amado Maestro!
Deja que te diga lo que a todas horas
te he estado diciendo,
sin darme yo cuenta de que lo decía
con toda la fuerza de mis sentimientos.

Deja que repita lo que a cada instante
latía en mi alma,
lo que por minutos he estado viviendo.
Lo que, pese a todo, salía por encima
de las desviaciones de mis pensamientos.

Deja que lo diga, ¡que lo diga siempre!:
Jesús..., yo te quiero.

Gloria al Padre, y al Hijo, y al Espíritu Santo.
Amén.

SALMO 123

Si el Señor no hubiera estado de nuestra parte
-que lo diga Israel-,
si el Señor no hubiera estado de nuestra parte,
cuando nos asaltaban los hombres,
nos habrían tragado vivos:
tanto ardía su ira contra nosotros.

Nos habrían arrollado las aguas,
llegándonos el torrente hasta el cuello;
nos habrían llegado hasta el cuello
las aguas espumantes.

Bendito el Señor, que no nos entregó
en presa a sus dientes;
hemos salvado la vida, como un pájaro
de la trampa del cazador:
la trampa se rompió, y escapamos.

Nuestro auxilio es el nombre del Señor,
que hizo el cielo y la tierra.

Gloria al Padre…

Palabra de Dios — Santiago 4, 11-12

DEJAD de denigraros unos a otros, hermanos. Quien denigra a su hermano o juzga a su hermano denigra a la ley y juzga a la ley; y, si juzgas a la ley, ya no la estás cumpliendo, eres su juez. Uno solo es legislador y juez: el que puede salvar y destruir. ¿Quién eres tú para juzgar al prójimo?

Sáname, Señor, porque he pecado contra ti. Sáname…

CÁNTICO DE MARÍA — (Texto contraportada A)

Proclama mi alma la grandeza del Señor, porque Dios ha mirado mi humillación.

PRECES

Invoquemos a Dios para que nos ayude, y bendiga al mundo con sus dones:

℟ Te lo pedimos, Señor.

Por el Papa y los obispos,
- para que, movidos por la caridad pastoral, manifiesten la misericordia de Dios a todos los hombres. ℟

Por las personas que pasan dificultades económicas,
- para que no pierdan la confianza en la providencia divina ni les falte nuestra ayuda. ℟

Por los que ejercen influencia en el mundo,
- para que trabajen a favor de los derechos de todos los hombres y promuevan condiciones que faciliten vivir con justicia y en paz. ℟

Por los periodistas y todos los que trabajan en medios de comunicación,
- para que sus informaciones sean veraces y no dañen injustamente la imagen de nadie. ℟

Por los padres que han perdido algún hijo,
- para que esperen en ti, que eres la resurrección y la vida. ℟

Intenciones libres

Padre nuestro…

ANTÍFONA MARIANA (Texto página 27)

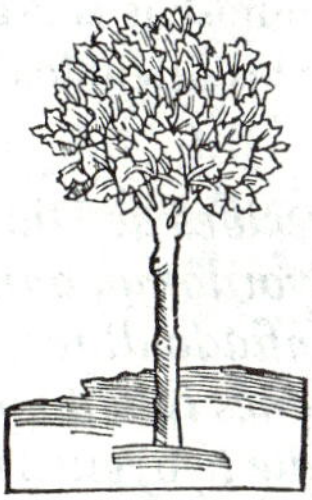

SANTOS
DE AYER Y DE HOY

Corazón de Jesús,
santuario de la justicia y del amor,
ten piedad de nosotros.

BEATO FELIPE PAPON
Presbítero (1744-1794)

Nació en Saint-Pourçain, región de Auvernia (Francia), en 1744. Ordenado sacerdote en el año 1768, se dedicó al ministerio parroquial en el pequeño pueblo de Contigny, del que también fue alcalde. Cuando llegó la Revolución Francesa le exigieron que jurara la Constitución civil del clero. Lo hizo, pero con restricciones, lo cual le causó serios problemas. Finalmente manifestó plena fidelidad a su fe y a la Iglesia, y se negó a prestar los juramentos que le pedían. Fue condenado a la deportación y lo recluyeron en un pontón anclado frente a la costa de Rochefort. Se había llevado consigo hostias consagradas, que fueron de gran consuelo para los detenidos. Cayó enfermo y murió en el año 1794.

Lo que recibes de Dios para administrarlo
como mayordomo, adminístralo útilmente.
¿Te ha sido confiado dinero? Adminístralo bien.
¿Tienes talento para atraer las almas
de los que te oyen? Hazlo diligentemente.
¿Puedes atraer por la fe a Cristo las almas
de los que te escuchan? Hazlo diligentemente.
Muchas son las puertas de una buena administración.

San Cirilo de Jerusalén

MARTES 19 DE JUNIO
San Romualdo

Oración de la mañana

Alabemos y demos gracias a la Santísima Trinidad.

Gloria al Padre, y al Hijo, y al Espíritu Santo,
al Dios que es, que era y que viene,
por los siglos de los siglos. Amén.

HIMNO

En el nombre de Dios de los amores,
canto la fe que llena el alma mía,
y la ofrendo en tributo de poesía,
que ha brotado en mis labios pecadores.

Ante la faz del mundo, sin temores,
como los hombres de mi raza un día
yo confieso, con firme valentía,
la fe que me legaron mis mayores;

Y como en ella vivo, en ella adoro
y en ella cifro mi esperanza suma,
mi escudo intacto y mi mayor tesoro.

Ante esta edad burlona y descreída
la confieso y la afirmo con mi pluma…
¡y si fuera preciso, con mi vida! Amén.

SALMO 66

El Señor tenga piedad y nos bendiga,
ilumine su rostro sobre nosotros:
conozca la tierra tus caminos,
todos los pueblos tu salvación.

Oh Dios, que te alaben los pueblos,
que todos los pueblos te alaben.

Que canten de alegría las naciones,
porque riges el mundo con justicia,
riges los pueblos con rectitud,
y gobiernas las naciones de la tierra.

Oh Dios, que te alaben los pueblos,
que todos los pueblos te alaben.

La tierra ha dado su fruto,
nos bendice el Señor, nuestro Dios.
Que Dios nos bendiga; que le teman
hasta los confines del orbe.

Gloria al Padre…

Palabra de Dios — 1 Juan 4, 14-15

NOSOTROS hemos visto y damos testimonio de que el Padre envió a su Hijo para ser Salvador del mundo. Quien confiese que Jesús es el Hijo de Dios, Dios permanece en él, y él en Dios.

Dios mío, peña mía, refugio mío, Dios mío. Dios mío…

CÁNTICO DE ZACARÍAS — (Texto contraportada B)

El Señor nos suscitó una fuerza de salvación, según lo había predicho por boca de sus profetas.

PRECES

El nuevo día renueva en nuestros corazones la esperanza y nos recuerda que Dios siempre cuida de nosotros. Por eso, le dirigimos nuestras oraciones diciendo:

℟ Ilumina nuestros pasos y escúchanos.

Protege a la Iglesia de las insidias de sus enemigos. ℟

Guía los pasos del Papa y del Obispo de nuestra diócesis. ℟

Protege a los niños y haz que no les falten padres que los quieran. ℟

Vela por los jóvenes para que no caigan en la tristeza ni sean vencidos por las tentaciones contra la pureza. ℟

Que los inmigrantes vean respetados sus derechos y nadie atente contra su dignidad. ℟

Te pedimos por nuestra nación, para que se mantenga unida y crezca el afecto entre todos sus habitantes. ℟

Que nuestro trabajo de este día te sea agradable y sepamos vencer el mal con abundancia de bien. ℟

Intenciones libres

Padre nuestro…

ORACIÓN

Dios todopoderoso, de quien dimana la bondad y hermosura de todo lo creado, haz que comencemos este día con ánimo alegre y que realicemos nuestras obras movidos por el amor a ti y a los hermanos. Por nuestro Señor Jesucristo.

MISA

Martes de la 11ª semana del tiempo ordinario

SAN ROMUALDO (SIGLOS X-XI) *Memoria libre*

● *Nació en Rávena, hacia la mitad del siglo X. Practicó la vida eremítica y, durante varios años, recorrió diversos lugares en busca de la soledad y fundando pequeños monasterios. Luchó denodadamente contra la relajación de costumbres de los monjes de su tiempo, mientras se esforzaba en adquirir la propia perfección. Murió hacia el año 1027.* ●

ANTÍFONA DE ENTRADA

El Señor es el lote de mi heredad y mi copa, mi suerte está en tu mano: me ha tocado un lote hermoso, me encanta mi heredad (Sal 15, 5-6).

ORACIÓN COLECTA

Oh Dios, que has renovado en tu Iglesia la vida eremítica
por medio del abad san Romualdo,
haz que, negándonos a nosotros mismos
para seguir a Cristo,
merezcamos llegar felizmente al reino de los cielos.
Por nuestro Señor Jesucristo.

Lectura del primer libro de los Reyes 21, 17-29

DESPUÉS de la muerte de Nabot, el Señor dirigió la palabra a Elías, el tesbita: - «Anda, baja al encuentro de Ajab, rey de Israel, que vive en Samaria. Mira, está en la viña de Nabot, adonde ha bajado para tomar posesión. Dile: "Así dice el Señor: ¿has asesinado, y encima robas?" Por eso, así dice el Señor: "En el mismo sitio donde los perros han lamido la sangre de Nabot, a ti también los perros te lamerán la sangre"».

Ajab dijo a Elías: - «¿Conque me has sorprendido, enemigo mío?» Y Elías repuso: - «¡Te he sorprendido! Por haberte vendido, haciendo lo que el Señor reprueba, aquí estoy para castigarte; te dejaré sin descendencia, te exterminaré todo israelita varón, esclavo o libre. Haré con tu casa como con la de Jeroboán, hijo de Nabat, y la de Basá, hijo de Ajías, porque me has irritado y has hecho pecar a Israel. También ha hablado el Señor contra Jezabel: "Los perros la devorarán en el campo de Yezrael". A los de Ajab que mueran en poblado los devorarán los perros, y a los que mueran en descampado los devorarán las aves del cielo».

Y es que no hubo otro que se vendiera como Ajab para hacer lo que el Señor reprueba, empujado por su mujer

Jezabel. Procedió de manera abominable, siguiendo a los ídolos, igual que hacían los amorreos, a quienes el Señor había expulsado ante los israelitas.
En cuanto Ajab oyó aquellas palabras, se rasgó las vestiduras, se vistió un sayal y ayunó; se acostaba con el sayal puesto y andaba taciturno.
El Señor dirigió la palabra a Elías, el tesbita: - «¿Has visto cómo se ha humillado Ajab ante mí? Por haberse humillado ante mí, no lo castigaré mientras viva; castigaré a su familia en tiempo de su hijo».
Palabra de Dios.

• SALMO 50 •

℟ Misericordia, Señor: hemos pecado.

Misericordia, Dios mío, por tu bondad,
por tu inmensa compasión borra mi culpa;
lava del todo mi delito,
limpia mi pecado. ℟

Pues yo reconozco mi culpa,
tengo siempre presente mi pecado:
contra ti, contra ti solo pequé,
cometí la maldad que aborreces. ℟

Aparta de mi pecado tu vista,
borra en mí toda culpa.
Líbrame de la sangre, oh Dios,
Dios, Salvador mío,
y cantará mi lengua tu justicia. ℟

Aleluya. Os doy un mandamiento nuevo -dice el Señor-: que os améis unos a otros, como yo os he amado.

● *«ASÍ SERÉIS HIJOS DE VUESTRO PADRE QUE ESTÁ EN EL CIELO». Las nuevas normas que presenta Jesús tienen como fundamento último el amor misericordioso del Padre, quien se preocupa por todos no porque tenga el deber de hacerlo, sino porque ama a justos e injustos. No es que se ame a los injustos por ser injustos, sino por ser criaturas e hijos suyos: sólo el amor que él ofrece hace presente esta verdad fundamental.* ●

Lectura del santo evangelio según san Mateo 5, 43-48

EN AQUEL TIEMPO, dijo Jesús a sus discípulos: - «Habéis oído que se dijo: "Amarás a tu prójimo y aborrecerás a tu enemigo". Yo, en cambio, os digo: Amad a vuestros enemigos, y rezad por los que os persiguen. Así seréis hijos de vuestro Padre que está en el cielo, que hace salir su sol sobre malos y buenos, y manda la lluvia a justos e injustos. Porque, si amáis a los que os aman, ¿qué premio tendréis? ¿No hacen lo mismo también los publicanos? Y si saludáis sólo a vuestros hermanos, ¿qué hacéis de extraordinario? ¿No hacen lo mismo también los gentiles? Por tanto, sed perfectos, como vuestro Padre celestial es perfecto».
Palabra del Señor.

ORACIÓN SOBRE LAS OFRENDAS

Dios de bondad,
que en san Romualdo has querido destruir el hombre viejo
y crear en él un hombre nuevo, a tu imagen,
concédenos, por sus méritos,
ser renovados por ti, como él lo fue,
para que podamos ofrecerte
un sacrificio que te sea agradable.
Por Jesucristo nuestro Señor.

ANTÍFONA DE COMUNIÓN

Creedme, los que lo habéis dejado todo y me habéis seguido recibiréis cien veces más y heredaréis la vida eterna (cf. Mt 19, 27. 28. 29).

ORACIÓN DESPUÉS DE LA COMUNIÓN

Te rogamos, Señor,
que nosotros tus siervos,

fortalecidos por este sacramento,
aprendamos a buscarte sobre todas las cosas
a ejemplo de san Romualdo,
y a ser nosotros,
mientras vivamos en el mundo,
imagen del hombre nuevo.
Por Jesucristo nuestro Señor.

MEDITACIÓN

Sed perfectos como mi Padre celestial es perfecto

En esto reconocemos que estamos en Dios: si en él somos perfectos. Aquí Juan quiere decir: perfectos en el amor. ¿Cuál es la perfección del amor? Amar a nuestros enemigos y amarlos hasta tal punto que lleguen a ser nuestros hermanos. En efecto, nuestro amor no debe ser un amor según la carne. Ama, pues, a tus enemigos deseando que sean tus hermanos; ama a tus enemigos de manera que se sientan llamados a vivir en comunión contigo.

Así amó aquel que, colgado de la cruz, decía: *Padre, perdónalos porque no saben lo que hacen*. A través de una oración cargada de misericordia y de un gran poder, quería arrancarlos de la muerte eterna. Por otra parte, muchos de ellos creyeron y fueron perdonados por haber hecho derramar la sangre de Cristo. Se la hicieron derramar encarnizándose contra él; al creer, la bebieron. *En esto reconocemos que estamos en él: si en él somos perfectos*. El Señor nos invita a esta perfección de amor hacia los enemigos cuando dice: *Sed perfectos como vuestro Padre celestial es perfecto*.

SAN AGUSTÍN
Oriundo de Tagaste (en la actual Argelia), fue obispo de Hipona. Es uno de los cuatro grandes padres de la Iglesia latina. Es doctor de la Iglesia (354-430)

Oración de la tarde

Nuestro auxilio es el nombre del Señor,
que hizo el cielo y la tierra.

Gloria al Padre, y al Hijo, y al Espíritu Santo…

HIMNO

Lo nuestro es muy simple:
tan sólo mirarnos.
Otros te hablan, rezan,
te entonan sus cantos.
Tú y yo en silencio.
Lo nuestro es mirarnos.

En mis pobres ojos
tus vívidos rayos,
invasión de luces, tenso fogonazo.
Quietud y silencio.
Lo nuestro es mirarnos.

Mirada que abraza
sin mover los brazos.
Mirada que es beso
sin rozar los labios.
Y todo el espíritu
de azul inundado.

Sólo eso tan simple:
lo nuestro. Mirarnos.

Gloria al Padre, gloria al Hijo, gloria al Espíritu Santo. Amén.

CÁNTICO — Apocalipsis 4, 11; 5, 9. 10. 12

Eres digno, Señor, Dios nuestro,
de recibir la gloria, el honor y el poder,

porque tú has creado el universo;
porque por tu voluntad lo que no existía fue creado.

Eres digno de tomar el libro y abrir sus sellos,
porque fuiste degollado
y con tu sangre compraste para Dios
hombres de toda raza, lengua, pueblo y nación;
y has hecho de ellos para nuestro Dios
un reino de sacerdotes,
y reinan sobre la tierra.

Digno es el Cordero degollado
de recibir el poder, la riqueza, la sabiduría,
la fuerza, el honor, la gloria y la alabanza.

Gloria al Padre…

Palabra de Dios

Romanos 12, 9-12

QUE VUESTRA CARIDAD no sea una farsa; aborreced lo malo y apegaos a lo bueno. Como buenos hermanos, sed cariñosos unos con otros, estimando a los demás más que a uno mismo. En la actividad, no seáis descuidados; en el espíritu, manteneos ardientes. Servid constantemente al Señor. Que la esperanza os tenga alegres; estad firmes en la tribulación, sed asiduos en la oración.

Tu palabra, Señor, es eterna,
más estable que el cielo. Tu palabra…

CÁNTICO DE MARÍA

(Texto contraportada A)

Se alegra mi espíritu en Dios, mi Salvador.

PRECES

La misericordia del Padre ha perdonado nuestros pecados y nos ha dado la gracia de su Espíritu. Invoquemos a

Dios para que nos ayude a dar testimonio de todo lo que de él hemos recibido:

℟ Venga a nosotros tu reino.

Por el pueblo de Dios,
- para que, fiel a la pobreza evangélica, no persiga las riquezas de este mundo, sino la abundancia de la gracia divina. ℟

Por los cristianos,
- para que, superando la tentación del egoísmo y del bienestar individual, nos acordemos de los hombres que viven en la indigencia y en el sufrimiento. ℟

Por los que gobiernan las naciones,
- para que la búsqueda del bien común ayude a vencer las divisiones que aún existen entre los pueblos. ℟

Por los que sufren a causa de su fe,
- para que, siguiendo el ejemplo de las primeras comunidades, sepan amar y perdonar a quienes los persiguen. ℟

Por los que han muerto,
- para que, llevados sobre los hombros del buen Pastor, puedan entrar en el gozo de la vida eterna. ℟

Intenciones libres

Padre nuestro…

ANTÍFONA MARIANA (Texto página 27)

SANTOS
DE AYER Y DE HOY

Corazón de Jesús,
lleno de bondad y de amor,
ten piedad de nosotros.

SANTA JULIANA FALCONIERI
Fundadora (1270-1341)

Nació en Florencia en el año 1270, en el seno de una familia noble y rica. Era sobrina de san Alejo, uno de los siete fundadores de la Orden de los Siervos de María. Dios le otorgó abundantes dones naturales y sobrenaturales. De joven, impactada por las palabras de su tío Alejo, rehusó contraer matrimonio y decidió consagrar su vida a Dios. Junto con algunas compañeras vistió el hábito de las «mantelatas» o terciarias servitas. Después permaneció en su casa llevando una intensa vida de oración y penitencia. Más tarde las terciarias se organizaron en una vida común, adoptando una regla inspirada en el carisma de los servitas. Ella fue la superiora de la comunidad y, como tal, la fundadora de las Hermanas de la Orden de los Siervos de María, reconocida en 1424. Murió en Florencia el año 1341.

Así como en todo tiempo debemos vivir con piedad,
así también en todo tiempo debemos llevar
nuestra cruz. Cada uno la tiene en proporción
a sus fuerzas, y por el nombre de persecución
se entiende toda especie de trabajos.

San León Magno

MIÉRCOLES 20 DE JUNIO

Oración de la mañana

Venid, adoremos al Señor, él es la roca que nos salva.

Gloria al Padre, y al Hijo, y al Espíritu Santo...

HIMNO

El blando barro toma el alfarero
en sus manos, el barro de la tierra.
La exacta imagen que en su mente encierra
existencia tendrá, al fin postrero.

Maleable en los dedos del obrero,
no sabe resistirle, hacerle guerra.
A los ritmos del torno no se cierra,
se abre, dócil, al ideal primero.

Toma mi voluntad, Rey Soberano,
Alfarero divino, ten mi barro.
De tus dedos de artista, de tu mano,
vaso humilde saldrá, bien bello jarro.
Dúctil yo, no será el trabajo vano.
¡Oh, mi timbre de honor ser tu cacharro! Amén.

SALMO 97

Cantad al Señor un cántico nuevo,
porque ha hecho maravillas:
su diestra le ha dado la victoria,
su santo brazo.

El Señor da a conocer su victoria
revela a las naciones su justicia:
se acordó de su misericordia y su fidelidad
en favor de la casa de Israel.

Los confines de la tierra han contemplado
la victoria de nuestro Dios.
Aclama al Señor, tierra entera,
gritad, vitoread, tocad:

tañed la cítara para el Señor,
suenen los instrumentos:
con clarines y al son de trompetas,
aclamad al Rey y Señor.

Retumbe el mar y cuanto contiene,
la tierra y cuantos la habitan;
aplaudan los ríos, aclamen los montes
al Señor, que llega para regir la tierra.

Regirá el orbe con justicia
y los pueblos con rectitud.

Gloria al Padre…

Palabra de Dios — Job 1, 21; 2, 10b

DESNUDO SALÍ del vientre de mi madre, y desnudo volveré a él. El Señor me lo dio, el Señor me lo quitó, bendito sea el nombre del Señor. Si aceptamos de Dios los bienes, ¿no vamos a aceptar los males?

Inclina, Señor, mi corazón a tus preceptos. Inclina…

CÁNTICO DE ZACARÍAS — (Texto contraportada B)

Ten misericordia de nosotros, Señor, y recuerda tu santa alianza.

PRECES

En la mañana de este día, demos gracias a Dios por el don de la Iglesia y la fidelidad de los pastores.

℟ ¡Que tu nombre sea bendecido por los siglos!

Bendito seas, Señor, por la Iglesia universal y por nuestra diócesis de N.,
- te pedimos por el papa N. y por nuestro obispo N. ℟

Haz que, como los primeros cristianos, seamos asiduos a la fracción del pan,
- que no olvidemos las necesidades de nuestros hermanos en la fe y sepamos compartir nuestros bienes materiales. ℟

Te damos gracias, Señor, porque gracias a la labor de los misioneros crece tu Iglesia en el mundo,
- enséñanos a sentir con tu corazón para que seamos fieles colaboradores de tu Evangelio. ℟

Te alabamos por todas las personas que trabajan al servicio de la Iglesia en nuestra diócesis,
- que no desfallezcan ante las dificultades ni se sientan solas en sus tareas. ℟

Intenciones libres

Padre nuestro…

ORACIÓN

Señor, infunde en nuestras almas la claridad de tu luz, y, pues con tu sabiduría nos has creado y con tu providencia nos gobiernas, haz que nuestro vivir y nuestro obrar estén del todo consagrados a ti. Por nuestro Señor Jesucristo.

MISA

Miércoles de la 11ª semana del tiempo ordinario

ANTÍFONA DE ENTRADA

Escúchame, Señor, que te llamo. Tú eres mi auxilio; no me deseches, no me abandones, Dios de mi salvación (Sal 26, 7. 9).

ORACIÓN COLECTA

Oh Dios, fuerza de los que en ti esperan,
escucha nuestras súplicas,

y pues el hombre es frágil y sin ti nada puede,
concédenos la ayuda de tu gracia
para guardar tus mandamientos
y agradarte con nuestras acciones y deseos.
Por nuestro Señor Jesucristo.

Lectura del segundo libro de los Reyes 2, 1. 6-14

CUANDO EL SEÑOR iba a arrebatar a Elías al cielo en el torbellino, Elías y Eliseo se marcharon de Guilgal.
Llegaron a Jericó, y Elías dijo a Eliseo: - «Quédate aquí, porque el Señor me envía solo hasta el Jordán».
Eliseo respondió: - «¡Vive Dios! Por tu vida, no te dejaré».
Y los dos siguieron caminando.
También marcharon cincuenta hombres de la comunidad de profetas y se pararon frente a ellos, a cierta distancia.
Los dos se detuvieron junto al Jordán; Elías cogió su manto, lo enrolló, golpeó el agua, y el agua se dividió por medio, y así pasaron ambos a pie enjuto.
Mientras pasaban el río, dijo Elías a Eliseo: - «Pídeme lo que quieras antes de que me aparten de tu lado».
Eliseo pidió: - «Déjame en herencia dos tercios de tu espíritu».
Elías comentó: - «¡No pides nada! Si logras verme cuando me aparten de tu lado, lo tendrás; si no me ves, no lo tendrás».
Mientras ellos seguían conversando por el camino, los separó un carro de fuego con caballos de fuego, y Elías subió al cielo en el torbellino.
Eliseo lo miraba y gritaba: - «¡Padre mío, padre mío, carro y auriga de Israel!»
Y ya no lo vio más.
Entonces agarró su túnica y la rasgó en dos; luego recogió el manto que se le había caído a Elías, se volvió y se detuvo a la orilla del Jordán; y agarrando el manto de

Elías, golpeó el agua diciendo: - «¿Dónde está el Dios de Elías, dónde?»
Golpeó el agua, el agua se dividió por medio, y Eliseo cruzó.
Palabra de Dios.

• SALMO 30 •

℟ **Sed fuertes y valientes de corazón,**
los que esperáis en el Señor.

Qué bondad tan grande, Señor,
reservas para tus fieles,
y concedes a los que a ti se acogen
a la vista de todos. ℟

En el asilo de tu presencia los escondes
de las conjuras humanas;
los ocultas de tu tabernáculo,
frente a las lenguas pendencieras. ℟

Amad al Señor, fieles suyos;
el Señor guarda a sus leales,
y a los soberbios les paga con creces. ℟

Aleluya. El que me ama guardará mi palabra -dice el Señor-, y mi Padre lo amará, y vendremos a él.

● *«CUIDAD DE NO PRACTICAR VUESTRA JUSTICIA DELANTE DE LOS HOMBRES PARA SER VISTOS». Lo más importante de la vida piadosa es agradar al Padre del cielo. De nada sirven las acciones que edifican la bondad y justicia de la persona si en última instancia no glorifican a Dios. Por esta razón el Señor pone en guardia a sus discípulos, invitándolos a que continuamente rectifiquen la intención de su piedad.* ●

Lectura del santo evangelio según san Mateo 6, 1-6. 16-18

EN AQUEL TIEMPO, dijo Jesús a sus discípulos: - «Cuidad de no practicar vuestra justicia delante de los hombres para ser vistos por ellos; de lo contrario, no tendréis recompensa de vuestro Padre celestial. Por tanto, cuando hagas limosna, no vayas tocando la trompeta por delante, como hacen los hipócritas en las sinagogas y por las calles, con el fin de ser honrados por los hombres; os aseguro que ya han recibido su paga.

Tú, en cambio, cuando hagas limosna, que no sepa tu mano izquierda lo que hace tu derecha; así tu limosna quedará en secreto, y tu Padre, que ve en lo secreto, te lo pagará.

Cuando recéis, no seáis como los hipócritas, a quienes les gusta rezar de pie en las sinagogas y en las esquinas de las plazas, para que los vea la gente. Os aseguro que ya han recibido su paga.

Tú, cuando vayas a rezar, entra en tu aposento, cierra la puerta y reza a tu Padre, que está en lo escondido, y tu Padre, que ve en lo escondido, te lo pagará.

Cuando ayunéis, no andéis cabizbajos, como los hipócritas que desfiguran su cara para hacer ver a la gente que ayunan. Os aseguro que ya han recibido su paga.

Tú, en cambio, cuando ayunes, perfúmate la cabeza y lávate la cara, para que tu ayuno lo note, no la gente, sino tu Padre, que está en lo escondido; y tu Padre, que ve en lo escondido, te recompensará».

Palabra del Señor.

ORACIÓN SOBRE LAS OFRENDAS

Tú nos has dado, Señor,
por medio de estos dones que te presentamos,
el alimento del cuerpo
y el sacramento que renueva nuestro espíritu;

concédenos con bondad
que siempre gocemos del auxilio de estos dones.
Por Jesucristo nuestro Señor.

ANTÍFONA DE COMUNIÓN

Una cosa pido al Señor, eso buscaré: habitar en la casa del Señor por los días de mi vida (Sal 26, 4).

O bien:

Padre santo: guárdalos en tu nombre a los que me has dado, para que sean uno como nosotros -dice el Señor (Jn 17, 11).

ORACIÓN DESPUÉS DE LA COMUNIÓN

Que esta comunión en tus misterios, Señor,
expresión de nuestra unión contigo,
realice la unidad de tu Iglesia.
Por Jesucristo nuestro Señor.

MEDITACIÓN

Os aseguro que ya han recibido su paga

Cuidad de no practicar vuestra justicia delante de los hombres. ¿Por qué? Para no *ser vistos delante de ellos.* Si ellos os ven, ¿qué será de vosotros? *No tendréis la recompensa de vuestro Padre celestial.* Hermanos, aquí el Señor no juzga, sino solamente expone. Da luz sobre la astucia de nuestros pensamientos; pone al desnudo las disposiciones secretas de las almas. A los que meditan injustamente sobre la justicia, les indica la medida de una justa retribución. La justicia que se coloca ante la vista de los hombres no puede esperar el salario divino del Padre. Ha querido ser vista, ha sido vista; ha querido complacer a los hombres y lo ha hecho; tiene el salario que ha querido, por lo que no tendrá la recompensa que no ha querido tener.

Cuando hagas limosna, no vayas tocando la trompeta por delante, como hacen los hipócritas. Tocar la trompeta es la palabra justa, porque una limosna de esta clase es un acto más guerrero que pacífico. Pasa toda entera a través del sonido, nada tiene que ver con la misericordia. Viene del país de la desunión, no ha sido alimentada por la bondad. Es un tráfico para la exhibición, no un comercio casto. Huyamos de la hipocresía. No alivia al pobre; para ella, el gemido del indigente es un pretexto para buscar con más ahínco una gloria espectacular. Hincha su alabanza con el sufrimiento del pobre.

SAN PEDRO CRISÓLOGO

Obispo de Rávena; con su vida santa y la elocuencia de su palabra ganó numerosas conversiones (Ca. 380-Ca. 450)

Oración de la tarde

Nuestro auxilio es el nombre del Señor,
que hizo el cielo y la tierra.

Gloria al Padre, y al Hijo, y al Espíritu Santo...

HIMNO

Al ver que muere la penumbra de oro
entre pálidos velos de zafir,
corto aprisa las redes de la vida
y buscando consuelo vengo a Ti.

Me fatiga el dolor de las criaturas,
me atormenta su honda incomprensión,
sus afanes por míseros placeres;
y Tú esperando sin quejarte... ¡Amor!

Cuando a solas me encuentro en el Santuario
donde a los que amas les esperas Tú,
descanso en Ti mi carga de ansiedades...
y en blancas rosas se tornó mi cruz.

No vibra el alma si no está contigo;
es penoso arrancarse a tu festín;
a tu lado las horas son tan breves
que siglos pasaría sin sentir.

Gloria al Padre, y al Hijo, y al Espíritu Santo.
Amén.

Salmo 102 (I)

Bendice, alma mía, al Señor,
y todo mi ser a su santo nombre.
Bendice, alma mía, al Señor,
y no olvides sus beneficios.

Él perdona todas tus culpas,
y cura todas tus enfermedades;
él rescata tu vida de la fosa
y te colma de gracia y de ternura;
él sacia de bienes tus anhelos,
y como un águila se renueva tu juventud.

El Señor hace justicia
y defiende a todos los oprimidos;
enseñó sus caminos a Moisés
y sus hazañas a los hijos de Israel.

Gloria al Padre…

Palabra de Dios — Efesios 3, 20-21

A Dios, que puede hacer mucho más sin comparación de lo que pedimos o concebimos, con ese poder que actúa entre nosotros, a él la gloria de la Iglesia y de Cristo Jesús por todas las generaciones, por los siglos de los siglos. Amén.

Sálvame, Señor, y ten misericordia de mí. Sálvame…

CÁNTICO DE MARÍA

(Texto contraportada A)

El Poderoso ha hecho obras grandes por mí: su nombre es santo.

PRECES

Con confianza filial acerquémonos a Dios, que nos ama como Padre:

℟ En ti, Señor, ponemos nuestra esperanza.

Has creado un mundo bueno,
- ayúdanos a descubrir tus huellas en todo lo que nos rodea. ℟

Con un amor especial cuidas de los hombres,
- enséñanos a tratar con bondad a nuestros familiares, compañeros de trabajo, amigos y vecinos. ℟

En nuestro corazón has puesto un deseo de felicidad,
- socorre a los que en su desesperanza han caído en la droga, el alcohol, la ludopatía, la prostitución o la desidia. ℟

Con generosidad has distribuido tus dones entre todos los hombres,
- que sepamos poner al servicio de los demás todo lo que hemos recibido de ti. ℟

Cuando la muerte nos amenazaba, tu Hijo la venció con su resurrección,
- haz que nazcan a la vida eterna los que han cerrado sus ojos a este mundo. ℟

Intenciones libres

Padre nuestro…

ANTÍFONA MARIANA

(Texto página 27)

SANTOS
DE AYER Y DE HOY

Corazón de Jesús,
abismo de todas las virtudes,
ten piedad de nosotros.

SAN JUAN ,DE MATERA
Fundador (1070-1139)

Pertenece al grupo de los santos reformadores del monacato del siglo XII en la Italia meridional. Nació en Matera, Basilicata, al sur de Italia, en el año 1070. Procedía de una familia noble y rica. De joven se trasladó a Taranto y estuvo con los monjes basilianos de la isla de San Pedro. Peregrinó por Calabria y por Sicilia llevando una vida de penitencia y renuncia. En Ginosa se dio a conocer como buen predicador. Decidió peregrinar a Palestina, pero al llegar a Bari comprendió que su misión tenía que desplegarse allí. Después de un período dedicado a la predicación, se estableció cerca de Pulsano, donde fundó una comunidad que seguía un estilo de vida muy austero y que pronto reunió cincuenta monjes. Después fundó el monasterio de Santiago, en Foggia, y otros monasterios más, masculinos y femeninos, por la región del monte Gargano (Apulia). Así se formó la Congregación de Pulsano que seguía la Regla de san Benito. Murió en Foggia el 20 de junio de 1139.

Permitidme que vaya a ser pasto de las fieras
y a volar por ellas a Dios: dejad que me despedacen
entre sus dientes las fieras, como trigo de Dios,
para ser pan puro de Jesucristo.

San Ignacio de Antioquía

JUEVES 21 DE JUNIO

San Luis Gonzaga

Oración de la mañana

Venid, adoremos al Señor en esta celebración de san Luis Gonzaga.

Gloria al Padre, y al Hijo, y al Espíritu Santo...

HIMNO

Dichosos los que oísteis la llamada
al pleno seguimiento del Maestro,
dichosos cuando puso su mirada
y os quiso para amigo y compañero.

Dichosos si abrazasteis la pobreza
para llenar de Dios vuestras alforjas,
para servirle a él con fortaleza,
con gozo y con amor a todas horas.

Dichosos mensajeros de verdades,
marchando por caminos de la tierra,
predicando bondad contra maldades,
pregonando la paz contra las guerras.

Dichosos, del perdón dispensadores,
dichosos, de los tristes el consuelo,
dichosos, de los hombres servidores,
dichosos, herederos de los cielos. Amén.

SALMO 98

El Señor reina, tiemblen las naciones,
sentado sobre querubines, vacile la tierra.

El Señor es grande en Sión,
encumbrado sobre todos los pueblos.

Reconozcan tu nombre, grande y terrible:
Él es santo.

Reinas con poder y amas la justicia,
tú has establecido la rectitud;
tú administras la justicia y el derecho,
tú actúas en Jacob.

Ensalzad al Señor, Dios nuestro,
postraos ante el estrado de sus pies:
Él es santo.

Moisés y Aarón con sus sacerdotes,
Samuel con los que invocan su nombre,
invocaban al Señor, y él respondía.
Dios les hablaba desde la columna de nube;
oyeron sus mandatos y la ley que les dio.

Señor, Dios nuestro, tú les respondías,
tú eras para ellos un Dios de perdón,
y un Dios vengador de sus maldades.

Ensalzad al Señor, Dios nuestro,
postraos ante su monte santo:
Santo es el Señor, nuestro Dios.

Gloria al Padre…

Palabra de Dios — Romanos 12, 1-2

OS EXHORTO, hermanos, por la misericordia de Dios, a presentar vuestros cuerpos como hostia viva, santa, agradable a Dios; éste es vuestro culto razonable. Y no os ajustéis a este mundo, sino transformaos por la renovación de la mente, para que sepáis discernir lo que es voluntad de Dios, lo bueno, lo que le agrada, lo perfecto.

Lleva en el corazón la ley de su Dios
y sus pasos no vacilan. Lleva…

CÁNTICO DE ZACARÍAS

(Texto contraportada B)

Sirvamos al Señor con santidad, y nos librará de nuestros enemigos.

PRECES

Oremos a Dios Padre, que trazó desde antiguo un plan de salvación para su pueblo, y digámosle:

℟ Guarda a tu pueblo, Señor.

Oh Dios, que prometiste a tu pueblo un Redentor que hiciera justicia,
- vela por la santidad de tu Iglesia. ℟

Inclina, oh Dios, el corazón de los hombres a tu palabra,
- y afianza la santidad de tus fieles. ℟

Por tu espíritu, consérvanos en el amor,
- para que la Iglesia sea una señal de esperanza para todos los hombres. ℟

Haz que nos mantengamos firmes a lo largo de este día y durante toda nuestra vida,
- que nuestro trabajo y nuestro descanso sea para mayor gloria de tu nombre. ℟

Te pedimos por los jóvenes, para que, por intercesión de san Luis Gonzaga, caminen con limpieza de corazón,
- y así puedan responder con generosidad a todo lo que tú les pidas. ℟

Intenciones libres

Padre nuestro...

ORACIÓN

Señor Dios, dispensador de los dones celestiales, que has querido juntar en san Luis Gonzaga una admirable inocencia de vida y un austero espíritu de penitencia, concédenos, por su intercesión, que, si hemos sabido imitarle en su vida inocente, sigamos fielmente sus ejemplos en la penitencia. Por nuestro Señor Jesucristo.

MISA

Jueves de la 11ª semana del tiempo ordinario

SAN LUIS GONZAGA (1568-1591) *Memoria*

● *Nació en el año 1568 cerca de Mantua, en Lombardía, hijo de los príncipes de Castiglione. Su madre lo educó cristianamente, y muy pronto dio indicios de su inclinación a la vida religiosa. Renunció en favor de su hermano al título de príncipe, que le correspondía por derecho de primogenitura, e ingresó en la Compañía de Jesús, en Roma. Cuidando enfermos en los hospitales, contrajo él mismo una enfermedad que lo llevó al sepulcro en 1591.* ●

ANTÍFONA DE ENTRADA

El hombre de manos inocentes y puro corazón puede subir al monte del Señor y estar en el recinto sacro (cf. Sal 23, 4. 3).

ORACIÓN COLECTA

Señor Dios, dispensador de los dones celestiales,
que has querido juntar en san Luis Gonzaga
una admirable inocencia de vida
y un austero espíritu de penitencia,
concédenos, por su intercesión,
que si no hemos sabido imitarle en su vida inocente
sigamos fielmente sus ejemplos en la penitencia.
Por nuestro Señor Jesucristo.

Lectura del libro del Eclesiástico 48, 1-15

SURGIÓ ELÍAS, un profeta como un fuego, cuyas palabras eran horno encendido. Les quitó el sustento del pan, con su celo los diezmó; con el oráculo divino sujetó el cielo e hizo bajar tres veces el fuego.

¡Qué terrible eras, Elías!; ¿quién se te compara en gloria? Tú resucitaste un muerto, sacándolo del abismo por voluntad del Señor; hiciste bajar reyes a la tumba y nobles desde sus lechos; ungiste reyes vengadores y nombraste un profeta como sucesor.
Escuchaste en Sinaí amenazas, y sentencias vengadoras en Horeb. Un torbellino te arrebató a la altura; tropeles de fuego, hacia el cielo.
Está escrito que te reservan para el momento de aplacar la ira antes de que estalle, para reconciliar a padres con hijos, para restablecer las tribus de Israel.
Dichoso quien te vea antes de morir, y más dichoso tú que vives.
Elías fue arrebatado en el torbellino, y Eliseo recibió dos tercios de su espíritu. En vida hizo múltiples milagros y prodigios, con sólo decirlo; en vida no temió a ninguno, nadie pudo sujetar su espíritu; no hubo milagro que lo excediera: bajo él revivió la carne; en vida hizo maravillas y en muerte obras asombrosas.
Palabra de Dios.

• SALMO 96 •

℟ **Alegraos, justos, con el Señor.**

El Señor reina, la tierra goza,
se alegran las islas innumerables.
Tiniebla y nube lo rodean,
justicia y derecho sostienen su trono. ℟

Delante de él avanza fuego,
abrasando en torno a los enemigos;
sus relámpagos deslumbran el orbe,
y, viéndolos, la tierra se estremece. ℟

Los montes se derriten como cera
ante el dueño de toda la tierra;

los cielos pregonan su justicia,
y todos los pueblos contemplan su gloria. ℟

Los que adoran estatuas se sonrojan,
los que ponen su orgullo en los ídolos;
ante él se postran todos los dioses. ℟

Aleluya. Habéis recibido un espíritu de hijos adoptivos, que nos hace gritar: «¡Abba!, Padre».

● *«CUANDO RECÉIS, NO USÉIS MUCHAS PALABRAS». Es necesario aprender las distintas dimensiones que tiene la oración, estar abiertos al modo en que Dios va formando y ensanchando el corazón. Limitar la vida de oración a los deseos e intenciones propias es querer manipular a Dios. En el fondo, el Señor nos invita a estar disponibles y a dejar que él intervenga en ese diálogo con él que es la oración.* ●

Lectura del santo evangelio según san Mateo 6, 7-15

EN AQUEL TIEMPO, dijo Jesús a sus discípulos: - «Cuando recéis, no uséis muchas palabras, como los gentiles, que se imaginan que por hablar mucho les harán caso. No seáis como ellos, pues vuestro Padre sabe lo que os hace falta antes que lo pidáis.
Vosotros rezad así:
"Padre nuestro del cielo,
santificado sea tu nombre,
venga tu reino,
hágase tu voluntad en la tierra como en el cielo,
danos hoy el pan nuestro de cada día,
perdónanos nuestras ofensas,
pues nosotros hemos perdonado
a los que nos han ofendido,
no nos dejes caer en la tentación,
sino líbranos del Maligno".

Porque si perdonáis a los demás sus culpas, también vuestro Padre del cielo os perdonará a vosotros. Pero si no perdonáis a los demás, tampoco vuestro Padre perdonará vuestras culpas».
Palabra del Señor.

ORACIÓN SOBRE LAS OFRENDAS

Señor, haz que nos acerquemos siempre a tu banquete
con la vestidura nupcial, como san Luis Gonzaga,
para que la participación en este misterio
nos llene de las riquezas de tu gracia.
Por Jesucristo nuestro Señor.

ANTÍFONA DE COMUNIÓN

Les dio un trigo celeste; el hombre comió pan de ángeles (Sal 77, 24-25).

ORACIÓN DESPUÉS DE LA COMUNIÓN

Tú que nos has alimentado, Señor,
con el pan de los ángeles,
concédenos servirte con una vida pura
y haz que, siguiendo el ejemplo de san Luis Gonzaga,
vivamos en continua acción de gracias.
Por Jesucristo nuestro Señor.

MEDITACIÓN

Nuestro pan de cada día

El pan nuestro de cada día, dánosle hoy. Nuestro pan de vida es Cristo. Este pan no es para todos, sino para nosotros. Así como decimos «Padre nuestro» porque es el Padre de los que tienen fe, así también llamamos a Cristo «nuestro pan» porque es el pan de los que forman su cuerpo. Para obtener este pan oramos todos los días, pues no quisiéramos a causa de una falta grave privarnos de él, separarnos del cuerpo de

Cristo, que ha proclamado: *Yo soy el pan vivo bajado del cielo: el que come de este pan vivirá eternamente. Y el pan que yo daré es mi carne para la vida del mundo.* El Señor nos ha alertado: *Si no coméis la carne del Hijo del hombre y no bebéis su sangre, no tenéis vida en vosotros.* Pedimos, pues, todos los días recibir nuestro pan, es decir, a Cristo, para permanecer y vivir en Cristo, y no alejarnos de su gracia y de su cuerpo.

También podemos comprender esta petición de la siguiente manera: hemos renunciado al mundo; por la gracia de la fe, hemos rechazado sus riquezas y seducciones; pedimos simplemente su alimento. El que comienza a ser discípulo de Cristo y renuncia a todo según la palabra del Maestro debe pedir el alimento de cada día y no preocuparse del futuro. El Señor ha dicho: *No os agobiéis por el mañana, porque el mañana traerá su propio agobio. A cada día le bastan sus disgustos.* El discípulo, pues, pide con razón su alimento de cada día, puesto que le está prohibido inquietarse por el día de mañana.

SAN CIPRIANO

Natural de Cartago y convertido del paganismo, llegó a ser obispo de su ciudad; escribe en tiempos de persecución de la Iglesia y sufrió el martirio (210-258)

Oración de la tarde

Dios mío, ven en mi auxilio;
Señor, date prisa en socorrerme.

Gloria al Padre, y al Hijo, y al Espíritu Santo...

HIMNO

Cuando, Señor, el día ya declina,
quedaos con el hombre, que la noche

del tiempo y de la lucha en que camina
turba su corazón con su reproche.

Disipad nuestras dudas, hombres santos,
que, en el alto glorioso del camino,
ya dejasteis atrás temores tantos
de perder vuestra fe en el don divino.

Perdonad nuestros miedos, seguidores
del camino en la fe que os fue ofrecido,
hacednos, con vosotros, confesores
de la fe y del amor que habéis vivido.

Que tu amor, Padre santo, haga fuerte
nuestro amor, nuestra fe en tu Hijo amado,
que la hora suprema de la muerte
sea encuentro en la luz, don consumado. Amén.

Salmo 87 (I)

Señor, Dios mío, de día te pido auxilio,
de noche grito en tu presencia;
llegue hasta ti mi súplica,
inclina tu oído a mi clamor.

Porque mi alma está colmada de desdichas,
y mi vida está al borde del abismo;
ya me cuentan con los que bajan a la fosa,
soy como un inválido.

Tengo mi cama entre los muertos,
como los caídos que yacen en el sepulcro,
de los cuales ya no guardas memoria,
porque fueron arrancados de tu mano.

Me has colocado en lo hondo de la fosa,
en las tinieblas del fondo;
tu cólera pesa sobre mí,
me echas encima todas tus olas.

Gloria al Padre…

Palabra de Dios — Romanos 8, 28-30

SABEMOS que a los que aman a Dios todo les sirve para el bien: a los que ha llamado conforme a su designio. A los que había escogido, Dios los predestinó a ser imagen de su Hijo, para que él fuera el primogénito de muchos hermanos. A los que predestinó, los llamó; a los que llamó, los justificó; a los que justificó, los glorificó.

El Señor es justo y ama la justicia. El Señor…

CÁNTICO DE MARÍA — (Texto contraportada A)

El Señor derriba del trono a los poderosos y enaltece a los humildes.

PRECES

Con los ojos elevados a Cristo, esplendor de la gloria del Padre, oremos diciendo:

Tú eres el origen y el término de nuestra fe,
- bendito seas, Señor.

Tú nos llamas de las tinieblas a tu luz admirable,
- ten misericordia de nosotros.

Tú has hecho resplandecer la pureza en san Luis Gonzaga,
- bendito seas, Señor.

Tú nos reúnes en un solo cuerpo,
- ten misericordia de nosotros.

Tú te has quedado en medio de tu pueblo,
- bendito seas, Señor.

Tú nos ayudas en la tentación y nos libras del maligno,
- ten piedad de nosotros.

Intenciones libres

Padre nuestro…

ANTÍFONA MARIANA — (Texto página 27)

SANTOS
DE AYER Y DE HOY

Corazón de Jesús,
digno de toda alabanza,
ten piedad de nosotros.

SAN JUAN RIGBY
Mártir (1570-1600)

Nació en Harrock Hall (Inglaterra) hacia 1570 en el seno de una familia católica. Se colocó de criado en una familia protestante y, con el fin de no ser denunciado, participaba en sus oficios religiosos. Se arrepintió de ello y pasó a servir a una familia católica. Cuando juzgaron a los miembros de esta familia porque no acudían a los cultos reformados, él declaró como testigo y entonces averiguaron que tampoco él iba a la iglesia protestante. Lo arrestaron y lo encarcelaron, lo torturaron y lo condenaron al negarse a apostatar. El día de la ejecución se le ofreció la libertad si acudía a la iglesia protestante. En el año 1600 lo ahorcaron en Londres y lo descuartizaron aún vivo. Murió tras perdonar a sus verdugos.

En los amigos no se buscan tanto los efectos exteriores de la amistad cuanto los sentimientos afectuosos de ésta; porque algunas veces recibimos beneficios aun de parte de nuestros enemigos, pero la ternura del corazón sólo puede provenir de una verdadera amistad.

San Jerónimo

VIERNES 22 DE JUNIO

San Paulino o san Juan Fisher y santo Tomás Moro

Oración de la mañana

Señor, ábreme los labios,
y mi boca proclamará tu alabanza.

Gloria al Padre, y al Hijo, y al Espíritu Santo…

HIMNO

Espíritu de fuego sagrado y rutilante,
tu voz la voz domina de ronca tempestad,
y soles mil coronan tu frente de gigante,
y brilla en tu mirada excelsa majestad.

Señor, tú eras antes que todo lo creado,
antes que fuera el tiempo, Señor ya eras tú,
el ser de gloria lleno tú solo te lo has dado,
tú solo te formaste de tu espléndida luz.

Señor, eras más grande que todo lo que existe;
la cima de los astros es sima para ti;
Señor, tú de la nada al orbe suspendiste,
y pléyades brillantes colgaste en el zafir.

Es tu dosel de estrellas, de luz es tu palacio,
irradia luz de gloria tu Espíritu inmortal;
eres quien desplegaste el viento en el espacio,
eres quien extendiste las aguas en el mar.

Tú eres, Dios divino, el Dios omnipotente;
los cielos y los mundos brotaron a tu voz;
un límite le puso tu voz al mar ingente,
y al hombre, dios pequeño, tu soplo le animó…
Amén.

SALMO 99

Aclama al Señor, tierra entera,
servid al Señor con alegría,
entrad en su presencia con vítores.

Sabed que el Señor es Dios:
que él nos hizo y somos suyos,
su pueblo y ovejas de su rebaño.

Entrad en sus puertas con acción de gracias,
por sus atrios con himnos,
dándole gracias y bendiciendo su nombre:

«El Señor es bueno,
su misericordia es eterna,
su fidelidad por todas las edades».

Gloria al Padre...

Palabra de Dios — 2 Corintios 12, 9b-10

MUY A GUSTO presumo de mis debilidades, porque así residirá en mí la fuerza de Cristo. Por eso vivo contento en medio de mis debilidades, de los insultos, las privaciones, las persecuciones y las dificultades sufridas por Cristo. Porque cuando soy débil, entonces soy fuerte.

En la mañana hazme escuchar tu gracia. En la mañana...

CÁNTICO DE ZACARÍAS — (Texto contraportada B)

El Señor ha visitado y redimido a su pueblo.

PRECES

La mañana de este día nos recuerda que todo procede de Dios. Por eso dirigimos a él nuestra súplica a favor de todos los hombres:

℟ Escucha, Señor, y ten piedad.

Por la Iglesia, que custodia el depósito de la revelación y administra los sacramentos. ℟

Por los gobernantes, que tienen la responsabilidad de promover el bien común. ℟

Por los militares y las fuerzas de seguridad, que deben velar por la paz y concordia. ℟

Por los que investigan y quieren ayudar al progreso del hombre mediante el conocimiento de la verdad. ℟

Por todos los que de múltiples maneras embellecen lo cotidiano y buscan hacer felices a los demás. ℟

Por los que sufren la esclavitud de las drogas, de la adicción al juego, al alcohol o a la pornografía. ℟

Por los que, ocultos a los ojos del mundo, buscan vivir en santidad. ℟

Por nosotros, que somos mendigos de tu amor y casi no sabemos qué pedir. ℟

Intenciones libres

Padre nuestro...

ORACIÓN

Ilumina, Señor, nuestros corazones y fortalece nuestras voluntades, para que sigamos siempre el camino de tus mandatos, reconociéndote como nuestro guía y maestro. Por nuestro Señor Jesucristo.

MISA

Viernes de la 11ª semana del tiempo ordinario

SAN PAULINO DE NOLA (355-431) *Memoria libre*

● *Nació en Burdeos (Francia) en el año 355. Siguió una carrera política llena de honores, se casó y tuvo un hijo.*

Deseando llevar una vida austera, recibió el bautismo y, renunciando a todos sus bienes, comenzó en el año 393 a practicar la vida monástica, estableciéndose en Nola, ciudad de la Campania. Ordenado obispo de aquella ciudad, promovió el culto de san Félix, ayudó a los peregrinos y alivió solícitamente las miserias de su tiempo. Compuso una serie de poemas, notables por la elegancia de su estilo. Murió en el año 431. ●

ANTÍFONA DE ENTRADA

Buscaré a mis ovejas -dice el Señor- y suscitaré un pastor que las apaciente: yo, el Señor, seré su Dios (Ez 34, 11. 23-24).

ORACIÓN COLECTA

Señor, Dios nuestro, tú has querido enaltecer
a tu obispo san Paulino de Nola
por su celo pastoral y su amor a la pobreza;
concede a cuantos celebramos hoy sus méritos
imitar los ejemplos de su vida de caridad.
Por nuestro Señor Jesucristo.

Lectura del segundo libro de los Reyes 11, 1-4. 9-18. 20

EN AQUELLOS DÍAS, cuando Atalía, madre del rey Ocozías, vio que su hijo había muerto, empezó a exterminar a toda la familia real. Pero cuando los hijos del rey estaban siendo asesinados, Josebá, hija del rey Jorán y hermana de Ocozías, raptó a Joás, hijo de Ocozías, y lo escondió con su nodriza en el dormitorio; así, se lo ocultó a Atalía y lo libró de la muerte. El niño estuvo escondido con ella en el templo durante seis años, mientras en el país reinaba Atalía.

El año séptimo, Yehoyadá mandó a buscar a los centuriones de los carios y de la escolta; los llamó a su presencia, en el templo, se juramentó con ellos y les presentó al hijo del rey.

Los centuriones hicieron lo que les mandó el sacerdote Yehoyadá; cada uno reunió a sus hombres, los que estaban

de servicio el sábado y los que estaban libres, y se presentaron al sacerdote Yehoyadá. El sacerdote entregó a los centuriones las lanzas y los escudos del rey David, que se guardaban en el templo.
Los de la escolta empuñaron las armas y se colocaron entre el altar y el templo, desde el ángulo sur hasta el ángulo norte del templo, para proteger al rey.
Entonces Yehoyadá sacó al hijo del rey, le colocó la diadema y las insignias, lo ungió rey, y todos aplaudieron, aclamando: - «¡Viva el rey!»
Atalía oyó el clamor de la tropa y se fue hacia la gente, al templo. Pero, cuando vio al rey en pie sobre el estrado, como es costumbre, y a los oficiales y la banda cerca del rey, toda la población en fiesta y las trompetas tocando, se rasgó las vestiduras y gritó: - «¡Traición, traición!»
El sacerdote Yehoyadá ordenó a los centuriones que mandaban las fuerzas: - «Sacadla del atrio. Al que la siga lo matáis». Pues no quería que la matasen en el templo.
La fueron empujando con las manos y, cuando llegaba a palacio por la puerta de las caballerizas, allí la mataron.
Yehoyadá selló el pacto entre el Señor y el rey y el pueblo, para que éste fuera el pueblo del Señor. Toda la población se dirigió luego al templo de Baal; lo destruyeron, derribaron sus altares, trituraron las imágenes, y a Matán, sacerdote de Baal, lo degollaron ante el altar.
El sacerdote Yehoyadá puso guardias en el templo.
Toda la población hizo fiesta, y la ciudad quedó tranquila.
A Atalía la habían matado en el palacio.
Palabra de Dios.

• SALMO 131 •

℟ **El Señor ha elegido a Sión, ha deseado vivir en ella.**

El Señor ha jurado a David
una promesa que no retractará:

«A uno de tu linaje
pondré sobre tu trono». ℟

«Si tus hijos guardan mi alianza
y los mandatos que les enseño,
también sus hijos, por siempre,
se sentarán sobre tu trono». ℟

Porque el Señor ha elegido a Sión,
ha deseado vivir en ella:
«Ésta es mi mansión por siempre,
aquí viviré porque la deseo». ℟

«Haré germinar el vigor de David,
enciendo una lámpara para mi Ungido.
A sus enemigos los vestiré de ignominia,
sobre él brillará mi diadema». ℟

Aleluya. Dichosos los pobres en el espíritu, porque de ellos es el reino de los cielos.

● *«Atesorad tesoros en el cielo». El Señor invita a sus discípulos a confiar todo en el corazón mismo de Dios. Sólo en sus manos aquello que consideramos valioso queda a resguardo, no sólo porque está en manos seguras, sino porque él mismo nos ayudará a discernir si verdaderamente es valioso o no. Entreguémosle, pues, afectos, relaciones, personas, etc.* ●

Lectura del santo evangelio según san Mateo 6, 19-23

En aquel tiempo, dijo Jesús a sus discípulos: - «No atesoréis tesoros en la tierra, donde la polilla y la carcoma los roen, donde los ladrones abren boquetes y los roban. Atesorad tesoros en el cielo, donde no hay polilla ni carcoma que se los coman, ni ladrones que abran boquetes y roben. Porque donde está tu tesoro, allí está tu corazón.

La lámpara del cuerpo es el ojo. Si tu ojo está sano, tu cuerpo entero tendrá luz; si tu ojo está enfermo, tu cuerpo entero estará a oscuras. Y si la única luz que tienes está oscura, ¡cuánta será la oscuridad!»
Palabra del Señor.

ORACIÓN SOBRE LAS OFRENDAS

Señor, dirige tu mirada propicia
sobre las ofrendas que te presentamos
en la festividad de san Paulino de Nola;
que ellas nos merezcan tu perdón
y glorifiquen tu piedad y tu nombre.
Por Jesucristo nuestro Señor.

ANTÍFONA DE COMUNIÓN

No sois vosotros los que me habéis elegido -dice el Señor-; soy yo quien os he elegido, y os he destinado para que vayáis y deis fruto y vuestro fruto dure (Jn 15, 16).

ORACIÓN DESPUÉS DE LA COMUNIÓN

Reanimados por estos sacramentos
te rogamos, Señor, humildemente
que, a ejemplo de san Paulino de Nola
nos esforcemos en dar testimonio
de aquella misma fe que él profesó en su vida,
y en llevar a la práctica todas sus enseñanzas.
Por Jesucristo nuestro Señor.

MEDITACIÓN

El tesoro escondido

El sufrimiento forma parte de la existencia humana. Éste deriva, por una parte, de nuestra finitud y, por otra, de la gran cantidad de culpas acumuladas a lo largo de la historia, y que sigue creciendo sin cesar hasta el momento presente. Ciertamente conviene hacer todo lo posible para atenuar el sufrimiento: impedir, en la medida de lo posible, el sufrimiento de los inocentes; calmar los dolores, ayudar a superar los sufrimientos psíquicos. Todo esto es deber tanto de la justicia como del amor y forma parte de las exigencias fundamentales de la existencia cristiana y de toda vida verdaderamente humana. En la lucha contra el dolor físico se ha llegado a grandes progresos, pero en el curso de los últimos decenios ha aumentado el sufrimiento de los inocentes y también los sufrimientos psíquicos.

Sí, debemos hacer todo lo que esté a nuestro alcance para aliviar el sufrimiento, pero eliminarlo completamente del mundo no forma parte de las posibilidades humanas, simplemente porque no podemos sustraernos de nuestra finitud y porque nadie de entre nosotros es capaz de eliminar el poder del mal, de la falta, que, como vemos, es constantemente fuente de dolor. Sólo Dios podría llevarlo a cabo: y sólo un Dios que entra personalmente en la historia haciéndose hombre y sufre en ella. Nosotros sabemos que este Dios existe y que, por tanto, este poder que *quita el pecado del mundo* está presente en el mundo. Por la fe en la existencia de este poder, la esperanza de que el mundo pueda ser curado ha aparecido en la historia.

Benedicto XVI
Actual Papa de la Iglesia católica (1927-)

Oración de la tarde

¡Demos gracias al Señor
por las maravillas que ha realizado en este día!

Gloria al Padre, y al Hijo, y al Espíritu Santo…

Himno

En medio de la sombra y de la herida
me preguntan si creo en Ti. Y digo

que tengo todo cuando estoy contigo:
el sol, la luz, la paz, el bien, la vida.

Sin Ti, el sol es luz descolorida.
Sin Ti, la paz es un cruel castigo.
Sin Ti, no hay bien ni corazón amigo.
Sin Ti, la vida es muerte repetida.

Contigo el sol es luz enamorada
y contigo la paz es paz florida.
Contigo el bien es casa reposada

y contigo la vida es sangre ardida.
Pues, si me faltas Tú, no tengo nada:
ni sol, ni luz, ni paz, ni bien, ni vida. Amén.

CÁNTICO — Apocalipsis 15, 3-4

Grandes y maravillosas son tus obras,
Señor, Dios omnipotente,
justos y verdaderos tus caminos,
¡oh Rey de los siglos!

¿Quién no temerá, Señor,
y glorificará tu nombre?
Porque tú solo eres santo,
porque vendrán todas las naciones
y se postrarán en tu acatamiento,
porque tus juicios se hicieron manifiestos.

Gloria al Padre…

Palabra de Dios — Santiago 1, 2-4

HERMANOS MÍOS: Teneos por muy dichosos cuando os veáis asediados por toda clase de pruebas. Sabed que, al ponerse a prueba vuestra fe, os dará constancia. Y si la constancia llega hasta el final, seréis perfectos e íntegros, sin falta alguna.

Cristo nos amó y nos ha librado por su sangre. Cristo...

CÁNTICO DE MARÍA

(Texto contraportada A)

El Señor nos auxilia a nosotros, sus siervos, acordándose de su misericordia.

PRECES

Glorifiquemos a Cristo, vencedor del pecado y de la muerte, del odio y del egoísmo, que nos manda amarnos como él nos ha amado:

℟ Crea en nosotros un corazón nuevo.

Oh Cristo, que en tu resurrección destruiste el poder del pecado y de la muerte,
- haz que nosotros venzamos los pecados de la vida diaria. ℟

Tú, que alejaste de nosotros la muerte y nos has dado nueva vida,
- concédenos caminar alegres y gozosos por la senda de tu vida nueva. ℟

Tú, que hiciste pasar a la humanidad de la muerte a la vida,
- haz que transmitamos a cuantos se relacionan con nosotros la paz y felicidad que nos has dado. ℟

Tú, que alegraste a tu Madre y a tus discípulos con tus apariciones,
- llénanos de tanto gozo que redunde en bien de los demás. ℟

Tú, que fortaleciste a Tomás Moro y a Juan Fisher para que no cedieran al error y a la mentira,
- ayúdanos a defender siempre la verdad. ℟

Intenciones libres

Padre nuestro...

ANTÍFONA MARIANA

(Texto página 27)

SANTOS
DE AYER Y DE HOY

Corazón de Jesús,
Rey y centro de todos los corazones,
ten piedad de nosotros.

BEATO DERMICIO (DERMOT) O'HURLEY Y COMPAÑEROS
Mártires (siglos XVI-XVI)

Estamos ante un grupo de 17 mártires irlandeses que murieron entre 1579 y 1654. Entre ellos hay cuatro franciscanos: Patricio O'Healy, Conn O'Rourke, Conor O'Devany y Juan Kearney. El grupo lo encabeza Dermicio O'Hurley, arzobispo de Cashel, ahorcado en Dublín el 20 de junio de 1584. Dermicio nació en Emly (Irlanda) en 1530 en el seno de una familia acomodada. Se doctoró en derecho en Lovaina, donde permaneció quince años. Luego pasó otros cuatro años en Reims y, en 1570, marchó a Roma. Por su piedad y su saber, en 1581 el papa Gregorio XIII lo eligió arzobispo de Cashel aunque todavía era seglar. El mismo Pontífice lo consagró obispo. Volvió a Irlanda en 1583 y tuvo que vivir clandestinamente, pues los católicos fueron perseguidos durante el reinado de Isabel I. Para no perjudicar a uno de sus protectores, se presentó ante las autoridades. Fue torturado con saña física y moral esperando que se rindiera. Al no conseguirlo, fue ahorcado. Su fiesta se celebra el 20 de junio. Juan Pablo II beatificó a todo el grupo el 27 de septiembre de 1992.

No se debe insultar al que comete alguna falta,
sino advertirle sin causarle confusión; se le debe
aconsejar, y no acusar; se le debe corregir con afecto,
y no levantarse contra él con insolencia.

San Juan Crisóstomo

SÁBADO 23 DE JUNIO

Oración de la mañana

Demos gracias a Dios,
porque eterno es su amor.

¡Gloria al Padre! ¡Gloria al Hijo! ¡Gloria al Espíritu!
¡Gloria a la Santísima Trinidad!

HIMNO

No viéramos el rostro al Padre eterno
alegre, ni en el suelo al Hijo amado
quitar la tiranía del infierno,
ni el fiero Capitán encadenado;
viviéramos en llanto sempiterno,
durara la ponzoña del bocado,
serenísima Virgen, si no hallara
tal Madre Dios en vos donde encarnara.

Que aunque el amor del hombre ya había hecho
mover al Padre eterno a que enviase
el único engendrado de su pecho,
a que encarnando en vos le reparase,
con vos se remedió nuestro derecho,
hicisteis nuestro bien se acrecentase,
estuvo nuestra vida en que quisisteis,
Madre digna de Dios, y ansí vencisteis.

No tuvo el Padre más, Virgen, que daros,
pues quiso que de vos Cristo naciese,
ni vos tuvisteis más que desearos,
siendo el deseo tal, que en vos cupiese;
habiendo de ser Madre, contentaros
pudiérades con serlo de quien fuese

menos que Dios, aunque para tal Madre,
bien estuvo ser Dios el Hijo y Padre. Amén.

CÁNTICO Sabiduría 9, 1-6. 9-11

Dios de los padres, y Señor de la misericordia,
que con tu palabra hiciste todas las cosas,
y en tu sabiduría formaste al hombre,
para que dominase sobre tus criaturas,
y para regir el mundo con santidad y justicia,
y para administrar justicia con rectitud de corazón.

Dame la sabiduría asistente de tu trono
y no me excluyas del número de tus siervos,
porque siervo tuyo soy, hijo de tu sierva,
hombre débil y de pocos años,
demasiado pequeño para conocer el juicio y las leyes.

Pues, aunque uno sea perfecto
entre los hijos de los hombres,
sin la sabiduría, que procede de ti,
será estimado en nada.

Contigo está la sabiduría, conocedora de tus obras,
que te asistió cuando hacías el mundo,
y que sabe lo que es grato a tus ojos
y lo que es recto según tus preceptos.

Mándala de tus santos cielos,
y de tu trono de gloria envíala,
para que me asista en mis trabajos
y venga yo a saber lo que te es grato.

Porque ella conoce y entiende todas las cosas,
y me guiará prudentemente en mis obras,
y me guardará en su esplendor.

Gloria al Padre…

Palabra de Dios

Filipenses 2, 14-15

CUALQUIER COSA que hagáis, sea sin protestas ni discusiones: así seréis irreprochables y límpidos, hijos de Dios sin tacha, en medio de una gente torcida y depravada, entre la cual brilláis como lumbreras del mundo.

A ti grito, Señor:
Tú eres mi refugio. A ti grito...

CÁNTICO DE ZACARÍAS

(Texto contraportada B)

Ilumina, Señor, a los que viven en tinieblas y en sombra de muerte.

PRECES

Demos gracias siempre y en todo lugar a Cristo, nuestro Salvador y nuestro hermano, y supliquémosle diciendo:

℟ Ayúdanos, Señor, con tu gracia.

Señor, tú que por el bautismo nos diste una vida nueva,
- haz que durante el día de hoy nos parezcamos más a ti. ℟

Enséñanos a ser alegría para los que están tristes,
- y a llevar paz a los corazones afligidos. ℟

Danos fortaleza para buscar la verdad en todo,
- y a no desfallecer si encontramos dificultades. ℟

Que nuestro trabajo de hoy sirva para mejorar el mundo,
- para que cada vez se cometan menos injusticias. ℟

Cambia los pensamientos de quienes hoy quieren hacer el mal,
- y mueve sus corazones a una conversión sincera. ℟

Intenciones libres

Padre nuestro...

ORACIÓN

Oh Dios, fuente y origen de nuestra salvación, haz que, mientras dura nuestra vida aquí en la tierra, te alabemos incesantemente y podamos así participar un día en la alabanza eterna del cielo. Por nuestro Señor Jesucristo.

MISA

Sábado de la 11ª semana del tiempo ordinario

ANTÍFONA DE ENTRADA

Escúchame, Señor, que te llamo. Tú eres mi auxilio; no me deseches, no me abandones, Dios de mi salvación (Sal 26, 7. 9).

ORACIÓN COLECTA

Oh Dios, fuerza de los que en ti esperan,
escucha nuestras súplicas,
y pues el hombre es frágil y sin ti nada puede,
concédenos la ayuda de tu gracia
para guardar tus mandamientos
y agradarte con nuestras acciones y deseos.
Por nuestro Señor Jesucristo.

Lectura del segundo libro de las Crónicas 24, 17-25

CUANDO MURIÓ YEHOYADÁ, las autoridades de Judá fueron a rendir homenaje al rey, y éste siguió sus consejos; olvidando el templo del Señor, Dios de sus padres, dieron culto a las estelas y a los ídolos. Este pecado desencadenó la cólera de Dios contra Judá y Jerusalén. Les envió profetas para convertirlos, pero no hicieron caso de sus amonestaciones. Entonces el espíritu de Dios se apoderó de Zacarías, hijo del sacerdote Yehoyadá, que se presentó ante el pueblo y le dijo: - «Así dice Dios: ¿Por qué quebrantáis los preceptos del Señor? Vais a la ruina. Habéis abandonado al Señor, y él os abandona».

Pero conspiraron contra él y lo lapidaron en el atrio del templo por orden del rey. El rey Joás, sin tener en cuenta los beneficios recibidos de Yehoyadá, mató a su hijo, que murió diciendo: - «¡Que el Señor juzgue y sentencie!»
Al cabo de un año, un ejército de Siria se dirigió contra Joás, penetró en Judá, hasta Jerusalén, mató a todos los jefes del pueblo y envió todo el botín al rey de Damasco.
El ejército de Siria era reducido, pero el Señor le entregó un ejército enorme, porque el pueblo había abandonado al Señor, Dios de sus padres.
Así se vengaron de Joás.
Al retirarse los sirios, dejándolo gravemente herido, sus cortesanos conspiraron contra él para vengar al hijo del sacerdote Yehoyadá. Lo asesinaron en la cama y murió.
Lo enterraron en la Ciudad de David, pero no le dieron sepultura en las tumbas de los reyes.
Palabra de Dios.

• SALMO 88 •

℟ **Le mantendré eternamente mi favor.**

Sellé una alianza con mi elegido,
jurando a David, mi siervo:
«Te fundaré un linaje perpetuo,
edificaré tu trono para todas las edades». ℟

«Le mantendré eternamente mi favor,
y mi alianza con él será estable;
le daré una posteridad perpetua
y un trono duradero como el cielo». ℟

«Si sus hijos abandonan mi ley
y no siguen mis mandamientos,
si profanan mis preceptos
y no guardan mis mandatos». ℟

«Castigaré con la vara sus pecados
y a latigazos sus culpas;
pero no les retiraré mi favor
ni desmentiré mi fidelidad». ℟

Aleluya. Jesucristo, siendo rico, se hizo pobre, para enriqueceros con su pobreza.

● «*NADIE PUEDE ESTAR AL SERVICIO DE DOS AMOS». El servicio que Dios pide al hombre debe estar desligado de todo interés terrenal. Jesús pone el ejemplo del dinero, pero hay muchos otros señores que exigen un servilismo que limita la libertad del hombre hasta esclavizarlo, y que además suscitan desconfianza y desprecio hacia el Señor del cielo.* ●

Lectura del santo evangelio según san Mateo 6, 24-34

EN AQUEL TIEMPO, dijo Jesús a sus discípulos: - «Nadie puede estar al servicio de dos amos. Porque despreciará a uno y querrá al otro; o, al contrario, se dedicará al primero y no hará caso del segundo. No podéis servir a Dios y al dinero. Por eso os digo: no estéis agobiados por la vida, pensando qué vais a comer o beber, ni por el cuerpo, pensando con qué os vais a vestir. ¿No vale más la vida que el alimento, y el cuerpo que el vestido? Mirad a los pájaros: ni siembran, ni siegan, ni almacenan y, sin embargo, vuestro Padre celestial los alimenta. ¿No valéis vosotros más que ellos? ¿Quién de vosotros, a fuerza de agobiarse, podrá añadir una hora al tiempo de su vida?

¿Por qué os agobiáis por el vestido? Fijaos cómo crecen los lirios del campo: ni trabajan ni hilan. Y os digo que ni Salomón, en todo su fasto, estaba vestido como uno de ellos. Pues, si a la hierba, que hoy está en el campo y mañana se quema en el horno, Dios la viste así, ¿no hará mucho más por vosotros, gente de poca fe? No andéis agobiados,

pensando qué vais a comer, o qué vais a beber, o con qué os vais a vestir. Los gentiles se afanan por esas cosas. Ya sabe vuestro Padre del cielo que tenéis necesidad de todo eso. Sobre todo buscad el reino de Dios y su justicia; lo demás se os dará por añadidura. Por tanto, no os agobiéis por el mañana, porque el mañana traerá su propio agobio. A cada día le bastan sus disgustos».
Palabra del Señor.

ORACIÓN SOBRE LAS OFRENDAS

Tú nos has dado, Señor,
por medio de estos dones que te presentamos,
el alimento del cuerpo
y el sacramento que renueva nuestro espíritu;
concédenos con bondad
que siempre gocemos del auxilio de estos dones.
Por Jesucristo nuestro Señor.

ANTÍFONA DE COMUNIÓN

Una cosa pido al Señor, eso buscaré: habitar en la casa del Señor por los días de mi vida (Sal 26, 4).

O bien:

Padre santo: guárdalos en tu nombre a los que me has dado, para que sean uno como nosotros -dice el Señor (Jn 17, 11).

ORACIÓN DESPUÉS DE LA COMUNIÓN

Que esta comunión en tus misterios, Señor,
expresión de nuestra unión contigo,
realice la unidad de tu Iglesia.
Por Jesucristo nuestro Señor.

MEDITACIÓN

No os agobiéis por el mañana

¿Qué nos dice la enseñanza de la divina Providencia? Que, desde toda la eternidad, Dios ha trazado, por amor y bondad, un gran plan universal y también el pequeño plan de mi propia vida; y que él, respetando plenamente mi libertad personal y, asimismo, en razón de su amor, dispone y guía todo para que ese plan universal y el plan de mi vida se cumplan hasta el final, hasta la última coma.

Al analizar esta idea hallaremos que la fe en la divina Providencia presupone dos actos. En primer lugar, un acto de entendimiento. Este acto es, dicho humanamente, el proyecto que Dios traza, el plan que diseña mi vida y todo el acontecer mundial. El segundo es -naturalmente Dios es y sigue siendo el mismo- un acto de voluntad; se trata de la ejecución del proyecto. Les pido entonces que, en la medida en que puedan pronunciarla con profunda convicción, hagan suya aquella consigna: «Suceda lo que suceda, Dios ha trazado desde toda la eternidad el plan de mi vida». Observen la calidez y el sentimiento de libertad que surgen en nuestro interior al pronunciar esas palabras.

¿Cuál es, entonces, su tarea? Decir sencillamente sí. Lo peor que podemos hacer es justamente decir no. Si decimos que sí, entonces todo está bien. Quizás ustedes me digan que diciendo sí han hecho algunas tonterías. Pues bien, las tonterías están también contempladas en el plan de mi vida, no para que las cometa, sino porque las cometo. Les recuerdo en este punto un pensamiento de san Francisco de Sales: «¡Ah! El padre conoce a su hijo; él sabe que es pequeño, que sólo puede dar pasos cortos y a menudo tropieza y cae». Si digo un sí valiente, entonces todo está bien; entonces podré reemprender el camino.

JOSÉ KENTENICH

Sacerdote alemán, fundador del Movimiento de Schoenstatt (1885-1968)

Oración de la tarde

Vísperas de la solemnidad de la Natividad de san Juan Bautista

¡Tu delicia es estar con los hijos de los hombres!

Gloria al Padre, y al Hijo,
y al Espíritu Santo...

HIMNO

Profeta de soledades,
labio hiciste de tus iras,
para fustigar mentiras
y para gritar verdades.

Desde el vientre escondido,
fuiste tú el pregonero,
para anunciar al mundo
la presencia del Verbo.

El desierto encendido
fue tu ardiente maestro,
para allanar montañas
y encender los senderos.

Cuerpo de duro roble,
alma azul de silencio;
miel silvestre de rocas
y un jubón de camello.

No fuiste, Juan, la caña
tronchada por el viento;
sí la palabra ardiente
tu palabra de acero. Amén.

CÁNTICO — Filipenses 2, 5-11

Cristo, a pesar de su condición divina,
no hizo alarde de su categoría de Dios;
al contrario, se despojó de su rango
y tomó la condición de esclavo,
pasando por uno de tantos.

Y así, actuando como un hombre cualquiera,
se rebajó hasta someterse incluso a la muerte,
y una muerte de cruz.

Por eso Dios lo levantó sobre todo
y le concedió el «Nombre-sobre-todo-nombre»;
de modo que al nombre de Jesús toda rodilla se doble
en el cielo, en la tierra, en el abismo,
y toda lengua proclame:
Jesucristo es Señor, para gloria de Dios Padre.

Gloria al Padre…

Palabra de Dios — Hechos de los apóstoles 13, 23-25

SEGÚN LO PROMETIDO, Dios sacó de la descendencia de David un salvador para Israel: Jesús. Antes de que llegara, Juan predicó a todo Israel un bautismo de conversión; y, cuando estaba para acabar su vida, decía: «Yo no soy quien pensáis; viene uno detrás de mí a quien no merezco desatarle las sandalias».

Preparad el camino del Señor,
allanad sus senderos. Preparad…

CÁNTICO DE MARÍA — (Texto contraportada A)

Habiendo entrado Zacarías en el santuario del Señor, se le apareció el ángel Gabriel, de pie a la derecha del altar del incienso.

PRECES

En la vigilia del nacimiento de san Juan Bautista, elevemos nuestra mirada a lo alto, desde donde Dios nos mira con amor:

℟ Señor, muéstranos tu misericordia.

Juan fue concebido cuando sus padres pensaban que ya no iban a tener descendencia,
- atiende el clamor de los esposos que desean tener hijos y no pueden. ℟

Juan saltó de alegría al percibir la presencia del Mesías,
- que todos los niños que son bautizados experimenten un día el gozo de conocer a Cristo. ℟

Al nacer Juan todos se preguntaban qué sería de ese niño,
- que se respete la vida de todas las personas desde su concepción hasta su muerte natural. ℟

Tú elegiste a Juan para que fuera el precursor de tu Hijo,
- muéstranos lo que quieres de cada uno de nosotros y danos tu gracia para que podamos cumplirlo. ℟

Intenciones libres

Padre nuestro…

ANTÍFONA MARIANA

(Texto página 27)

SANTOS
DE AYER Y DE HOY

Corazón de Jesús,
en quien se hallan todos los tesoros
de la sabiduría y de la ciencia,
ten piedad de nosotros.

SANTOS MÁRTIRES DE NICOMEDIA
(† 303)

Es uno de los cuatro grupos de mártires del Helesponto, caídos en el año 303 durante la persecución de Diocleciano. Nicomedia, capital de Bitinia (en la actual Turquía), era la residencia de Diocleciano. Este emperador se propuso exaltar los antiguos cultos romanos y aniquilar a los cristianos. El primero en sufrir el martirio fue san Pedro de Nicomedia, que prestaba sus servicios en palacio. Diocleciano quiso que el castigo de este cristiano, que se había negado a sacrificar a los dioses de Roma, fuera un aviso para todos los demás cristianos de la ciudad. Pedro fue cruelmente torturado y luego quemado vivo. Su comportamiento heroico infundió serenidad y valor a los más de veinte mil cristianos que, tras refugiarse en montes y grutas, fueron arrestados pocos días después: confesaron su fe y prefirieron morir antes que apostatar.

Así como el apetito es buena señal
de la salud del cuerpo, así también
el gusto y amor a la palabra de Dios
es señal grande de la salud de nuestra alma.

San Juan Crisóstomo

Palabra de Dios para la solemnidad de san Juan Bautista

Celebramos hoy la natividad de Juan Bautista, el precursor del Señor. Es un hombre marcado por la gracia desde antes de su nacimiento. Leemos en el evangelio de hoy que recibe un nombre inesperado. No se va a llamar Zacarías, como su padre, sino Juan. El hecho de que su padre recupere el habla y bendiga a Dios, junto con ese nombre ajeno a la tradición familiar que le da, suscita la admiración de todos y la pregunta: *¿Qué va a ser de este niño?* No es extraño que todo suceda así, ya que Juan anunciará cosas más grandes: la llegada del Mesías, que nacerá seis meses más tarde. Pero la pregunta de los vecinos de Isabel ya nos indica algo. Ante toda persona debemos plantearnos qué va a ser de ella. La admiración de aquella gente nos hace ver que por encima de las expectativas humanas hay un designio de Dios. Si la preocupación de los padres por los hijos incluye siempre esta pregunta, que es la causa de sus desvelos y que nace del amor, la que hoy leemos nos remite a Cristo. Lo que va a ser de cada uno de nosotros, de cada hombre con el que nos encontremos en el transcurso de nuestras vidas, hay que contemplarlo desde Cristo. En el Concilio Vaticano II se señaló que el misterio del hombre se descubre a la luz del Verbo encarnado. Juan, como precursor, nace en medio de signos extraordinarios. Toda su vida se entiende en relación con Jesús. Pero lo que a él le sucede también nos ocurrirá a nosotros. La mudez de Zacarías nos invita a buscar en el silencio interior lo que Dios quiere de cada persona.
Juan nace para dar testimonio y en él reconocemos que también cada uno de nosotros ha de mostrar en su vida el signo de Dios. Él lo hizo de una forma singular, retirándose al silencio del desierto para ser la voz de la Palabra.

Después mostró a sus discípulos al Cordero, por cuya sangre la vida de todos nosotros adquiere una dimensión nueva: la de la gracia. No sólo somos hijos de nuestros padres, sino sobre todo hijos de Dios.

Cuando pensamos en la vida del Bautista nos sorprende su fuerza y su ascesis. Toda su preparación en el desierto iba destinada a dar testimonio. He aquí también un sentido importante de la orientación de nuestra vida: mostrar a los demás el rostro de Cristo, ordenando todas nuestras actitudes para que ello sea posible. Si nuestra vida está abierta a Dios, si deseamos cumplir en todo su voluntad y buscamos conformar nuestra vida a su designio siendo fieles a la propia vocación y empleando en ello nuestras energías, nos convertimos entonces para los demás en noticia salvadora. Los contemporáneos de Juan llegaron a confundirlo con el Mesías y, sin embargo, él cada vez daba un testimonio mayor de su pequeñez. Quería que los demás conocieran al mismo Jesús que él había saludado desde el vientre de Isabel. Por eso fue, desde antes de su nacimiento y desde su austeridad, causa de alegría para quienes le rodeaban. Podemos decir que, en medio de su vida agreste, era testimonio de una alegría que los demás querían conocer. Y su mensaje estaba claro: la felicidad que descubrís en mí viene de Cristo.

Juan no exigía a los demás que imitaran su vida, pero les administraba el bautismo de conversión. Sin ser el salvador, disponía para el encuentro con Cristo. Su lenguaje duro ejercía una gran influencia porque destruía la maldad que impide al hombre vivir con plenitud. De ahí que la gente acudiera masivamente a escucharle. Era un lenguaje fraguado en el amor incondicional a Cristo. No admitía ambigüedades ni interpretaciones acomodaticias, pero contenía una promesa: la de la salvación que Cristo nos trae. Por eso Juan, aún hoy, sigue llamándonos a que nos dispongamos con mayor entusiasmo y seriedad a una vida con Cristo.

David Amado Fernández

La oración universal

San Juan Bautista

Estas intenciones deben ser completadas y actualizadas por la comunidad que celebra.

Oremos con confianza a Dios, que, con el nacimiento de Juan el Bautista, inauguró la etapa definitiva de la preparación de su pueblo para recibir al Salvador, y digamos:

℟ *Te rogamos, óyenos.*

Por la Iglesia: para que, por la intercesión de san Juan Bautista, su presencia en el mundo sea un vivo anuncio de que el reino de Dios está cerca y se manifiesta por la palabra, el compromiso y la adhesión a Jesucristo, presente en la historia. *Oremos al Señor.* ℟

Por los sacerdotes y sus colaboradores: para que, fieles a su misión profética, como san Juan Bautista, hagan oír la voz del Evangelio allí donde el dolor, la opresión, la guerra, la miseria y el pecado sumergen al hombre en la desesperación y en el sinsentido de la vida. *Oremos al Señor.* ℟

Por los que sufren en el cuerpo o en el alma: para que sus padecimientos los ayuden a acercarse más a Dios y él los alivie y conforte. *Oremos al Señor.* ℟

Por nosotros: para que aprendamos a ser humildes y manifestemos a todos los hombres que el reino de Dios está cerca de nosotros. *Oremos al Señor.* ℟

Gracias, Padre, porque cuidas de tu pueblo y no dejas de enriquecerlo con profetas que dan su vida en el anuncio de tu Buena Noticia; escucha las oraciones que te hemos presentado en la solemnidad del nacimiento de san Juan Bautista y, por los méritos de su vida, unidos a los de tu Hijo, llévanos cada vez más cerca de ti. Por Jesucristo nuestro Señor.

℟ *Amén.*

DOMINGO 24 DE JUNIO

La Natividad de san Juan Bautista

Oración de la mañana

Venid, adoremos al Cordero de Dios,
a quien Juan mostró con alegría.

Gloria al Padre, y al Hijo, y al Espíritu Santo,
al Dios que es, que era y que viene,
por los siglos de los siglos. Amén. ¡Aleluya!

HIMNO

Niño que, antes de nacer,
reconoce a su Señor
y da saltos de placer
bien puede llegar a ser
su profeta y precursor.

Su nombre será San Juan,
su morada, los desiertos;
langostas serán su pan;
sobre el agua del Jordán,
verá los cielos abiertos.

Otros le vieron lejano
y le anunciaron primero;
Juan le ve ya tan cercano
que va extendiendo su mano
y señalando al Cordero.

Gloria al Padre, y al Hijo, y al Espíritu Santo.
Amén.

SALMO 150

Alabad al Señor en su templo,
alabadlo en su fuerte firmamento.

Alabadlo por sus obras magníficas,
alabadlo por su inmensa grandeza.

Alabadlo tocando trompetas,
alabadlo con arpas y cítaras,

alabadlo con tambores y danzas,
alabadlo con trompas y flautas,

alabadlo con platillos sonoros,
alabadlo con platillos vibrantes.

Todo ser que alienta alabe al Señor.

Gloria al Padre...

Palabra de Dios — Malaquías 3, 23-24

MIRAD: os enviaré al profeta Elías antes de que llegue el día del Señor, grande y terrible. Convertirá el corazón de los padres hacia los hijos, y el corazón de los hijos hacia los padres, para que no tenga que venir yo a destruir la tierra.

Será grande a los ojos del Señor
y se llenará de Espíritu Santo. Será grande...

CÁNTICO DE ZACARÍAS — (Texto contraportada B)

A Zacarías se le soltó la boca y profetizó, diciendo: «Bendito sea el Dios de Israel».

PRECES

El Señor nos conoce por nuestro nombre y tiene un plan de salvación para cada uno de nosotros. Porque sabemos que siempre nos escucha, acudimos a él diciendo:

℟ Señor, santifica a tu pueblo.

Para que la presencia de la Iglesia suscite en el corazón de quienes la escuchen el deseo de conocer mejor a Dios y les comunique la misma alegría que experimentó san Juan Bautista ante la presencia de Cristo. ℟

Para que, como el precursor del Señor, todos los que tienen la misión de enseñar en la Iglesia se preparen con una vida de oración, penitencia y silencio, y así sean fieles transmisores de la palabra de Dios. ℟

Para que sepamos reconocer que todos los niños son seres queridos por Dios y los ayudemos para que puedan cumplir la misión que él les ha encomendado. ℟

Para que toda nueva criatura sea acogida con alegría y con la certeza de que en ella se manifiesta el amor de Dios. ℟

Para que nuestras familias sean hogares desde los que se irradie el amor que Dios nos tiene y sepamos acoger a todos los que sufren. ℟

Intenciones libres

Padre nuestro…

ORACIÓN

Oh Dios, que suscitaste a san Juan Bautista para que preparase a Cristo, el Señor, un pueblo bien dispuesto, concede a tu familia el don de la alegría espiritual y dirige la voluntad de tus hijos por el camino de la salvación y de la paz. Por nuestro Señor Jesucristo.

MISA

La Natividad de Juan Bautista

Solemnidad

● *Fue Precursor del Señor, que, estando aún en el seno materno, al quedar lleno del Espíritu Santo, exultó de gozo por la próxima llegada de la salvación del género humano. Su nacimiento profetizó la Natividad de Cristo, el Señor, y su existencia brilló con tal esplendor de gracia que el mismo Jesucristo dijo no haber entre los nacidos de mujer nadie tan grande como Juan el Bautista.* ●

ANTÍFONA DE ENTRADA

Surgió un hombre enviado por Dios, que se llamaba Juan; éste venía para dar testimonio de la luz y preparar para el Señor un pueblo bien dispuesto (Jn 1, 6-7; Lc 1, 17).

GLORIA ——— página 224

ORACIÓN COLECTA

Oh Dios, que suscitaste a san Juan Bautista
para que preparase a Cristo, el Señor,
un pueblo bien dispuesto,
concede a tu familia el don de la alegría espiritual
y dirige la voluntad de tus hijos
por el camino de la salvación y de la paz.
Por nuestro Señor Jesucristo.

Lectura del libro de Isaías 49, 1-6

ESCUCHADME, islas; atended, pueblos lejanos: estaba yo en el vientre, y el Señor me llamó; en las entrañas maternas, y pronunció mi nombre.
Hizo de mi boca una espada afilada, me escondió en la sombra de su mano; me hizo flecha bruñida, me guardó en su aljaba y me dijo:
«Tú eres mi siervo, de quien estoy orgulloso».
Mientras yo pensaba: «En vano me he cansado, en viento y en nada he gastado mis fuerzas», en realidad mi derecho lo llevaba el Señor, mi salario lo tenía mi Dios.
Y ahora habla el Señor, que desde el vientre me formó siervo suyo, para que le trajese a Jacob, para que le reuniese a Israel -tanto me honró el Señor, y mi Dios fue mi fuerza-:
«Es poco que seas mi siervo y restablezcas las tribus de Jacob y conviertas a los supervivientes de Israel; te hago

luz de las naciones, para que mi salvación alcance hasta el confín de la tierra».
Palabra de Dios.

• SALMO 138 •

℟ **Te doy gracias,**
porque me has escogido portentosamente.

Señor, tú me sondeas y me conoces;
me conoces cuando me siento o me levanto,
de lejos penetras mis pensamientos;
distingues mi camino y mi descanso,
todas mis sendas te son familiares. ℟

Tú has creado mis entrañas,
me has tejido en el seno materno.
Te doy gracias,
porque me has escogido portentosamente,
porque son admirables tus obras;
conocías hasta el fondo de mi alma. ℟

No desconocías mis huesos,
cuando, en lo oculto, me iba formando,
y entretejiendo en lo profundo de la tierra. ℟

Lectura del libro de los Hechos de los apóstoles 13, 22-26

EN AQUELLOS DÍAS, dijo Pablo:
- «Dios nombró rey a David, de quien hizo esta alabanza: "Encontré a David, hijo de Jesé, hombre conforme a mi corazón, que cumplirá todos mis preceptos". Según lo prometido, Dios sacó de su descendencia un salvador para Israel: Jesús. Antes de que llegara, Juan predicó a todo Israel un bautismo de conversión; y, cuando estaba para acabar su vida, decía: "Yo no soy quien pensáis; viene uno detrás de mí a quien no merezco desatarle las sandalias".

Hermanos, descendientes de Abrahán y todos los que teméis a Dios: A vosotros se os ha enviado este mensaje de salvación».
Palabra de Dios.

Aleluya. A ti, niño, te llamarán profeta del Altísimo, porque irás delante del Señor a preparar sus caminos.

Lectura del santo evangelio según san Lucas 1, 57-66. 80

A ISABEL se le cumplió el tiempo del parto y dio a luz un hijo. Se enteraron sus vecinos y parientes de que el Señor le había hecho una gran misericordia, y la felicitaban.
A los ocho días fueron a circuncidar al niño, y lo llamaban Zacarías, como a su padre. La madre intervino diciendo:
- «¡No! Se va a llamar Juan».
Le replicaron: - «Ninguno de tus parientes se llama así».
Entonces preguntaban por señas al padre cómo quería que se llamase. Él pidió una tablilla y escribió: «Juan es su nombre». Todos se quedaron extrañados.
Inmediatamente se le soltó la boca y la lengua, y empezó a hablar bendiciendo a Dios.
Los vecinos quedaron sobrecogidos, y corrió la noticia por toda la montaña de Judea. Y todos los que lo oían reflexionaban diciendo: - «¿Qué va a ser este niño?»
Porque la mano del Señor estaba con él. El niño iba creciendo, y su carácter se afianzaba; vivió en el desierto hasta que se presentó a Israel.
Palabra del Señor.

CREDO página 225

ORACIÓN SOBRE LAS OFRENDAS

Colmamos de ofrendas tus altares, Señor,
para celebrar dignamente
la natividad de san Juan Bautista;

porque él proclamó que el Salvador del mundo
ya estaba cerca
y lo mostró, ya presente, entre los hombres.
Por Jesucristo nuestro Señor.

Prefacio: La misión del Precursor

En verdad es justo y necesario,
es nuestro deber y salvación
darte gracias
siempre y en todo lugar,
Señor, Padre santo,
Dios todopoderoso y eterno,
por Cristo, Señor nuestro.
Y al celebrar hoy la gloria de Juan el Bautista,
precursor de tu Hijo
y el mayor de los nacidos de mujer,
proclamamos tu grandeza.
Porque él saltó de alegría en el vientre de su madre,
al llegar el Salvador de los hombres,
y su nacimiento fue motivo de gozo para muchos.
Él fue escogido entre todos los profetas
para mostrar a las gentes
el Cordero que quita el pecado del mundo.
Él bautizó en el Jordán al Autor del bautismo,
y el agua viva tiene, desde entonces,
poder de salvación para los hombres.
Y él dio, por fin, su sangre
como supremo testimonio por el nombre de Cristo.
Por eso,
como los ángeles te cantan en el cielo,
te aclamamos nosotros en la tierra,
diciendo sin cesar: Santo…

Antífona de comunión

Por la entrañable misericordia de nuestro Dios nos visitará el Sol que nace de lo alto (Lc 1, 78).

Oración después de la comunión

Señor, tú que has restaurado nuestras fuerzas
con el banquete del Cordero celestial,

haz que tu Iglesia,
llena de gozo por la natividad de san Juan Bautista,
reconozca a su Redentor
en aquel cuya venida inminente anunciaba el Precursor,
Por Jesucristo nuestro Señor.

DÍA TRAS DÍA

Juan no era la luz, sino testigo de la luz

El hecho de que el nacimiento de Juan se conmemore cuando los días comienzan a disminuir, y el del Señor cuando comienzan a aumentar, forma parte de un símbolo. En efecto, el mismo Juan ha revelado el secreto de esta diferencia. La multitud pensaba que era el Mesías a causa de sus eminentes virtudes, mientras que algunos no consideraban que el Señor fuera el Mesías, sino un profeta a causa de la debilidad de su condición corporal. Y Juan dijo: *Es preciso que él crezca y yo disminuya*. El Señor creció verdaderamente porque, cuando pensaban que era un profeta, dio a conocer a los creyentes del mundo entero que él era el Mesías. Juan decreció y disminuyó porque él, a quien tomaban por el Mesías, apareció no como el Mesías, sino como el anunciador del Mesías.

Es, pues, normal que la claridad del día comience a disminuir a partir del nacimiento de Juan puesto que la reputación de su divinidad iba a desvanecerse y pronto iba a desaparecer su bautismo. De la misma manera es normal que la claridad de los días más cortos vuelva de nuevo a crecer a partir del nacimiento del Señor: en verdad él vino sobre la tierra para revelar a todos los paganos la luz de su conocimiento, de la cual los judíos anteriormente sólo poseían una parte, y para extender por todas las partes del mundo el fuego de su amor.

SAN BEDA EL VENERABLE
Natural de Nortumbría (Gran Bretaña); monje de gran erudición y doctor de la Iglesia (673-735)

Oración de la tarde

Señor, Dios mío, ven en mi ayuda;
que yo te dé gracias sin fin.

Gloria al Padre, y al Hijo, y al Espíritu Santo...

HIMNO

Pastor que, sin ser pastor,
al buen Cordero nos muestras,
precursor que, sin ser luz,
nos dices por dónde llega,
enséñanos a enseñar
la fe desde la pobreza.

Tú que traes un bautismo
que es poco más que apariencia
y al que el Cordero más puro
baja buscando pureza,
enséñame a difundir
amor desde mi tibieza.

Tú que sientes como yo
que la ignorancia no llega
ni a conocer al Señor
ni a desatar sus correas,
enséñame a propagar
la fe desde mi torpeza.

Tú que sabes que no fuiste
la Palabra verdadera

y que sólo eras la voz
que en el desierto vocea,
enséñame, Juan, a ser
profeta sin ser profeta. Amén.

SALMO 109 *1-5. 7*

Oráculo del Señor a mi Señor:
«Siéntate a mi derecha,
y haré de tus enemigos
estrado de tus pies».
Desde Sión extenderá el Señor
el poder de tu cetro:
somete en la batalla a tus enemigos.

«Eres príncipe desde el día de tu nacimiento,
entre esplendores sagrados;
yo mismo te engendré, como rocío,
antes de la aurora».

El Señor lo ha jurado y no se arrepiente:
«Tú eres sacerdote eterno,
según el rito de Melquisedec».

El Señor a tu derecha, el día de su ira,
quebrantará a los reyes.
En su camino beberá del torrente,
por eso levantará la cabeza.

Gloria al Padre…

Palabra de Dios — Hechos de los apóstoles 13, 23-25

SEGÚN LO PROMETIDO, Dios sacó de la descendencia de David un salvador para Israel: Jesús. Antes de que llegara, Juan predicó a todo Israel un bautismo de conversión; y, cuando estaba para acabar su vida, decía: «Yo no soy quien pensáis; viene uno detrás de mí a quien no merezco desatarle las sandalias».

Preparad el camino del Señor,
allanad sus senderos. Preparad...

CÁNTICO DE MARÍA (Texto contraportada A)

El niño que nos ha nacido es más que profeta; de él dice el Salvador: «No ha nacido de mujer uno más grande que Juan, el Bautista».

PRECES

Alegres por haber celebrado el nacimiento del Precursor, demos gracias a Dios, que no deja de bendecirnos con sus dones:

℟ Bendito seas por siempre, Señor.

Porque en la Iglesia no dejan de surgir nuevos carismas que se dedican a evangelizar. ℟

Porque tocas nuestro corazón para que se fortalezca nuestra fe. ℟

Porque suscitas personas que dedican su vida a comunicar la buena noticia de la salvación. ℟

Porque en el ejemplo de los santos encontramos modelos a los que imitar. ℟

Porque la Iglesia siempre se renueva con el deseo de que todos los hombres se salven. ℟

Intenciones libres

Padre nuestro...

ANTÍFONA MARIANA (Texto página 27)

LUNES 25 DE JUNIO

Oración de la mañana

Escuchemos la voz de nuestro Dios,
entremos en el descanso que él nos ha prometido.

Gloria al Padre, y al Hijo,
y al Espíritu Santo…

Himno

Allá, en la madrugada de los mundos,
como en caliente magnitud de ala
creadora, tu Espíritu flotaba
sobre el cósmico caos de las aguas.
Saltaba el mar desde el baldío abismo
al conjurar de tu clamor fecundo.
Sólo de haber pasado por el cauce
de tu querer que crea, aún reverbera
de la imponente majestad de origen.
¿Dónde mayor captura de grandeza
que en la amplitud de vértigo del cielo
-espacio sin linderos para el ansia,
empalme del confín y el infinito-
y en la otra amplitud, la del océano,
gigantesco volumen de hermosura?
Gloria al Padre, gloria al Hijo,
gloria al Espíritu Santo.
Amén.

Salmo 134 (I)

Alabad el nombre del Señor,
alabadlo, siervos del Señor,

que estáis en la casa del Señor,
en los atrios de la casa de nuestro Dios.

Alabad al Señor, porque es bueno;
tañed para su nombre, que es amable.
Porque él se escogió a Jacob,
a Israel en posesión suya.

Yo sé que el Señor es grande,
nuestro dueño más que todos los dioses.
El Señor todo lo que quiere lo hace:
en el cielo y en la tierra,
en los mares y en los océanos.

Hace subir las nubes desde el horizonte,
con los relámpagos desata la lluvia,
suelta a los vientos de sus silos.

Él hirió a los primogénitos de Egipto,
desde los hombres hasta los animales.
Envió prodigios y signos
-en medio de ti, Egipto-
contra el Faraón y sus ministros.

Hirió de muerte a pueblos numerosos,
mató a reyes poderosos:
a Sijón, rey de los amorreos;
a Hog, rey de Basán,
y a todos los reyes de Canaán.
Y dio su tierra en heredad,
en heredad a Israel, su pueblo.

Gloria al Padre…

Palabra de Dios

Judit 8, 21b-23

RECORDAD cómo fueron probados nuestros padres para ver si verdaderamente servían a su Dios. Recordad cómo fue probado Abrahán, nuestro padre; y, purificado por muchas tribulaciones, llegó a ser amigo de Dios. Del mismo modo, Isaac, Jacob, Moisés y todos los que agradaron a Dios, le permanecieron fieles en medio de muchos padecimientos.

Aclamad, justos, al Señor,
que merece la alabanza de los buenos. Aclamad...

CÁNTICO DE ZACARÍAS

(Texto contraportada B)

Bendito sea el Señor, porque nos ha visitado y redimido.

PRECES

Jesús vino al mundo para cumplir la voluntad del Padre. En el inicio de este nuevo día, le decimos:

℟ Señor, haznos fieles servidores tuyos.

Señor, al entrar en el mundo dijiste: «Aquí estoy, Señor, para hacer tu voluntad»,
- te ofrecemos nuestras obras de este día. ℟

Señor, tú dijiste que tu alimento era «hacer la voluntad del Padre»,
- haz que no perdamos la paz cuando no se realice lo que deseamos, sino que busquemos siempre que se realice tu designio de salvación. ℟

Jesús, tú viviste sujeto a María y a José,
- que sepamos respetar a los que tienen autoridad sobre nosotros y descubramos en ellos un signo de tu autoridad. ℟

En la Última Cena dijiste que seríamos amigos tuyos si guardábamos tus mandamientos,
- que el Espíritu Santo nos ayude a cumplir lo que nos has enseñado. ℟

Intenciones libres

Padre nuestro...

ORACIÓN

Oh Dios, que encomendaste al hombre la guarda y el cultivo de la tierra, y creaste la luz del sol en su servicio, concédenos hoy que, con tu luz, trabajemos sin desfallecer para tu gloria y para el bien de nuestro prójimo. Por nuestro Señor Jesucristo.

MISA

Lunes de la 12ª semana del tiempo ordinario

ANTÍFONA DE ENTRADA

El Señor es fuerza para su pueblo, apoyo y salvación para su Ungido. Salva a tu pueblo y bendice tu heredad, sé su pastor y llévalos siempre (Sal 27, 8-9).

ORACIÓN COLECTA

Concédenos vivir siempre, Señor,
en el amor y respeto a tu santo nombre,
porque jamás dejas de dirigir
a quienes estableces
en el sólido fundamento de tu amor.
Por nuestro Señor Jesucristo.

Lectura del segundo libro de los Reyes 17, 5-8. 13-15a. 18

EN AQUELLOS DÍAS, Salmanasar, rey de Asiria, invadió el país y asedió a Samaria durante tres años. El año noveno de Oseas, el rey de Asiria conquistó Samaria, deportó a los israelitas a Asiria y los instaló en Jalaj, junto al Jabor, río de Gozán, y en las poblaciones de Media.

Eso sucedió porque, sirviendo a otros dioses, los israelitas habían pecado contra el Señor, su Dios, que los había sacado de Egipto, del poder del Faraón, rey de Egipto; procedieron según las costumbres de las naciones que el

Señor había expulsado ante ellos y que introdujeron los reyes nombrados por ellos mismos.
El Señor había advertido a Israel y Judá por medio de los profetas y videntes: - «Volveos de vuestro mal camino, guardad mis mandatos y preceptos, siguiendo la ley que di a vuestros padres, que les comuniqué por medio de mis siervos, los profetas».
Pero no hicieron caso, sino que se pusieron tercos, como sus padres, que no confiaron en el Señor, su Dios.
Rechazaron sus mandatos y el pacto que había hecho el Señor con sus padres, y las advertencias que les hizo.
El Señor se irritó tanto contra Israel que los arrojó de su presencia.
Sólo quedó la tribu de Judá.
Palabra de Dios.

• SALMO 59 •

℟ **Que tu mano salvadora, Señor, nos responda.**

Oh Dios, nos rechazaste y rompiste nuestras filas;
estabas airado, pero restáuranos. ℟

Has sacudido y agrietado el país:
repara sus grietas, que se desmorona.
Hiciste sufrir un desastre a tu pueblo,
dándole a beber un vino de vértigo. ℟

Tú, oh Dios, nos has rechazado
y no sales ya con nuestras tropas.
Auxílianos contra el enemigo,
que la ayuda del hombre es inútil.
Con Dios haremos proezas,
él pisoteará a nuestros enemigos. ℟

Aleluya. La palabra de Dios es viva y eficaz; juzga los deseos e intenciones del corazón.

● *«SÁCATE PRIMERO LA VIGA DEL OJO». La invitación que el Señor dirige a sus discípulos es clara: deben primero expulsar todo aquello que hay de impuro en su interior para poder ver con una luz más humilde y delicada la condición alejada de los hermanos. Sólo así se puede dar paso a la corrección fraterna, que deja en cualquier caso el juicio último a Dios.* ●

Lectura del santo evangelio según san Mateo 7, 1-5

EN AQUEL TIEMPO, dijo Jesús a sus discípulos: - «No juzguéis y no os juzgarán; porque os van a juzgar como juzguéis vosotros, y la medida que uséis, la usarán con vosotros.
¿Por qué te fijas en la mota que tiene tu hermano en el ojo y no reparas en la viga que llevas en el tuyo?
¿Cómo puedes decirle a tu hermano: "Déjame que te saque la mota del ojo", teniendo una viga en el tuyo? Hipócrita; sácate primero la viga del ojo; entonces verás claro y podrás sacar la mota del ojo de tu hermano».
Palabra del Señor.

ORACIÓN SOBRE LAS OFRENDAS

Acepta, Señor,
este sacrificio de reconciliación y alabanza,
para que, purificados por su poder,
te agrademos con la ofrenda de nuestro amor.
Por Jesucristo nuestro Señor.

ANTÍFONA DE COMUNIÓN

Los ojos de todos te están aguardando, Señor, tú les das la comida a su tiempo (Sal 144, 15).

O bien:

Yo soy el buen Pastor, yo doy mi vida por las ovejas -dice el Señor (Jn 10, 11. 15).

ORACIÓN DESPUÉS DE LA COMUNIÓN

Renovados con el Cuerpo y la Sangre de tu Hijo,
imploramos de tu bondad, Señor,
que cuanto celebramos en cada eucaristía
sea para nosotros prenda de salvación.
Por Jesucristo nuestro Señor.

MEDITACIÓN

¿No reparas en la viga que tienes en tu ojo?

Cuando un hombre se humilla por sus defectos, entonces fácilmente aplaca a los otros, y sin dificultad satisface a los que lo odian. Dios defiende y libra al humilde; al humilde ama y consuela; al hombre humilde se inclina; al humilde le concede su gracia y, después de su abatimiento, lo levanta a gran honra. Al humilde descubre sus secretos, lo atrae dulcemente a sí y le convida. El humilde, recibida la ofensa, está en paz, porque está en Dios y no en el mundo.

Ponte primero a ti en paz, y después podrás apaciguar a los otros. El hombre pacífico aprovecha más que el muy letrado. El hombre apasionado aun el bien lo convierte en mal, y de ligero cree lo malo. El hombre bueno y pacífico todas las cosas echa a la parte buena.

El que está en buena paz de ninguno sospecha. El descontento y alterado con diversas sospechas se atormenta: ni él sosiega ni deja descansar a los otros. Dice muchas veces lo que no debiera, y deja de hacer lo que más le convendría. Piensa lo que otros deben hacer, y deja él sus obligaciones. Ten, pues, primero celo contigo, y después podrás tener buen celo con el prójimo.

TOMÁS DE KEMPIS

Nace en Kempen, junto a Colonia; este canónigo regular de Windesheim es el autor de la Imitación de Cristo (1379?-1471)

Oración de la tarde

¡Bendito seas, Señor,
Dios de ternura y de amor!

Gloria al Padre, y al Hijo,
y al Espíritu Santo...

HIMNO

Espérame, Señor, que vas huyendo,
Señor, a quien persigo, a quien requiero,
a quien busco en el valle y el otero,
por quien me abraso, para quien me enciendo.

Tienes que verme y sé que me estás viendo,
cómo en esta existencia desespero
y me debato sin tenerte, y muero.
Cómo hacia Ti, Señor, los brazos tiendo.

Espera sin huir, que estoy cansado
y quiero remansar a tu costado,
no dejes a la vista que me venza.

Aguárdame a la vuelta del camino,
en la paz del sendero campesino
que tiene en Ti su fin y en Ti comienza. Amén.

SALMO 81

Dios se levanta en la asamblea divina;
rodeado de ángeles juzga:
«¿Hasta cuándo daréis sentencia injusta
poniéndoos de parte del culpable?

Proteged al desvalido y al huérfano,
haced justicia al humilde y necesitado,
defended al pobre y al indigente,
sacándolos de las manos del culpable».

Ellos, ignorantes e insensatos, caminan a oscuras,
mientras vacilan los cimientos del orbe.

Yo declaro: «Aunque seáis dioses
e hijos del Altísimo todos,
moriréis como cualquier hombre,
caeréis, príncipes, como uno de tantos».

Levántate, oh Dios, y juzga la tierra,
porque tú eres el dueño de todos los pueblos.

Gloria al Padre…

Palabra de Dios — 1 Tesalonicenses 3, 12-13

QUE EL SEÑOR OS COLME y os haga rebosar de amor mutuo y de amor a todos, lo mismo que nosotros os amamos. Y que así os fortalezca internamente, para que, cuando Jesús, nuestro Señor, vuelva acompañado de todos sus santos, os presentéis santos e irreprensibles ante Dios, nuestro Padre.

Suba mi oración hasta ti, Señor,
como incienso en tu presencia. Suba…

Cántico de María — (Texto contraportada A)

Proclame siempre mi alma tu grandeza, oh Dios mío.

Preces

El apóstol Pedro nos exhorta a estar vigilantes también en la hora del sueño. Por eso, le pedimos al Señor:

℟ Vela por nosotros mientras dormimos.

Guarda durante esta noche a tu Iglesia,
- y concede el descanso necesario a los que se han desgastado al servicio del Evangelio. ℟

Tú que eres el guardián de Israel que siempre vigila,
- acompaña a todos los que viajan, a quienes padecen insomnio y a los que pasarán esta noche en vela. ℟

San José conoció en sueños cuál era la voluntad de Dios,
- protege nuestra imaginación para que siempre pensemos en cosas edificantes. ℟

La noche conoció tu resurrección,
- que todos los que hoy mueran puedan contemplar la claridad de tu rostro. ℟

Intenciones libres

Padre nuestro...

Antífona mariana (Texto página 27)

SANTOS
DE AYER Y DE HOY

Corazón de Jesús,
en quien reside toda la plenitud de la divinidad,
ten piedad de nosotros.

SANTOS DOMINGO HENARES Y FRANCISCO DO MINH CHIEU
Mártires († 1838)

Tras sufrir la cárcel y numerosas torturas, estos mártires vietnamitas fueron decapitados en Nam Dinh el 25 de junio de 1838 en tiempos del emperador Minh Mang. *Domingo* nació en Baena (Córdoba, España) en el año 1765. Ingresó en los dominicos en 1783 y, después de reiteradas peticiones, consiguió que lo enviaran a Manila. Allí terminó los estudios, fue ordenado sacerdote y ejerció su ministerio, hasta que, en 1790, lo destinaron a Vietnam. En 1800 lo nombraron obispo. Trabajó incansablemente en la evangelización de los infieles y en la consolidación de la comunidad cristiana, esquivando peligros y persecuciones. En 1838 estalló la persecución contra los cristianos y fue arrestado y condenado a muerte. *Francisco* nació en Vietnam en 1808. Era de familia cristiana y desde su juventud fue catequista y fiel colaborador de su obispo Domingo Henares, al que acompañaba en sus viajes pastorales. En la persecución anticristiana lo identificaron por no pisar los crucifijos. Compartió la misma suerte que su obispo.

No merecemos ser librados en los peligros
si no socorremos a los demás,
ni recibir auxilio si lo negamos nosotros.

Lactancio

[MARTES 26 DE JUNIO]

San Pelayo

Oración de la mañana

¡Tu amor, Señor, esté en nosotros
como en ti está nuestra esperanza!

Gloria al Padre, y al Hijo, y al Espíritu Santo…

HIMNO

¡Oh buen Jesús!, que noble y sensitivo
poblaste de raíces mi alma seca
y has sido para mí cual nueva meta,
futuro y mi sostén definitivo.

Libremente, has querido ser mi amigo
refrescando mi alma cuando enteca
anhelaba un consuelo y no una mueca
consolándome atento y efusivo.

¡Qué tesoro tan rico he adquirido!
¡Qué suave consuelo proporcionas!
¡Qué alegre compartir, qué amable abrigo!

Tu gracia, tu poder y tu ternura
son mi solio de honor y techo amigo
que me llena de paz y de ternura. Amén.

SALMO 143 (I)

Bendito el Señor, mi roca,
que adiestra mis manos para el combate,
mis dedos para la pelea;

mi bienhechor, mi alcázar,
baluarte donde me pongo a salvo,

mi escudo y mi refugio,
que me somete los pueblos.

Señor, ¿qué es el hombre para que te fijes en él?,
¿qué los hijos de Adán para que pienses en ellos?
El hombre es igual que un soplo;
sus días, una sombra que pasa.

Señor, inclina tu cielo y desciende,
toca los montes, y echarán humo,
fulmina el rayo y dispérsalos,
dispara tus saetas y desbarátalos.

Extiende la mano desde arriba:
defiéndeme, líbrame de las aguas caudalosas,
de la mano de los extranjeros,
cuya boca dice falsedades,
cuya diestra jura en falso.

Gloria al Padre…

Palabra de Dios — Isaías 55, 1

OÍD, sedientos todos, acudid por agua, también los que no tenéis dinero: venid, comprad trigo, comed sin pagar vino y leche de balde.

Señor, escucha mi voz,
he esperado en tus palabras. Señor…

CÁNTICO DE ZACARÍAS — (Texto contraportada B)

De la mano de todos los que nos odian, sálvanos, Señor.

PRECES

El Espíritu Santo nos enseña cómo hemos de rezar y lo que tenemos que pedir. Confiando en su asistencia, suplicamos:

℟ Señor, escucha a tu pueblo.

Por la Iglesia, para que profundice continuamente en las enseñanzas del Evangelio,
- y sepa comunicarlas de modo comprensible a los hombres de nuestro tiempo. ℟

Por nuestra sociedad, para que no se abandone a la búsqueda desordenada de los bienes materiales, del placer y del poder,
- sino que se construya como un lugar en el que todos los hombres puedan vivir conforme a su dignidad. ℟

Por los que no tienen trabajo,
- para que pronto puedan encontrar un empleo estable. ℟

Por los que son marginados en nuestra sociedad a causa de su fe,
- para que no se desanimen y encuentren fortaleza en Cristo, que no abandona a los que confían en él. ℟

Intenciones libres

Padre nuestro...

ORACIÓN

Aumenta, Señor, nuestra fe, para que la alabanza que sale de nuestros labios vaya siempre acompañada de frutos de vida eterna. Por nuestro Señor Jesucristo.

MISA

Martes de la 12ª semana del tiempo ordinario

En América no se hace memoria de san Pelayo, se toman las antífonas y oraciones de la 12ª semana del tiempo ordinario, como en el día anterior (páginas 360 y 362).

SAN PELAYO (SIGLO X) *Memoria libre*

● *Pelayo (o Pelagio) es el mártir de la castidad en el umbral de la juventud. Nacido en Galicia, fue llevado a la cárcel de Córdoba con su tío Hermigio, obispo de Tuy. El califa se sintió atraído por su figura y, al no poder doblegar su virtud, lo hizo martirizar, a los catorce años de edad, el 26 de junio del año 925. Su cuerpo fue trasladado a León, y más tarde a Oviedo, donde se venera actualmente en el monasterio de benedictinos que lleva su nombre.* ●

ANTÍFONA DE ENTRADA

Este santo luchó hasta la muerte en defensa de la ley de Dios, y no temió las palabras de los malvados; estaba afianzado sobre roca firme.

ORACIÓN COLECTA

Señor, Padre nuestro, que prometiste
a los limpios de corazón
la recompensa de ver tu rostro;
concédenos tu gracia y tu fuerza
para que, a ejemplo de san Pelayo, mártir,
antepongamos tu amor a las seducciones del mundo
y guardemos el corazón limpio de todo pecado.
Por nuestro Señor Jesucristo.

Lectura del segundo libro de los Reyes

19, 9b-11. 14-21. 31-35a. 36

EN AQUELLOS DÍAS, Senaquerib, rey de Asiria, envió mensajeros a Ezequías, para decirle: - «Decid a Ezequías, rey de Judá: "Que no te engañe tu Dios en quien confías, pensando que Jerusalén no caerá en manos del rey de Asiria. Tú mismo has oído hablar de cómo han tratado los reyes de Asiria a todos los países, exterminándolos, ¿y tú te vas a librar?"».

Ezequías tomó la carta de mano de los mensajeros y la leyó; después subió al templo, la desplegó ante el Señor y oró:

«Señor, Dios de Israel, sentado sobre querubines; tú solo eres el Dios de todos los reinos del mundo.

Tú hiciste el cielo y la tierra. Inclina tu oído, Señor, y escucha; abre tus ojos, Señor, y mira. Escucha el mensaje que ha enviado Senaquerib para ultrajar al Dios vivo. Es verdad, Señor: los reyes de Asiria han asolado todos los países y su territorio, han quemado todos sus dioses, porque no son dioses, sino hechura de manos humanas, leño y piedra, y los han destruido. Ahora, Señor, Dios nuestro, sálvanos de su mano, para que sepan todos los reinos del mundo que tú solo, Señor, eres Dios».
Isaías, hijo de Amós, mandó a decir a Ezequías:
- «Así dice el Señor, Dios de Israel: "He oído lo que me pides acerca de Senaquerib, rey de Asiria. Ésta es la palabra que el Señor pronuncia contra él:
Te desprecia y se burla de ti la doncella, la ciudad de Sión; menea la cabeza a tu espalda la ciudad de Jerusalén. Pues de Jerusalén saldrá un resto, del monte Sión los supervivientes. ¡El celo del Señor lo cumplirá!
Por eso, así dice el Señor acerca del rey de Asiria:
No entrará en esta ciudad, no disparará contra ella su flecha, no se acercará con escudo ni levantará contra ella un talud; por el camino por donde vino se volverá, pero no entrará en esta ciudad -oráculo del Señor-.
Yo escudaré a esta ciudad para salvarla, por mi honor y el de David, mi siervo"».
Aquella misma noche salió el ángel del Señor e hirió en el campamento asirio a ciento ochenta y cinco mil hombres. Senaquerib, rey de Asiria, levantó el campamento, se volvió a Nínive y se quedó allí.
Palabra de Dios.

• Salmo 47 •

℟ **Dios ha fundado su ciudad para siempre.**

Grande es el Señor y muy digno de alabanza
en la ciudad de nuestro Dios,

su monte santo, altura hermosa,
alegría de toda la tierra. ℟

El monte Sión, vértice del cielo,
ciudad del gran rey;
entre sus palacios,
Dios descuella como un alcázar. ℟

Oh Dios, meditamos tu misericordia
en medio de tu templo:
como tu renombre, oh Dios, tu alabanza
llega al confín de la tierra;
tu diestra está llena de justicia. ℟

Aleluya. Yo soy la luz del mundo -dice el Señor-; el que me sigue tendrá la luz de la vida.

● «ENTRAD POR LA PUERTA ESTRECHA». *Una cosa que no deben olvidar los discípulos de Jesús es lo valioso y bello del don que han recibido, un don que debe ser custodiado con delicadeza de corazón. Esto implica llevar una vida exigente marcada por las indicaciones que él ofrece, para lo cual se necesita valentía y sobre todo confianza en él.* ●

Lectura del santo evangelio según san Mateo — 7, 6. 12-14

EN AQUEL TIEMPO, dijo Jesús a sus discípulos: - «No deis lo santo a los perros, ni les echéis vuestras perlas a los cerdos; las pisotearán y luego se volverán para destrozaros.
Tratad a los demás como queréis que ellos os traten; en esto consiste la Ley y los profetas.
Entrad por la puerta estrecha. Ancha es la puerta y espacioso el camino que lleva a la perdición, y muchos entran por ellos.

¡Qué estrecha es la puerta y qué angosto el camino que lleva a la vida! Y pocos dan con ellos».
Palabra del Señor.

ORACIÓN SOBRE LAS OFRENDAS

Señor, santifica con tu bendición
estas ofrendas que te presentamos
y concédenos la gracia
de vivir encendidos en el fuego de tu amor
que dio fuerza al mártir san Pelayo
para soportar los tormentos.
Por Jesucristo nuestro Señor.

O bien:

Acepta, Señor, los dones que te presentamos
en honor del mártir san Pelayo
y sean a tus ojos ofrenda tan preciosa
como el derramamiento de su sangre.
Por Jesucristo nuestro Señor.

ANTÍFONA DE COMUNIÓN

El que quiera venirse conmigo que se niegue a sí mismo, que cargue con su cruz y me siga -dice el Señor (Mt 16, 24).

ORACIÓN DESPUÉS DE LA COMUNIÓN

Señor, que el sacramento que hemos recibido
nos dé la fortaleza con que el mártir san Pelayo
se mostró siempre fiel a tu servicio
y vencedor en el tormento.
Por Jesucristo nuestro Señor.

MEDITACIÓN

El camino que lleva a la vida

Jesucristo es, amados hermanos, el camino por el que llegamos a la salvación, el sumo sacerdote de nuestras oblaciones, sostén y ayuda de nuestra debilidad. Por él quiso el Señor que gustásemos el conocimiento inmortal, ya que *él es el reflejo de la gloria del Padre; está encumbrado sobre los ángeles porque es mucho más sublime que el de éstos el nombre que ha heredado.*

Tomemos como ejemplo nuestro cuerpo. La cabeza sin los pies no es nada, como tampoco los pies sin la cabeza; los miembros más ínfimos de nuestro cuerpo son necesarios y útiles a la totalidad del cuerpo; más aún, todos ellos se coordinan entre sí para el bien de todo el cuerpo. Procuremos, pues, conservar la integridad de este cuerpo que formamos en Cristo Jesús, y que cada uno se ponga al servicio de su prójimo según la gracia que le ha sido asignada por donación de Dios. Pensemos, pues, hermanos, de qué polvo fuimos formados, qué éramos al entrar en este mundo, de qué sepulcro y de qué tinieblas nos sacó el Creador que nos plasmó y nos trajo a este mundo, obra suya, en el que, ya antes de que naciéramos, nos había dispuesto sus dones. Puesto que todos estos beneficios los tenemos de su mano, en todo debemos darle gracias.

SAN CLEMENTE DE ROMA

Posiblemente fue colaborador de san Pablo; fue el tercer sucesor de san Pedro y autor de la carta a los Corintios (96?), mártir

Oración de la tarde

Dios mío, ven en mi auxilio;
Señor, date prisa en socorrerme.

Gloria al Padre, y al Hijo, y al Espíritu Santo,
al Dios que es, que era y que viene,
por los siglos de los siglos. Amén. ¡Aleluya!

HIMNO

Dentro del alma en íntimo sosiego,
una oración perenne se repite;

no es que afligido esté, ni que en mi ruego
gracia ninguna inquieto solicite.

Esta lenta oración nada reclama,
ni siquiera en palabras se formula;
es el mudo latir de un pecho que ama
y que en su amor todo otro afán anula.

Es ante Dios un acto de presencia,
un sentirme a su lado satisfecho,
un arrostrar sin pena la inclemencia
de la vida al abrigo de su techo,

un dejarme en sus brazos lo que dure
la aguda incertidumbre de la vida,
sin pedirle palabra que asegure
ni la final jornada tan temida,

un decirle «Señor, tú eres testigo
de mi vida que oculta se desgasta;
y ves que no me quejo; estoy contigo
y tú conmigo estás, y esto me basta…»
Amén.

SALMO 137

Te doy gracias, Señor, de todo corazón;
delante de los ángeles tañeré para ti,
me postraré hacia tu santuario,
daré gracias a tu nombre:

por tu misericordia y tu lealtad,
porque tu promesa supera a tu fama;
cuando te invoqué, me escuchaste,
acreciste el valor de mi alma.

Que te den gracias, Señor, los reyes de la tierra,
al escuchar el oráculo de tu boca;

canten los caminos del Señor,
porque la gloria del Señor es grande.

El Señor es sublime, se fija en el humilde,
y de lejos conoce al soberbio.

Cuando camino entre peligros
me conservas la vida;
extiendes tu brazo contra la ira de mi enemigo,
y tu derecha me salva.

El Señor completará sus favores conmigo:
Señor, tu misericordia es eterna,
no abandones la obra de tus manos.

Gloria al Padre...

Palabra de Dios — Colosenses 3, 16

LA PALABRA DE CRISTO habite entre vosotros en toda su riqueza; enseñaos unos a otros con toda sabiduría; corregíos mutuamente. Cantad a Dios, dadle gracias de corazón, con salmos, himnos y cánticos inspirados.

Me saciarás de gozo en tu presencia,
Señor. Me saciarás...

CÁNTICO DE MARÍA — (Texto contraportada A)

Haz con nosotros, Señor, obras grandes, porque eres poderoso, y tu nombre es santo.

PRECES

Oremos a Cristo, Autor y Señor de la vida, a quien Dios resucitó de entre los muertos y que por su poder nos resucitará a nosotros:

℟ Señor, muéstranos tu rostro.

Cristo, luz que brilla en las tinieblas, Rey de la vida y Salvador de los que han muerto,
- concédenos vivir siempre en tu alabanza. ℟

Señor Jesús, que anduviste por los caminos de la pasión y de la cruz,
- concédenos que, unidos a ti en el dolor y en la muerte, resucitemos también contigo. ℟

Hijo del Padre, tú que has hecho de nosotros un pueblo de reyes y sacerdotes,
- enséñanos a ofrecer con alegría nuestro sacrificio de alabanza. ℟

Rey de la gloria, esperamos anhelantes el día de tu manifestación gloriosa,
- para poder contemplar tu rostro y ser semejantes a ti. ℟

Intenciones libres

Padre nuestro…

ANTÍFONA MARIANA (Texto página 27)

SANTOS
DE AYER Y DE HOY

Corazón de Jesús,
en quien el Padre se complace,
ten piedad de nosotros.

BEATO ANDRÉS JACINTO LONGHIN
Obispo (1863-1936)

Nació en 1863 en Fiumicello di Campodarsego (Padua). Su familia era campesina, pobre y muy religiosa. A los 16 años ingresó en los capuchinos y en 1886 fue ordenado sacerdote. Durante muchos años fue director espiritual y profesor de los religiosos jóvenes. En 1902 fue elegido provincial de los capuchinos de Venecia, cuyo patriarca, el futuro papa san Pío X, lo comprometió en la predicación y en múltiples ministerios dentro de la diócesis. En 1904, Pío X lo nombró obispo de Treviso. Como pastor, prestó gran atención a la formación de los seminaristas y del clero; realizó varias visitas a toda su diócesis y celebró un sínodo diocesano. Reformó el seminario diocesano mejorando la calidad de los estudios y la formación espiritual, promoviendo a su vez los retiros espirituales para el clero y la formación continua. Vivió los acontecimientos dramáticos de la Primera Guerra Mundial, particularmente graves en su diócesis como zona fronteriza. Permaneció cercano a sus sacerdotes y a los fieles a él encomendados. Fue un digno hijo de san Francisco. Murió en Treviso el 26 de junio de 1936. Juan Pablo II lo beatificó en 2002.

Habéis mudado mi tristeza en gozo.
Dios no llena de su gozo a todas las almas, sino sólo a las que han llorado sus pecados con lágrimas abundantes y continuas, como si lloraran su propia muerte: porque este llanto se convierte al final en extrema alegría.

San Basilio Magno

MIÉRCOLES 27 DE JUNIO

San Cirilo de Alejandría

Oración de la mañana

Adoremos al Señor, porque él nos ha creado.

Gloria al Padre, y al Hijo, y al Espíritu Santo...

HIMNO

Cada mañana sales al balcón
y oteas el horizonte
por ver si vuelvo.

Cada mañana bajas saltando las escaleras
y echas a correr por el campo
cuando me adivinas a lo lejos.

Cada mañana me cortas la palabra
y te abalanzas sobre mí;
me rodeas con un abrazo redondo
el cuerpo entero.

Cada mañana contratas la banda de músicos
y organizas una fiesta para mí
por el ancho mundo.

Cada mañana me dices al oído
con voz de primavera:
hoy puedes empezar de cero.

Gloria al Padre, al Hijo, y al Espíritu Santo.
Amén.

SALMO 145

Alaba, alma mía, al Señor:
alabaré al Señor mientras viva,
tañeré para mi Dios mientras exista.

No confiéis en los príncipes,
seres de polvo que no pueden salvar:
exhalan el espíritu y vuelven al polvo,
ese día perecen sus planes.

Dichoso a quien auxilia el Dios de Jacob,
el que espera en el Señor, su Dios,
que hizo el cielo y la tierra,
el mar y cuanto hay en él;

que mantiene su fidelidad perpetuamente,
que hace justicia a los oprimidos,
que da pan a los hambrientos.

El Señor liberta a los cautivos,
el Señor abre los ojos al ciego,
el Señor endereza a los que ya se doblan,
el Señor ama a los justos.

El Señor guarda a los peregrinos,
sustenta al huérfano y a la viuda
y trastorna el camino de los malvados.

El Señor reina eternamente,
tu Dios, Sión, de edad en edad.

Gloria al Padre...

Palabra de Dios — Deuteronomio 4, 39-40a

RECONOCE HOY y medita en tu corazón que el Señor es el único Dios, allá arriba en el cielo, y aquí abajo en la tierra; no hay otro. Guarda los preceptos y mandamientos que yo te prescribo.

Bendigo al Señor en todo momento. Bendigo...

CÁNTICO DE ZACARÍAS — (Texto contraportada B)

Sirvamos con santidad al Señor, todos nuestros días.

PRECES

Dios quiere que todos los hombres se salven. Con el deseo de que se cumpla su plan de salvación, le decimos:

℟ Señor, tú que eres el origen de todo bien, atiende nuestra oración.

Por los ministros de la Iglesia, para que comprendan las necesidades de los hombres y mujeres de nuestro tiempo,
- y sepan anunciarles el Evangelio de la salvación. ℟

Por los estudiantes que durante estos días se examinan,
- para que en el esfuerzo del estudio aumente su amor a la verdad. ℟

Por todas las personas que sufren las consecuencias de la crisis,
- para que no les falte la solidaridad de los que disponen de medios económicos. ℟

Por las mujeres embarazadas que se sienten solas,
- para que encuentren comprensión y no sientan la tentación de impedir la vida de sus hijos. ℟

Para que durante este día sepamos responder con abundancia de bien al mal que encontremos,
- y sepamos agradecer todos los dones que tú nos regalas. ℟

Intenciones libres

Padre nuestro…

ORACIÓN

Recuerda, Señor, tu santa alianza, consagrada con el nuevo sacramento de la sangre del Cordero, para que tu pueblo obtenga el perdón de sus pecados y un aumento constante de salvación. Por nuestro Señor Jesucristo.

MISA

Miércoles de la 12ª semana del tiempo ordinario

SAN CIRILO DE ALEJANDRÍA (370-444) *Memoria libre*

● *Nació en el año 370. Practicó la vida monacal. Una vez ordenado presbítero, acompañó a su tío, obispo de Alejandría, y en el año 412 le sucedió en el cargo. Combatió con energía las enseñanzas de Nestorio y fue la figura principal del Concilio de Éfeso. Escribió mucho y sabiamente con el fin de explicar y defender la fe católica. Murió en 444.* ●

ANTÍFONA DE ENTRADA

Buscaré a mis ovejas -dice el Señor- y suscitaré un pastor que las apaciente: yo, el Señor, seré su Dios (Ez 34, 11. 23-24).

ORACIÓN COLECTA

Señor, tú que hiciste de tu obispo
san Cirilo de Alejandría un defensor invicto
de la maternidad divina de la Virgen María,
concédenos a cuantos la proclamamos
verdadera Madre de Dios,
llegar por la encarnación de tu Hijo a la salvación eterna.
Por nuestro Señor Jesucristo.

Lectura del segundo libro de los Reyes 22, 8-13; 23, 1-3

EN AQUELLOS DÍAS, el sumo sacerdote Helcías dijo al cronista Safán: - «He encontrado en el templo el libro de la Ley».
Entregó el libro a Safán, y éste lo leyó. Luego fue a dar cuenta al rey Josías: - «Tus siervos han juntado el dinero que había en el templo y se lo han entregado a los encargados de las obras».
Y le comunicó la noticia: - «El sacerdote Helcías me ha dado un libro».
Safán lo leyó ante el rey; y, cuando el rey oyó el contenido del libro de la Ley, se rasgó las vestiduras y ordenó al sacerdote Helcías, a Ajicán, hijo de Safán, a Acbor, hijo de

Miqueas, al cronista Safán y a Asaías, funcionario real:
- «Id a consultar al Señor por mí y por el pueblo y todo Judá, a propósito de este libro que han encontrado; porque el Señor estará enfurecido contra nosotros, porque nuestros padres no obedecieron los mandatos de este libro cumpliendo lo prescrito en él».
Ellos llevaron la respuesta al rey, y el rey ordenó que se presentasen ante él todos los ancianos de Judá y de Jerusalén. Luego subió al templo, acompañado de todos los judíos y los habitantes de Jerusalén, los sacerdotes, los profetas y todo el pueblo, chicos y grandes.
El rey les leyó el libro de la alianza encontrado en el templo. Después, en pie sobre el estrado, selló ante el Señor la alianza, comprometiéndose a seguirle y cumplir sus preceptos, normas y mandatos, con todo el corazón y con toda el alma, cumpliendo las cláusulas de la alianza escritas en aquel libro.
El pueblo entero suscribió la alianza.
Palabra de Dios.

• SALMO 118 •

℟ Muéstrame, Señor, el camino de tus leyes.

Muéstrame, Señor, el camino de tus leyes,
y lo seguiré puntualmente. ℟

Enséñame a cumplir tu voluntad
y a guardarla de todo corazón. ℟

Guíame por la senda de tus mandatos,
porque ella es mi gozo. ℟

Inclina mi corazón a tus preceptos,
y no al interés. ℟

Aparta mis ojos de las vanidades,
dame vida con tu palabra. ℟

Mira cómo ansío tus decretos:
dame vida con tu justicia. ℟

Aleluya. Permaneced en mí, y yo en vosotros -dice el Señor-; el que permanece en mí da fruto abundante.

● «CUIDADO CON LOS FALSOS PROFETAS». *El Señor conoce los engaños de los que pueden ser víctimas sus discípulos; los alerta de ello, pero dejándoles la responsabilidad de saber discernir, pues tienen que aprender a distinguir entre lo bueno y lo malo.* ●

Lectura del santo evangelio según san Mateo 7, 15-20

EN AQUEL TIEMPO, dijo Jesús a sus discípulos: - «Cuidado con los falsos profetas; se acercan con piel de oveja, pero por dentro son lobos rapaces.
Por sus frutos los conoceréis. A ver, ¿acaso se cosechan uvas de las zarzas o higos de los cardos? Los árboles sanos dan frutos buenos; los árboles dañados dan frutos malos. Un árbol sano no puede dar frutos malos, ni un árbol dañado dar frutos buenos. El árbol que no da fruto bueno se tala y se echa al fuego. Es decir, que por sus frutos los conoceréis».
Palabra del Señor.

ORACIÓN SOBRE LAS OFRENDAS

Señor, dirige tu mirada propicia
sobre las ofrendas que te presentamos
en la festividad de san Cirilo de Alejandría,
que ellas nos merezcan tu perdón
y glorifiquen tu piedad y tu nombre.
Por Jesucristo nuestro Señor.

Antífona de comunión

No sois vosotros los que me habéis elegido -dice el Señor-; soy yo quien os he elegido, y os he destinado para que vayáis y deis fruto y vuestro fruto dure (Jn 15, 16).

Oración después de la comunión

Reanimados por estos sacramentos
te rogamos, Señor, humildemente
que, a ejemplo de san Cirilo de Alejandría
nos esforcemos en dar testimonio
de aquella misma fe que él profesó en su vida,
y en llevar a la práctica todas sus enseñanzas.
Por Jesucristo nuestro Señor.

M E D I T A C I Ó N

Por sus frutos los conoceréis

No os asombréis por las tempestades presentes. La barca de Pedro ha visto muchas. Pensad en la noche del día en que fueron martirizados san Pedro y san Pablo. ¡Qué oscura debía parecer para la pequeña cristiandad! Los primeros cristianos no se desanimaron. A nosotros, que tenemos para fortificar nuestra fe dieciocho siglos de vida de la Iglesia, ¡qué pequeños nos deben parecer estos esfuerzos del infierno, de los cuales Jesús ha dicho que no prevalecerán! Estamos con el Omnipotente, y los enemigos no tienen más poder que aquel que a él le place darles para ejercitarnos, santificarnos, hacernos conquistar victorias espirituales -las solas verdaderas y eternas- para su Iglesia y sus elegidos.

Pero volvamos al Evangelio: si no vivimos del Evangelio, Jesús no vive en nosotros. Volvamos a la pobreza, a la sencillez cristiana. Después de diecinueve años fuera de Francia, lo que más me ha llamado la atención al volver unos días a ella ha sido el progreso que ha experimentado -en todas las clases de la sociedad, sobre todo en la clase menos rica y aun en familias muy cristianas- en el gusto de distracciones mundanas y frívolas, completamente en desacuerdo con la vida cristiana. El peligro está en nosotros y no en nuestros enemigos. Nuestros enemigos no pueden más que hacernos conquistar victorias. El mal sólo podemos recibirlo de nosotros mismos. Volver al Evangelio es el remedio.

Beato Carlos de Foucauld

Militar y explorador, se hizo sacerdote. Murió asesinado por una banda de forajidos en el Sáhara argelino (1858-1916)

Oración de la tarde

Que mi oración llegue a ti
como incienso en tu presencia;
y el alzar de mis manos, como ofrenda de la tarde.

Gloria al Padre, y al Hijo, y al Espíritu Santo…

Himno

He soñado con árboles mojados
por la lluvia esta noche. ¿Dónde estabas?
En sus sombras las huellas yo buscaba
de tus pies y tus pasos desangrados.

Y por ciénagas, sotos y collados
también salí a buscarte. Yo tenía
tanta sed. La tristeza me dolía
del mundo y de tus bosques incendiados.

Y te llamaba y no te hallé. ¿No oíste
mi voz quebrarse igual que una campana
doblando por tus árboles quemados?

No llores más, despierta, no estés triste,
que yo los regaré por la mañana
con mi sangre feraz de enamorado. Amén.

SALMO 93 (I)

Dios de la venganza, Señor,
Dios de la venganza, resplandece.
Levántate, juzga la tierra,
paga su merecido a los soberbios.

¿Hasta cuándo, Señor, los culpables,
hasta cuándo triunfarán los culpables?
Discursean profiriendo insolencias,
se jactan los malhechores;

trituran, Señor, a tu pueblo,
oprimen a tu heredad;
asesinan a viudas y forasteros,
degüellan a los huérfanos,
y comentan: «Dios no lo ve,
el Dios de Jacob no se entera».

Enteraos, los más necios del pueblo,
ignorantes, ¿cuándo discurriréis?
El que plantó el oído ¿no va a oír?;
el que formó el ojo ¿no va a ver?;

el que educa a los pueblos ¿no va a castigar?;
el que instruye al hombre ¿no va a saber?
Sabe el Señor que los pensamientos del hombre
son insustanciales.

Gloria al Padre…

Palabra de Dios

1 Juan 2, 3-6

EN ESTO SABEMOS que conocemos a Cristo: en que guardamos sus mandamientos. Quien dice: «Yo lo conozco», y no guarda sus mandamientos, es un mentiroso, y la verdad no está en él. Pero quien guarda su palabra, ciertamente el amor de Dios ha llegado en él a su plenitud. En esto conocemos que estamos en él. Quien dice que permanece en él debe vivir como vivió él.

Guárdanos, Señor,
como a las niñas de tus ojos. Guárdanos...

CÁNTICO DE MARÍA (Texto contraportada A)

Haz, Señor, proezas con tu brazo: dispersa a los soberbios y enaltece a los humildes.

PRECES

Con espíritu gozoso, invoquemos a Cristo resucitado, a cuya humanidad dio vida el Espíritu Santo haciéndolo fuente de vida para los hombres, y digámosle:

℟ Renueva y da vida a todas las cosas, Señor.

Cristo, Salvador del mundo y Rey de la nueva creación,
- haz que desde ahora, con el Espíritu, vivamos en tu reino, donde estás sentado a la derecha del Padre. ℟

Señor, tú que vives en tu Iglesia hasta el fin de los tiempos,
- condúcela por el Espíritu Santo al conocimiento de la verdad plena. ℟

Que los enfermos, los moribundos y todos los que sufren encuentren luz en tu victoria,
- y que tu resurrección los consuele y conforte. ℟

Oh Cristo, luz imperecedera, te ofrecemos nuestro homenaje,
- y te pedimos que, con la gloria de tu resurrección, ilumines a los que nos han precedido en la fe y duermen el sueño de la paz. ℟

Intenciones libres

Padre nuestro...

ANTÍFONA MARIANA (Texto página 27)

SANTOS
DE AYER Y DE HOY

Corazón de Jesús,
de cuya plenitud todos hemos recibido,
ten piedad de nosotros.

BEATO BIENVENIDO DE GUBBIO
Religioso (1170-1232)

Nació en Gubbio (Umbría) hacia el año 1170. Era un noble caballero a quien san Francisco recibió en su Orden en el año 1222 en calidad de hermano laico. Los superiores lo destinaron al servicio de los leprosos en sus mismos hospitales, y en este ministerio, humilde y laborioso, alcanzó las cumbres de la santidad. Era solicitado entre los leprosos no sólo por los cuidados, sino por los consejos espirituales y sus dones extraordinarios. Se distinguió, además, por su vida contemplativa, su amor a la Eucaristía y a la Virgen, y su paciencia en las enfermedades graves y prolongadas que sufrió. Murió el 27 de junio de 1232 en Corneto (Apulia, Italia). Su fama por los milagros que Dios obraba por medio de él hizo que el papa Gregorio IX, en 1236, encomendara a los obispos de Melfi, Molfetta y Venosa que recogieran toda la información para canonizarlo. Inocencio XII confirmó su culto en 1697.

El ayuno es el alma de la oración
y la misericordia es la vida del ayuno.
Que nadie trate de dividirlos,
pues no pueden separarse.

San Pedro Crisólogo

[JUEVES 28 DE JUNIO]
San Ireneo

Oración de la mañana

Venid, adoremos al Señor, Rey de los mártires.

Gloria al Padre, y al Hijo, y al Espíritu Santo,
por los siglos de los siglos. Amén. ¡Aleluya!

HIMNO

Cristo, cabeza, rey de los pastores,
el pueblo entero, madrugando a fiesta,
canta a la gloria de tu sacerdote
himnos sagrados.

Con abundancia de sagrado crisma,
la unción profunda de tu Santo Espíritu
le armó guerrero y le nombró en la Iglesia
jefe del pueblo.

Él fue pastor y forma del rebaño,
luz para el ciego, báculo del pobre,
padre común, presencia providente,
todo de todos.

Tú que coronas sus merecimientos,
danos la gracia de imitar su vida,
y al fin, sumisos a su magisterio,
danos su gloria. Amén.

SALMO 146

Alabad al Señor, que la música es buena;
nuestro Dios merece una alabanza armoniosa.

El Señor reconstruye Jerusalén,
reúne a los deportados de Israel,

él sana los corazones destrozados,
venda sus heridas.

Cuenta el número de las estrellas,
a cada una la llama por su nombre.
Nuestro Señor es grande y poderoso,
su sabiduría no tiene medida.
El Señor sostiene a los humildes,
humilla hasta el polvo a los malvados.

Entonad la acción de gracias al Señor,
tocad la cítara para nuestro Dios,
que cubre el cielo de nubes,
preparando la lluvia para la tierra;

que hace brotar hierba en los montes,
para los que sirven al hombre;
que da su alimento al ganado,
y a las crías de cuervo que graznan.

No aprecia el vigor de los caballos,
no estima los jarretes del hombre:
el Señor aprecia a su fieles,
que confían en su misericordia.

Gloria al Padre…

Palabra de Dios — 1 Timoteo 4, 16

CUÍDATE TÚ y cuida la enseñanza; sé constante; si lo haces, te salvarás a ti y a los que te escuchan.

Escogió el Señor a su siervo,
para pastorear a Jacob, su heredad. Escogió…

CÁNTICO DE ZACARÍAS — (Texto contraportada B)

San Ireneo, haciendo honor a su nombre, fue hombre pacífico en su vida y en sus intenciones, y luchó ardientemente en favor de la paz de las Iglesias.

Preces

Conscientes de nuestras limitaciones, le pedimos al Señor que nos dé la fidelidad para que construyamos nuestra casa sobre roca:

℟ Señor, muéstranos el camino de tus mandamientos.

Ilumina a la Iglesia para que camine sin miedo en medio del mundo,
- y sepa atraer a todos los hombres hacia ti. ℟

Aumenta nuestra fe en los sacramentos para que no olvidemos que nada podemos sin ti,
- y con su ayuda podamos llevar una vida que te sea agradable. ℟

Por los esposos jóvenes, para que no sean seducidos por las ideologías contrarias a la fidelidad y a la transmisión de la vida,
- y puedan profundizar en su amor confiando en tu gracia. ℟

Por los literatos, los artistas, los músicos y todos los que intentan expresar la verdad del hombre mediante la belleza,
- para que no pierdan el asombro ante la realidad y reconozcan en todas las cosas las huellas de tu amor. ℟

Intenciones libres

Padre nuestro…

Oración

Señor, Dios nuestro, que otorgaste a tu obispo san Ireneo la gracia de mantener incólume la doctrina y la paz de la Iglesia, concédenos, por su intercesión, renovarnos en fe y en caridad y trabajar sin descanso por la concordia y la unidad entre los hombres. Por nuestro Señor Jesucristo.

MISA

Jueves de la 12ª semana del tiempo ordinario

SAN IRENEO (SIGLO II) *Memoria*

● *Nació hacia el año 130 y fue educado en Esmirna; fue discípulo de san Policarpo, obispo de aquella ciudad. En el año 177 era presbítero en Lyon (Francia), y poco después ocupó la sede episcopal de dicha ciudad. Escribió en defensa de la fe católica contra los errores de los gnósticos. Recibió la palma del martirio, según se cuenta, alrededor del año 200.* ●

ANTÍFONA DE ENTRADA

Este santo luchó hasta la muerte en defensa de la ley de Dios, y no temió las palabras de los malvados; estaba afianzado sobre roca firme.

ORACIÓN COLECTA

Señor, Dios nuestro, que otorgaste a tu obispo san Ireneo
la gracia de mantener incólume
la doctrina y la paz de la Iglesia,
concédenos, por su intercesión,
renovarnos en fe y en caridad
y trabajar sin descanso
por la concordia y la unidad entre los hombres.
Por nuestro Señor Jesucristo.

Lectura del segundo libro de los Reyes 24, 8-17

CUANDO JECONÍAS subió al trono tenía dieciocho años, y reinó tres meses en Jerusalén. Su madre se llamaba Nejustá, hija de Elnatán, natural de Jerusalén.
Hizo lo que el Señor reprueba, igual que su padre.
En aquel tiempo, los oficiales de Nabucodonosor, rey de Babilonia, subieron contra Jerusalén y la cercaron. Nabucodonosor, rey de Babilonia, llegó a Jerusalén cuando sus oficiales la tenían cercada.

Jeconías de Judá se rindió al rey de Babilonia, con su madre, sus ministros, generales y funcionarios.
El rey de Babilonia los apresó el año octavo de su reinado.
Se llevó los tesoros del templo y del palacio y destrozó todos los utensilios de oro que Salomón, rey de Israel, había hecho para el templo según las órdenes del Señor.
Deportó a todo Jerusalén, los generales, los ricos -diez mil deportados-, los herreros y cerrajeros; sólo quedó la plebe.
Nabucodonosor deportó a Jeconías a Babilonia.
Llevó deportados, de Jerusalén a Babilonia, al rey y sus mujeres, sus funcionarios y grandes del reino, todos los ricos -siete mil deportados-, los herreros y cerrajeros -mil deportados-, todos aptos para la guerra.
En su lugar nombró rey a su tío Matanías, y le cambió el nombre en Sedecías.
Palabra de Dios.

• SALMO 78 •

℟ **Líbranos, Señor, por el honor de tu nombre.**

Dios mío, los gentiles han entrado en tu heredad,
han profanado tu santo templo,
han reducido Jerusalén a ruinas.
Echaron los cadáveres de tus siervos
en pasto a las aves del cielo,
y la carne de tus fieles
a las fieras de la tierra. ℟

Derramaron su sangre como agua
en torno a Jerusalén,
y nadie la enterraba.
Fuimos el escarnio de nuestros vecinos,
la irrisión y la burla de los que nos rodean.
¿Hasta cuándo, Señor?
¿Vas a estar siempre enojado?
¿Arderá como fuego tu cólera? ℟

No recuerdes contra nosotros
las culpas de nuestros padres;
que tu compasión nos alcance pronto,
pues estamos agotados. ℟

Socórrenos, Dios, salvador nuestro,
por el honor de tu nombre;
líbranos y perdona nuestros pecados
a causa de tu nombre. ℟

Aleluya. El que me ama guardará mi palabra -dice el Señor-, y mi Padre lo amará, y vendremos a él.

● *«NO TODO EL QUE ME DICE "SEÑOR, SEÑOR" ENTRARÁ EN EL REINO DE LOS CIELOS». No basta un conocimiento exterior del Señor. Él pide una implicación más profunda que permita una verdadera comunión de vida en la que el hombre entrega a Dios lo más valioso que tiene: su voluntad. De ahí que sea necesario amoldarse, una vez que se ha conocido, al querer del Padre, siguiendo siempre el ejemplo de Jesús.* ●

Lectura del santo evangelio según san Mateo 7, 21-29

EN AQUEL TIEMPO, dijo Jesús a sus discípulos: - «No todo el que me dice "Señor, Señor" entrará en el reino de los cielos, sino el que cumple la voluntad de mi Padre que está en el cielo. Aquel día muchos dirán: "Señor, Señor, ¿no hemos profetizado en tu nombre, y en tu nombre echado demonios, y no hemos hecho en tu nombre muchos milagros?" Yo entonces les declararé: "Nunca os he conocido. Alejaos de mí, malvados".

El que escucha estas palabras mías y las pone en práctica se parece a aquel hombre prudente que edificó su casa sobre roca. Cayó la lluvia, se salieron los ríos, soplaron los vientos y descargaron contra la casa; pero no se hundió, porque estaba cimentada sobre roca.

El que escucha estas palabras mías y no las pone en práctica se parece a aquel hombre necio que edificó su casa sobre arena. Cayó la lluvia, se salieron los ríos, soplaron los vientos y rompieron contra la casa, y se hundió totalmente».
Al terminar Jesús este discurso, la gente estaba admirada de su enseñanza, porque les enseñaba con autoridad, y no como los escribas.
Palabra del Señor.

ORACIÓN SOBRE LAS OFRENDAS

Señor, que este sacrificio, que ofrecemos con gozo
en la fiesta de san Ireneo,
glorifique tu nombre
y nos impulse a nosotros a amar la verdad,
para que mantengamos intacta la fe de la Iglesia
y guardemos segura la unidad.
Por Jesucristo nuestro Señor.

ANTÍFONA DE COMUNIÓN

El que quiera venirse conmigo que se niegue a sí mismo, que cargue con su cruz y me siga -dice el Señor (Mt 16, 24).

ORACIÓN DESPUÉS DE LA COMUNIÓN

Por estos misterios que hemos celebrado
ten piedad de nosotros, Señor, y aumenta nuestra fe,
y tú, que glorificas a tu obispo san Ireneo
por haber profesado su fe hasta la muerte,
haz que esa fe nos justifique también a nosotros
viviéndola en toda su verdad.
Por Jesucristo nuestro Señor.

MEDITACIÓN

Para entrar en el reino de los cielos hay que cumplir la voluntad de mi Padre

¿Qué hay para nosotros más dulce, hermanos muy amados, que esta voz del Señor que nos invita? Ved cómo el Señor, con su amor paternal, nos muestra el camino de la vida; si queremos tener nuestra morada en las estancias de su reino, hemos de tener presente que para llegar allí debemos caminar aprisa por el camino de las buenas obras; si no, no llegaremos jamás. Como el profeta, interroguemos al Señor con estas palabras: *Señor, ¿quién puede hospedarse en tu tienda y habitar en tu monte santo?* Escuchemos la respuesta del Señor y cómo nos enseña el camino hacia esta morada: *El que procede honradamente y practica la justicia, el que tiene intenciones leales, el que no hace mal a su prójimo ni difama al vecino.*

El temor del Señor hace que estos hombres no se enorgullezcan de su buena conducta; están seguros de que lo que en ellos hay de bueno no viene de sí mismos, sino del Señor: *No a nosotros, Señor, no a nosotros, sino a tu nombre da la gloria.* Y el Señor dice en el Evangelio: *El que escucha estas palabras mías y las pone en práctica se parece a aquel hombre prudente que edificó su casa sobre roca.* Sabiendo esto, el Señor espera de nosotros que cada día respondamos con nuestros actos a sus santos consejos. Porque los días de esta vida se nos dan como un plazo de tiempo para corregir lo que de malo hay en nosotros.

SAN BENITO
Iniciador de la vida monástica en Occidente.
Patrono de Europa (480-547)

Oración de la tarde

Vísperas de la solemnidad de san Pedro y san Pablo

Muéstranos tu misericordia,
y danos tu salvación.

¡Gloria al Padre! ¡Gloria al Hijo!
¡Gloria al Espíritu!

HIMNO

San Pedro y san Pablo, unidos
por un martirio de amor,
en la fe comprometidos,
llevadnos hasta el Señor.

El Señor te dijo: «Simón, tú eres Piedra,
sobre este cimiento fundaré mi Iglesia:
la roca perenne, la nave ligera.
No podrá el infierno jamás contra ella.
Te daré las llaves para abrir la puerta».
Vicario de Cristo, timón de la Iglesia.

Pablo, tu palabra, como una saeta,
llevó el Evangelio por toda la tierra.
Doctor de las gentes, vas sembrando Iglesias;
leemos tus cartas en las asambleas,
y siempre de Cristo nos hablas en ellas;
la cruz es tu gloria, tu vida y tu ciencia.

San Pedro y san Pablo: en la Roma eterna
quedasteis sembrados cual trigo en la tierra;
sobre los sepulcros, espigas, cosechas,
con riego de sangre plantasteis la Iglesia.
San Pedro y san Pablo, columnas señeras,
testigos de Cristo y de sus promesas. Amén.

SALMO 118 (XIV)

Lámpara es tu palabra para mis pasos,
luz en mi sendero;
lo juro y lo cumpliré:
guardaré tus justos mandamientos.
¡Estoy tan afligido!
Señor, dame vida según tu promesa.

Acepta, Señor, los votos que pronuncio,
enséñame tus mandatos;
mi vida está siempre en peligro,
pero no olvido tu voluntad;
los malvados me tendieron un lazo,
pero no me desvié de tus decretos.

Tus preceptos son mi herencia perpetua,
la alegría de mi corazón;
inclino mi corazón a cumplir tus leyes,
siempre y cabalmente.

Gloria al Padre…

Palabra de Dios — Romanos 1, 1-3a. 7

PABLO, siervo de Cristo Jesús, llamado a ser apóstol, escogido para anunciar el Evangelio de Dios. Este Evangelio, prometido ya por sus profetas en las Escrituras santas, se refiere a su Hijo. A todos los de Roma, a quienes Dios ama y ha llamado a formar parte de los santos, os deseo la gracia y la paz de Dios, nuestro Padre, y del Señor Jesucristo.

Los apóstoles anunciaban
la palabra de Dios con valentía. Los apóstoles…

Cántico de María — (Texto contraportada A)

Estos gloriosos apóstoles, que se amaron tanto en la vida, tampoco se separaron en la muerte.

Preces

Oremos, hermanos, a Dios nuestro Padre. Jesucristo, por quien hemos renacido del agua y del Espíritu Santo, intercede por nosotros:

℟ Señor, guía nuestros pasos por caminos de paz.

Para que la Iglesia se mantenga firme en la convicción de que debe obedecer a Dios antes que a los hombres. ℟

Para que los abatidos y todos cuantos sufren sientan la cercanía del Padre que los ama, y nosotros contribuyamos a ello. ℟

Para que los que tienen poder y autoridad tengan más en cuenta a los pobres y a los marginados. ℟

Para que los niños no vean turbado su sueño y los ancianos puedan descansar esta noche. ℟

Para que mañana amanezcamos dispuestos a cumplir tu voluntad. ℟

Intenciones libres

Padre nuestro...

ANTÍFONA MARIANA (Texto página 27)

SANTOS
DE AYER Y DE HOY

Corazón de Jesús,
deseo de los eternos collados,
ten piedad de nosotros.

BEATA MARÍA PÍA PASTENA
Fundadora (1881-1951)

Nació el año 1881 en Bovolone (Verona, Italia) y tuvo un hermano capuchino, Tarsicio, que murió en olor de santidad. En su adolescencia frecuentaba la parroquia y colaboraba como catequista. En el año 1902 vistió el hábito de las Hermanas de la Misericordia. Tras los pertinentes estudios, se dedicó a la enseñanza en la región véneta. Residió 19 años en Miane y se dedicó a un intenso apostolado. En 1927, buscando la vida de clausura, entró en el monasterio cisterciense de Veglie, pero no acabó el noviciado y volvió a la enseñanza. Emprendió la fundación de una nueva congregación llamada Religiosas de la Santa Faz. Después dedicó toda su actividad a consolidar y extender la Congregación, promoviendo iniciativas en favor de los pobres y de los enfermos. El lema de su Instituto era: «Propagar, reparar, restablecer la imagen del dulce Jesús en las almas». Murió en Roma el 28 de junio de 1951. Fue beatificada en el año 2005.

Cuando Jesucristo entró en aquel huerto
que le trajo a la memoria el jardín
de donde había sido arrojado el primer hombre,
se entregó a la tristeza, pues era justo que emplease
su aflicción allí donde nuestra miseria
había tenido su principio.

San Cirilo de Alejandría

La oración universal

SAN PEDRO Y SAN PABLO

Estas intenciones deben ser completadas y actualizadas por la comunidad que celebra.

En la solemnidad de los santos Pedro y Pablo, oremos junto a toda la Iglesia por el mundo y por los hombres. Respondamos con fe viva:

℟ *Te lo pedimos, Señor.*

Para que la Iglesia sea fiel a sus orígenes apostólicos y, por el impulso del Espíritu, tenga una presencia viva en medio del mundo. *Oremos.* ℟

Para que los cristianos bendigamos constantemente al Señor, proclamemos su fidelidad y anunciemos con ardor y entusiasmo el Evangelio. *Oremos.* ℟

Para que el papa N. experimente el auxilio del Espíritu Santo y cuente siempre con la colaboración fiel de los obispos y consagrados. *Oremos.* ℟

Para que los cristianos, piedras vivas de la Iglesia de Cristo, trabajemos por desterrar del mundo el egoísmo y la desconfianza, y seamos instrumentos de paz y reconciliación. *Oremos.* ℟

Para que los que son perseguidos por creer en Jesucristo y por anunciarlo experimenten la ayuda de Dios, que los libra del peligro y los salva. *Oremos.* ℟

Escucha, Señor, nuestras súplicas, edifica nuestra comunidad en Jesucristo y haz que al compartir nuestra fe en el Evangelio experimentemos cómo se fortalece nuestra esperanza y se acrecienta nuestra caridad. Por Jesucristo nuestro Señor.

℟ *Amén.*

VIERNES 29 DE JUNIO

San Pedro y san Pablo

Colecta del Óbolo de san Pedro

Oración de la mañana

Venid, adoremos al Señor, Rey de los apóstoles.

Gloria al Padre, y al Hijo, y al Espíritu Santo...

HIMNO

**La eterna luz que alumbra el santo triunfo
de estos dos Príncipes de los apóstoles
es la misma que muestra en este día
el rumbo de los astros a los hombres.**

**Hoy llegan a la gloria estos benditos
Padres de Roma y jueces de los pueblos;
el Maestro del mundo, por la espada,
y, por la cruz, el celestial Portero.**

**Dichosa tú, que fuiste consagrada,
oh Roma, con la sangre de estos Príncipes,
y que, vestida con tan regia púrpura,
excedes en nobleza a cuanto existe.**

**Honra, poder y sempiterna gloria
sean al Padre, al Hijo y al Espíritu,
que en unidad gobiernan toda cosa,
por infinitos e infinitos siglos. Amén.**

SALMO 117 (I)

**Dad gracias al Señor porque es bueno,
porque es eterna su misericordia.**

**Diga la casa de Israel:
eterna es su misericordia.**

Diga la casa de Aarón:
eterna es su misericordia.

Digan los fieles del Señor:
eterna es su misericordia.

En el peligro grité al Señor,
y me escuchó poniéndome a salvo.

El Señor está conmigo: no temo;
¿qué podrá hacerme el hombre?
El Señor está conmigo y me auxilia,
veré la derrota de mis adversarios.

Mejor es refugiarse en el Señor
que fiarse de los hombres,
mejor es refugiarse en el Señor
que fiarse de los jefes.

Gloria al Padre…

Palabra de Dios — 1 Pedro 4, 13-14

QUERIDOS HERMANOS, estad alegres cuando compartís los padecimientos de Cristo, para que, cuando se manifieste su gloria, rebroséis de gozo. Si os ultrajan por el nombre de Cristo, dichosos vosotros, porque el Espíritu de la gloria, el Espíritu de Dios, reposa sobre vosotros.

Entregaron sus vidas por el nombre
de nuestro Señor Jesucristo. Entregaron…

CÁNTICO DE ZACARÍAS — (Texto contraportada B)

Dijo Simón Pedro: «Señor, ¿a quién vamos a acudir? Tú tienes palabras de vida eterna; nosotros creemos y sabemos que tú eres el Santo consagrado por Dios». Aleluya.

PRECES

Con la confianza de que los santos apóstoles Pedro y Pablo interceden por nosotros, oremos diciendo:

℟ ¡Señor, tú tienes palabras de vida eterna!

Por el papa N., sucesor de Pedro: para que pueda cumplir su misión de velar por la unidad de todas las Iglesias que preside en la caridad. ℟

Por la Iglesia, para que mantenga el impulso misionero al que se dedicó de cuerpo y alma el Apóstol de las gentes. ℟

Por todos los cristianos, para que reafirmemos cada día nuestra convicción en que Jesús es el Mesías, el Hijo del Dios vivo. ℟

Por los que sufren persecución por causa de su fe, para que encuentren en los martirios de Pedro y Pablo fuerza y consuelo. ℟

Por nuestras familias, nuestros amigos, vecinos y compañeros de trabajo. ℟

Por todas las personas con las que tenemos trato, para que el Señor se manifieste en su vida y crean y tengan vida eterna. ℟

Intenciones libres

Padre nuestro…

ORACIÓN

Señor, Dios nuestro, tú que nos llenas de santa alegría en la celebración de la fiesta de san Pedro y san Pablo, haz que tu Iglesia se mantenga siempre fiel a las enseñanzas de aquellos que fueron fundamento de nuestra fe cristiana. Por nuestro Señor Jesucristo.

MISA

San Pedro y san Pablo

Solemnidad

● *Simón, hijo de Juan, pescador de Galilea, fue uno de los primeros llamados por el Señor y puesto al frente de los Doce para servir y confirmar en la fe a sus hermanos. Tras confesar a Jesús como Mesías, el Maestro le dio un nuevo nombre, Pedro, expresión de su función de piedra visible y fundamento de la unidad de la Iglesia. Desarrolló su actividad apostólica en Jerusalén, Antioquía de Siria y Roma, como primer obispo de esa ciudad. Allí, durante la persecución de Nerón, fue crucificado en el año 64. Fue sepultado en la colina Vaticana. Pablo, natural de Tarso, observante celoso de la ley mosaica, fue perseguidor de los cristianos y, de camino a Damasco, Jesús le salió al encuentro. Convertido a Cristo, fue apóstol y viajero infatigable por Asia Menor y Europa oriental, donde fundó numerosas comunidades cristianas. Sus cartas a diversas Iglesias son alimento para la Iglesia de todos los tiempos. Fue decapitado a las afueras de Roma en el año 67.* ●

ANTÍFONA DE ENTRADA

Éstos son los que mientras estuvieron en la tierra con su sangre plantaron la Iglesia: bebieron el cáliz del Señor y lograron ser amigos Dios.

GLORIA ———— página 224

ORACIÓN COLECTA

**Señor, tú que nos llenas de santa alegría
en la celebración de la fiesta de san Pedro y san Pablo,
haz que tu Iglesia se mantenga siempre fiel
a las enseñanzas de aquellos que fueron fundamento
de nuestra fe cristiana.
Por nuestro Señor Jesucristo.**

Lectura del libro de los Hechos de los apóstoles 12, 1-11

EN AQUELLOS DÍAS, el rey Herodes se puso a perseguir a algunos miembros de la Iglesia. Hizo pasar a cuchillo a Santiago, hermano de Juan. Al ver que esto agradaba a los judíos, decidió detener a Pedro. Era la semana de Pascua. Mandó prenderlo y meterlo en la cárcel, encargando de su custodia a cuatro piquetes de cuatro soldados cada uno; tenía intención de presentarlo al pueblo pasadas las fiestas de Pascua. Mientras Pedro estaba en la cárcel bien custodiado, la Iglesia oraba insistentemente a Dios por él.
La noche antes de que lo sacara Herodes, estaba Pedro durmiendo entre dos soldados, atado con cadenas. Los centinelas hacían guardia a la puerta de la cárcel.
De repente, se presentó el ángel del Señor, y se iluminó la celda. Tocó a Pedro en el hombro, lo despertó y le dijo:
- «Date prisa, levántate».
Las cadenas se le cayeron de las manos, y el ángel añadió:
- «Ponte el cinturón y las sandalias».
Obedeció, y el ángel le dijo: - «Échate el manto y sígueme».
Pedro salió detrás, creyendo que lo que hacía el ángel era una visión y no realidad. Atravesaron la primera y la segunda guardia, llegaron al portón de hierro que daba a la calle, y se abrió solo. Salieron, y al final de la calle se marchó el ángel. Pedro recapacitó y dijo: - «Pues era verdad: el Señor ha enviado a su ángel para librarme de las manos de Herodes y de la expectación de los judíos».
Palabra de Dios.

• SALMO 33 •

℟ **El Señor me libró de todas mis ansias.**

Bendigo al Señor en todo momento,
su alabanza está siempre en mi boca;

mi alma se gloría en el Señor:
que los humildes lo escuchen y se alegren. ℟

Proclamad conmigo la grandeza del Señor,
ensalcemos juntos su nombre.
Yo consulté al Señor, y me respondió,
me libró de todas mis ansias. ℟

Contempladlo, y quedaréis radiantes,
vuestro rostro no se avergonzará.
Si el afligido invoca al Señor, él lo escucha
y lo salva de sus angustias. ℟

El ángel del Señor acampa
en torno a sus fieles y los protege.
Gustad y ved qué bueno es el Señor,
dichoso el que se acoge a él. ℟

Lectura de la segunda carta del apóstol san Pablo a Timoteo 4, 6-8. 17-18

QUERIDO HERMANO: Yo estoy a punto de ser sacrificado, y el momento de mi partida es inminente. He combatido bien mi combate, he corrido hasta la meta, he mantenido la fe. Ahora me aguarda la corona merecida, con la que el Señor, juez justo, me premiará en aquel día; y no sólo a mí, sino a todos los que tienen amor a su venida. El Señor me ayudó y me dio fuerzas para anunciar íntegro el mensaje, de modo que lo oyeran todos los gentiles. Él me libró de la boca del león. El Señor seguirá librándome de todo mal, me salvará y me llevará a su reino del cielo. A él la gloria por los siglos de los siglos. Amén.
Palabra de Dios.

Aleluya. Tú eres Pedro, y sobre esta piedra edificaré mi Iglesia, y el poder del infierno no la derrotará.

● «SIMÓN PEDRO TOMÓ LA PALABRA». *La pregunta que lanza el Señor se hace eco en Pedro, que da una respuesta que sale desde lo más profundo de su corazón. El Señor indica que este conocimiento lo ha recibido de lo alto. En la vida de oración el cristiano recibe esa misma asistencia: basta que haya docilidad y apertura de corazón para confesar la fe en Jesús, el Hijo de Dios.* ●

Lectura del santo evangelio según san Mateo — 16, 13-19

EN AQUEL TIEMPO, al llegar a la región de Cesarea de Filipo, Jesús preguntó a sus discípulos: - «¿Quién dice la gente que es el Hijo del hombre?»
Ellos contestaron: - «Unos que Juan Bautista, otros que Elías, otros que Jeremías o uno de los profetas».
Él les preguntó: - «Y vosotros, ¿quién decís que soy yo?»
Simón Pedro tomó la palabra y dijo: - «Tú eres el Mesías, el Hijo de Dios vivo».
Jesús le respondió: - «¡Dichoso tú, Simón, hijo de Jonás!, porque eso no te lo ha revelado nadie de carne y hueso, sino mi Padre que está en el cielo. Ahora te digo yo:
Tú eres Pedro, y sobre esta piedra edificaré mi Iglesia, y el poder del infierno no la derrotará.
Te daré las llaves del reino de los cielos; lo que ates en la tierra quedará atado en el cielo, y lo que desates en la tierra quedará desatado en el cielo».
Palabra del Señor.

CREDO — página 225

ORACIÓN SOBRE LAS OFRENDAS

Haz, Señor, que la oración de tus apóstoles
acompañe esta ofrenda que te presentamos
y nos vuelva agradables a ti,
al celebrar este santo sacrificio.
Por Jesucristo nuestro Señor.

PREFACIO: LA DOBLE MISIÓN DE PEDRO Y PABLO EN LA IGLESIA

En verdad es justo y necesario,
es nuestro deber y salvación
darte gracias
siempre y en todo lugar,
Señor, Padre santo,
Dios todopoderoso y eterno,
por Cristo, Señor nuestro.
Porque en los apóstoles Pedro y Pablo
has querido dar a tu Iglesia
un motivo de alegría:
Pedro fue el primero en confesar la fe,
Pablo, el maestro insigne que la interpretó;
aquél fundó la primitiva Iglesia con el resto de Israel,
éste la extendió a todas las gentes.
De esta forma, Señor, por caminos diversos,
los dos congregaron la única Iglesia de Cristo,
y a los dos, coronados por el martirio,
celebra hoy tu pueblo con una misma veneración.

Por eso,
con todos los ángeles y santos,
te alabamos, proclamando sin cesar: Santo…

ANTÍFONA DE COMUNIÓN

Pedro dijo a Jesús: Tú eres el Mesías, el Hijo de Dios vivo. Jesús le respondió: Tú eres Pedro, y sobre esta piedra edificaré mi Iglesia (Mt 16, 16. 18).

ORACIÓN DESPUÉS DE LA COMUNIÓN

Concede, Señor,
a los que has alimentado con este sacramento,
la gracia de vivir de tal modo en tu Iglesia
que, perseverando en la fracción del pan
y en la doctrina de los apóstoles,
tengamos un solo corazón y una sola alma,
arraigados firmemente en tu amor.
Por Jesucristo nuestro Señor.

MEDITACIÓN

Cuando la Iglesia mantiene una libertad, alabémosla

No podemos colaborar si no tenemos el espíritu de la Iglesia militante. La mente de la Iglesia es la anchura de espíritu. La idea central es que, en la Iglesia, para manifestar su riqueza divina, hay muchos modos: *En la casa de mi Padre hay muchas habitaciones*. La vida de la Iglesia es sinfonía. Luego, no encerrar la Iglesia dentro de mi espíritu, de mi prejuicio de raza, de mi clase, de mi nación. La Iglesia es ancha. Los herejes, so pretexto de libertad, estrecharon la mente humana. Nosotros con nuestros perjuicios burgueses habríamos acabado con las glorias de la Iglesia.

¡Todos los desastres de la Iglesia vienen de esa estrechez de espíritu! ¡El clero secular contra el regular, y orden contra orden! Para pensar conforme a la Iglesia hay que tener el criterio del Espíritu Santo, que es ancho. En el Congo, ¿podemos pintar ángeles negros? ¡Claro! ¿Y nuestra Señora negra y Jesús negro? ¡Sí! Ese Jesús chino..., ¡admirable! En la Compañía de Jesús, a veces odio por carecer de ese espíritu. Éste es un pensamiento genial de san Ignacio, expuesto sencillamente: alabar, alabar, alabar. Alabemos todo lo que se hace en la Iglesia bajo la bendición del Espíritu Santo. ¡Cuando la Iglesia mantiene una libertad, alabémosla!

SAN ALBERTO HURTADO

Jesuita chileno fundador del Hogar de Cristo.
Gran apóstol de la juventud y de los pobres.
En su país es patrono de los trabajadores (1901-1952)

Oración de la tarde

Nuestro auxilio es el nombre del Señor,
que hizo el cielo y la tierra.

Gloria al Padre, y al Hijo, y al Espíritu Santo…

HIMNO

Pedro, roca; Pablo, espada.
Pedro, la red en las manos;
Pablo, tajante palabra.

Pedro, llaves; Pablo, andanzas.
Y un trotar por los caminos
con cansancio en las pisadas.

Cristo tras los dos andaba:
a uno lo tumbó en Damasco,
y al otro lo hirió con lágrimas.

Roma se vistió de gracia:
crucificada la roca,
y la espada muerta a espada. Amén.

SALMO 109 — 1-5. 7

Oráculo del Señor a mi Señor:
«Siéntate a mi derecha,
y haré de tus enemigos
estrado de tus pies».
Desde Sión extenderá el Señor
el poder de tu cetro:
somete en la batalla a tus enemigos.

«Eres príncipe desde el día de tu nacimiento,
entre esplendores sagrados;
yo mismo te engendré, como rocío,
antes de la aurora».

El Señor lo ha jurado y no se arrepiente:
«Tú eres sacerdote eterno,
según el rito de Melquisedec».

El Señor a tu derecha, el día de su ira,
quebrantará a los reyes.
En su camino beberá del torrente,
por eso levantará la cabeza.

Gloria al Padre…

Palabra de Dios — 1 Corintios 15, 3-5. 8

LO PRIMERO que yo os transmití, tal como lo había recibido, fue esto: que Cristo murió por nuestros pecados, según las Escrituras; que fue sepultado y que resucitó al tercer día, según las Escrituras; que se le apareció a Cefas y más tarde a los Doce; por último se me apareció también a mí.

Los apóstoles anunciaban
la palabra de Dios con valentía. Los apóstoles…

Cántico de María — (Texto contraportada A)

Pedro, el apóstol, y Pablo, el maestro de los gentiles, nos enseñaron tu ley, Señor.

Preces

Unidos a los santos apóstoles Pedro y Pablo, que compartieron la gloria del martirio, pidamos a Dios por su Iglesia.

℟ Quédate con nosotros, Señor.

Guarda a tu Iglesia, Señor: protégela de sus enemigos, fortalécela interiormente y renuévala constantemente con tu gracia para que pueda cumplir su misión en el mundo. ℟

Te pedimos por el Papa y los obispos, sucesores de los apóstoles, para que no desfallezca su fe y puedan dar abundantes frutos. ℟

Cuida de todos los fieles que has incorporado a tu pueblo santo para que, peregrinos en este mundo, alcancen vivir contigo en el cielo. ℟

Protege a los recién bautizados, a los jóvenes que se han confirmado recientemente y a los que durante este curso han participado por primera vez de la Comunión, para que vivan siempre unidos a la Iglesia y sean testigos tuyos en medio del mundo. ℟

Intenciones libres

Padre nuestro...

ANTÍFONA MARIANA (Texto página 27)

SÁBADO 30 DE JUNIO
Los santos protomártires de la santa Iglesia romana

Oración de la mañana

¡Al Cordero de Dios, honor, poder y gloria!

Gloria al Padre, y al Hijo, y al Espíritu Santo,
al Dios que es, que era y que viene,
por los siglos de los siglos. Amén. ¡Aleluya!

HIMNO

Madre, la luz, tu luz no se ha extinguido.
Madre, la voz, tu voz no se ha apagado.
Madre, la paz, tu paz nos ha dejado
como un beso al partir a donde has ido.

Madre, nos velas. Tú no te has dormido,
siempre respondes a quien te ha llamado,
nos escuchas, estás a nuestro lado,
sentimos en nosotros tu latido.

Ahora que estás con Dios, tus ojos fijos
en Él verán el rostro de tus hijos
y, ya sin llanto y sin dolor, cercanos,

nos guiará tu fuerza y tu ternura,
el testimonio de tu vida pura,
llevándonos, cual niños, de las manos. Amén.

SALMO 91

Es bueno dar gracias al Señor
y tocar para tu nombre, oh Altísimo,
proclamar por la mañana tu misericordia
y de noche tu fidelidad,
con arpas de diez cuerdas y laúdes
sobre arpegios de cítaras.

Tus acciones, Señor, son mi alegría
y mi júbilo, la obra de tus manos.
¡Qué magníficas son tus obras, Señor,
qué profundos tus designios!
El ignorante no los entiende
ni el necio se da cuenta.

Aunque germinen como hierba los malvados
y florezcan los malhechores,
serán destruidos para siempre.
Tú, en cambio, Señor,
eres excelso por los siglos.

Porque tus enemigos, Señor, perecerán,
los malhechores serán dispersados;
pero a mí me das la fuerza de un búfalo
y me unges con aceite nuevo.
Mis ojos despreciarán a mis enemigos,
mis oídos escucharán su derrota.

El justo crecerá como una palmera,
se alzará como cedro del Líbano:
plantado en la casa del Señor,
crecerá en los atrios de nuestro Dios;

en la vejez seguirá dando fruto
y estará lozano y frondoso,
para proclamar que el Señor es justo,
que en mi Roca no existe la maldad.

Gloria al Padre…

Palabra de Dios — 2 Pedro 3, 13-15a

Nosotros, confiados en la promesa del Señor, esperamos un cielo nuevo y una tierra nueva en que habite la justicia. Por tanto, queridos hermanos, mientras esperáis estos acontecimientos, procurad que Dios os encuentre en paz con él, inmaculados e irreprochables. Considerad que la paciencia de Dios es nuestra salvación.

Te aclamarán mis labios, Señor.
Te aclamarán...

CÁNTICO DE ZACARÍAS

(Texto contraportada B)

Guía nuestros pasos, Señor, por el camino de paz.

PRECES

Pidamos al Señor que aliente con su Espíritu nuestros deseos de ser santos:

℟ Crea en nosotros un corazón nuevo.

Agradecidos de tu misericordia, que no lleva cuentas del mal,
- queremos perdonar a todos los que nos han ofendido. ℟

Tú, Señor, quieres que todos los hombres se salven,
- suscita en nosotros un amor sincero por todos. ℟

En la mañana de la creación, tu Espíritu aleteaba sobre las aguas,
- que él sea nuestro compañero a lo largo de este día. ℟

Todas las cosas son importantes para ti y nada te pasa inadvertido,
- ayúdanos a cuidar los detalles durante este día. ℟

Intenciones libres

Padre nuestro...

ORACIÓN

Dios omnipotente y eterno, luz resplandeciente y día sin ocaso, al volver a comenzar un nuevo día, te pedimos que nos visites con el esplendor de tu luz y disipes así las tinieblas de nuestros pecados. Por nuestro Señor Jesucristo.

MISA

Sábado de la 12ª semana del tiempo ordinario

LOS SANTOS PROTOMÁRTIRES DE LA SANTA IGLESIA ROMANA (SIGLO I) *Memoria libre*

● *En la primera persecución contra la Iglesia, desencadenada por el emperador Nerón, después del incendio de la ciudad de Roma en el año 64, muchos cristianos sufrieron la muerte en medio de atroces tormentos. Este hecho está atestiguado por el escritor pagano Tácito (*Annales*, 15, 44) y por Clemente, obispo de Roma, en su carta a los Corintios (caps. 5-6).* ●

ANTÍFONA DE ENTRADA

Los santos, que siguieron las huellas de Cristo, viven gozosos en el cielo. Derramaron la sangre por su amor, por eso se alegran con Cristo para siempre.

ORACIÓN COLECTA

**Señor, Dios nuestro,
que santificaste los comienzos de la Iglesia romana
con la sangre abundante de los mártires,
concédenos que su valentía en el combate
nos infunda el espíritu de fortaleza
y la santa alegría de la victoria.
Por nuestro Señor Jesucristo.**

Lectura de las Lamentaciones 2, 2. 10-14. 18-19

EL SEÑOR DESTRUYÓ sin compasión todas las moradas de Jacob, con su indignación demolió las plazas fuertes de Judá; derribó por tierra, deshonrados, al rey y a los príncipes.
Los ancianos de Sión se sientan en el suelo silenciosos, se echan polvo en la cabeza y se visten de sayal; las doncellas de Jerusalén humillan hasta el suelo la cabeza.
Se consumen en lágrimas mis ojos, de amargura mis

entrañas; se derrama por tierra mi hiel, por la ruina de la capital de mi pueblo; muchachos y niños de pecho desfallecen por las calles de la ciudad.
Preguntaban a sus madres: «¿Dónde hay pan y vino?», mientras desfallecían, como los heridos, por las calles de la ciudad, mientras expiraban en brazos de sus madres. ¿Quién se te iguala, quién se te asemeja, ciudad de Jerusalén?
¿A quién te compararé, para consolarte, Sión, la doncella? Inmensa como el mar es tu desgracia: ¿quién podrá curarte?
Tus profetas te ofrecían visiones falsas y engañosas; y no te denunciaban tus culpas para cambiar tu suerte, sino que te anunciaban visiones falsas y seductoras.
Grita con toda el alma al Señor, laméntate, Sión; derrama torrentes de lágrimas, de día y de noche; no te concedas reposo, no descansen tus ojos.
Levántate y grita de noche, al relevo de la guardia; derrama como agua tu corazón en presencia del Señor; levanta hacia él las manos por la vida de tus niños, desfallecidos de hambre en las encrucijadas.
Palabra de Dios.

• SALMO 73 •

℟ No olvides sin remedio la vida de tus pobres.

¿Por qué, oh Dios, nos tienes siempre abandonados,
y está ardiendo tu cólera contra las ovejas de tu rebaño?
Acuérdate de la comunidad que adquiriste desde antiguo,
de la tribu que rescataste para posesión tuya,
del monte Sión donde pusiste tu morada. ℟

Dirige tus pasos a estas ruinas sin remedio;
el enemigo ha arrasado del todo el santuario.
Rugían los agresores en medio de tu asamblea,
levantaron sus propios estandartes. ℟

En la entrada superior
abatieron a hachazos el entramado;
después, con martillos y mazas,
destrozaron todas las esculturas.
Prendieron fuego a tu santuario,
derribaron y profanaron la morada de tu nombre. ℟

Piensa en tu alianza: que los rincones del país
están llenos de violencias.
Que el humilde no se marche defraudado,
que pobres y afligidos alaben tu nombre. ℟

Aleluya. Cristo tomó nuestras dolencias y cargó con nuestras enfermedades.

● *«NO SOY QUIÉN PARA QUE ENTRES BAJO MI TECHO». El Señor anuncia la universalidad de la salvación no sólo con sus palabras, sino también con sus obras. Acoge, por ello, la petición del centurión romano. Jesús no escatima esfuerzos para conceder su gracia, ya que encuentra una docilidad y apertura sin límite que le permite obrar con eficacia aun a distancia.* ●

Lectura del santo evangelio según san Mateo 8, 5-17

EN AQUEL TIEMPO, al entrar Jesús en Cafarnaún, un centurión se le acercó rogándole: - «Señor, tengo en casa un criado que está en cama paralítico y sufre mucho».
Jesús le contestó: - «Voy yo a curarlo».
Pero el centurión le replicó: - «Señor, no soy quién para que entres bajo mi techo. Basta que lo digas de palabra, y mi criado quedará sano. Porque yo también vivo bajo disciplina y tengo soldados a mis órdenes; y le digo a uno: "Ve", y va; al otro: "Ven", y viene; a mi criado: "Haz esto", y lo hace».

Al oírlo, Jesús quedó admirado y dijo a los que le seguían: - «Os aseguro que en Israel no he encontrado en nadie tanta fe. Os digo que vendrán muchos de oriente y occidente y se sentarán con Abrahán, Isaac y Jacob en el reino de los cielos; en cambio, a los ciudadanos del reino los echarán fuera, a las tinieblas. Allí será el llanto y el rechinar de dientes».
Y al centurión le dijo: - «Vuelve a casa, que se cumpla lo que has creído».
Y en aquel momento se puso bueno el criado.
Al llegar Jesús a casa de Pedro, encontró a la suegra en cama con fiebre; la cogió de la mano, y se le pasó la fiebre; se levantó y se puso a servirles.
Al anochecer, le llevaron muchos endemoniados; él, con su palabra, expulsó los espíritus y curó a todos los enfermos. Así se cumplió lo que dijo el profeta Isaías:
«Él tomó nuestras dolencias y cargó con nuestras enfermedades».
Palabra del Señor.

Oración sobre las ofrendas

Recibe, Padre santo,
las ofrendas que te presentamos
en la fiesta de tus mártires,
y concédenos la gracia
de permanecer siempre firmes
en la confesión de tu nombre.
Por Jesucristo nuestro Señor.

Antífona de comunión

Vosotros sois los que habéis perseverado conmigo en mis pruebas, y yo os transmito el reino -dice el Señor-; comeréis y beberéis a mi mesa en mi reino (Lc 22, 28-30).

Oración después de la comunión

Señor y Dios nuestro,
que iluminaste el misterio de la cruz
en la muerte gloriosa de tus mártires,
escucha nuestra súplica

y haz que, fortalecidos por este sacrificio,
nos unamos a Cristo fielmente
y trabajemos en la Iglesia
por la salvación de todos los hombres.
Por Jesucristo nuestro Señor.

MEDITACIÓN

Muchos vendrán de Oriente y Occidente y se sentarán en el reino de los cielos

En el Evangelio he visto al Señor hacer muchos milagros y, asegurado por ellos, consolido mi voz temerosa. He visto al centurión echarse a los pies del Señor; he visto a las naciones mandar a Cristo sus primeros frutos. No ha sido levantada todavía la cruz, y ya los paganos se apresuran a ir hacia el Maestro. Todavía no se ha oído: *Id, enseñad a todas las naciones*, y ya las naciones acuden apresuradamente. Empiezan su camino antes de sentir la llamada, arden en deseo del Señor. Apenas se ha dejado oír la predicación y ya se apresuran hacia el que predica. Todavía es enseñado Pedro y ya se reúnen en torno a aquel que les enseña; todavía no ha resplandecido, bajo el estandarte de Cristo, la luz de Pablo, y ya las naciones vienen a adorar al Rey con incienso.

Y he aquí que ahora un centurión le ruega diciéndole: *Señor, tengo en casa un criado que está en cama paralítico y sufre mucho*. Y ya tenemos un nuevo milagro: el criado, cuyos miembros están paralizados, conduce a su amo al Señor; la enfermedad del esclavo da la salud a su señor, quien, buscando la salud de su criado, es conquistado por Cristo.

BASILIO DE SELEUCIA
Arzobispo en Asia menor, amigo de san Juan Crisóstomo († 458)

Oración de la tarde

Vísperas del 13º domingo del tiempo ordinario

¡Demos gracias al Señor
por las maravillas que ha realizado en este día!

Gloria al Padre, y al Hijo, y al Espíritu Santo…

HIMNO

Amo las flores porque dicen
el himno más perfecto de la creación.
Son los ojos del alma,
son la caricia de la belleza más transparente,
y aprendí a llamarlas por sus nombres,
como a lo más querido,
con acentos del corazón,
para que su nombre en mí
fuera la creación de un nuevo amor
que florezca siempre
para alegrar la vida,
para llenar de gozo la tierra,
para levantar el alma hasta las cumbres,
para saber bajar hasta el fondo de la tierra
y allí gritar con propio acento
que la gloria de Dios no es sólo para contemplarla
en su esplendor,
sino para vivirla con amor, como las flores
que han brotado en sus manos
para decirnos lo que el alma pronuncia con los ojos.
Las flores del alma serán siempre las más bellas.
Amén.

SALMO 140

Señor, te estoy llamando, ven de prisa,
escucha mi voz cuando te llamo.

Suba mi oración como incienso en tu presencia,
el alzar de mis manos como ofrenda de la tarde.

Coloca, Señor, una guardia en mi boca,
un centinela a la puerta de mis labios;
no dejes inclinarse mi corazón a la maldad,
a cometer crímenes y delitos;
ni que con los hombres malvados
participe en banquetes.

Que el justo me golpee, que el bueno me reprenda,
pero que el ungüento del impío no perfume mi cabeza;
yo seguiré rezando en sus desgracias.

Sus jefes cayeron despeñados,
aunque escucharon mis palabras amables;
como una piedra de molino, rota por tierra,
están esparcidos nuestros huesos a la boca de la tumba.

Señor, mis ojos están vueltos a ti,
en ti me refugio, no me dejes indefenso;
guárdame del lazo que me han tendido,
de la trampa de los malhechores.

Gloria al Padre…

Palabra de Dios — Romanos 11, 33-36

¡QUÉ ABISMO de generosidad, de sabiduría y de conocimiento, el de Dios! ¡Qué insondables sus decisiones y qué irrastreables sus caminos! ¿Quién conoció la mente del Señor? ¿Quién fue su consejero? ¿Quién le ha dado primero, para que él le devuelva? Él es el origen, guía y meta del universo. A él la gloria por los siglos. Amén.

Cuántas son tus obras, Señor,
y todas las hiciste con sabiduría. Cuántas…

CÁNTICO DE MARÍA (Texto contraportada A)

Una mujer enferma tocó el manto de Jesús, e inmediatamente notó que su cuerpo estaba curado.

PRECES

Preparándonos para la celebración del domingo, acudimos a Dios diciendo:

℟ Señor, en ti está la fuente de la vida.

Protege nuestro sueño durante esta noche,
- para que mañana podamos celebrar tu resurrección. ℟

No permitas que los esposos se vayan a dormir enfadados,
- y muéstrales tu misericordia. ℟

Bendice a los consagrados que velan en oración,
- y hazles experimentar tu presencia. ℟

Acompaña a los que están de viaje o trabajan en la carretera,
- protégelos de los accidentes y condúcelos por el camino del bien. ℟

Apiádate de todos los que han muerto,
- para que te alaben junto a los santos en el cielo. ℟

Intenciones libres

Padre nuestro…

ANTÍFONA MARIANA (Texto página 27)

SANTOS
DE AYER Y DE HOY

Corazón de Jesús, paciente y lleno de misericordia, ten piedad de nosotros.

SAN ADOLFO DE OSNABRÜCK
Obispo (1185-1224)

Nació en Westfalia (Alemania) en el año 1185. Era hijo del conde de Tecklenburg y heredero del condado de Westfalia, en Alemania. De joven entró a formar parte del clero de la catedral de Colonia. Le impresionó tanto la vida ejemplar de los cistercienses de Altenkamp, que se quedó a vivir con ellos y luego abrazó la vida monástica. En 1217 fue elegido obispo de Osnabrück. Fue reconocido como el gran reformador de la diócesis; distinguido por sus virtudes, incluso llegó a ser venerado en vida. Amaba profundamente a los pobres y hacía continuas visitas a un leproso que yacía en el suelo de su choza. Un día, los clérigos retiraron al enfermo para que no fuera a visitarlo el prelado, pero providencialmente los ángeles lo devolvieron a su sitio, de manera que al llegar el obispo le pudo dar la absolución. En los siete años de su episcopado se distinguió por la sencillez y austeridad de su vida, por su gran cuidado de los pobres y los leprosos, por el fomento de la vida espiritual de la diócesis y por su afán de renovar y reformar la observancia regular en los monasterios. Murió en el año 1224.

Gran fuerza alcanza el verdadero amor y el que es perfectamente amado se apodera de toda la voluntad del amante: nada manda tanto como la caridad. Nosotros, si de veras amamos a Cristo, si nos acordamos de que estamos redimidos con su sangre, ya no debemos querer ni hacer sino lo que sabemos que él quiere.

San Paulino de Nola

Santos Pedro y Pablo (Ca. 1470)

Obra de la portada realizada por Carlo Crivelli (Ca. 1430-Ca. 1495), National Gallery, Londres, Reino Unido. © The National Gallery, Londres, Dist. RMN/National Gallery Photographic Department.

Carlo Crivelli ejercita su arte en la región de Las Marcas, en Italia (en la costa adriática), al margen de las encrucijadas culturales del siglo XV. Cumple sus encargos religiosos con una pintura mística y material al mismo tiempo. Esta tabla, que proviene de un retablo de la iglesia de Porto San Giorgio, mezcla elementos góticos, como el fondo de oro y el tratamiento en políptico, y formas del renacimiento, como la perspectiva (la losa) y el trampantojo (la manzana).

Las frentes están arrugadas, las cejas fruncidas, las miradas bajas, el artista retrata la gravedad de un debate que absorbe a los dos apóstoles, y que está apoyado por sus respectivas obras. Pablo atiende al pasaje que el anciano Pedro le indica, mientras sostiene una espada, instrumento de su martirio, pero también símbolo de la fuerza del mensaje paulino: el libro de sus Cartas reposa sobre ella. Sin embargo, el Apóstol de los gentiles se deja enseñar por aquel al que Cristo ha confiado su Iglesia y, simbólicamente, las llaves de su reino.

Las figuras sentenciadas por Crivelli nos habrían dejado una impresión de cuerpo nudoso y rostros austeros si no hubieran sido también hábilmente endulzadas y realzadas por el colorido y brillo de los vestidos. Entre libros y túnicas, el rojo y el amarillo se mezclan, uniendo visualmente a los dos apóstoles y completando esta impresión de estrecha unión entre estos dos pensadores de Dios.

■ Aliénor Cambournac,
profesora de Historia del arte,
titulada en la Sorbona y en L'École du Louvre
(traducción del francés: Pablo Cervera Barranco)

MAGNIFICAT®

Magnificat es publicado por Magnificat Inc.
con la licencia de la Conferencia Episcopal Española
ISBN 84-934196-6-4 - Depósito legal: M-52513-2003

Impresión: CPI-Clausen & Bosse, Leck, Alemania

Para escribir a la redacción:
Pablo Cervera - Apdo. 8049, 28080 Madrid - España
info-esp@magnificat.net
Distribuidor en librerías de España: GESEDI
Madrid. Teléf.: (+34) 91 447 35 66; E-mail: gesedi@telefonica.net

Magnificat en español (ISSN 1547-9161) is published monthly by Magnificat Latina Inc., 86 Main Street, Yonkers, NY 10701. Application to mail at Periodicals Postage rate is pending at Yonkers NY and additional entry offices. Pierre-Marie Dumont: President; Axel d'Epinay: Chief Operating Officer. The annual subscription rate is US $39.95; single-copy price is US $5.95. Circulation records are maintained at Magnificat Latina Inc, 86 Main Street, Yonkers NY 10701. POSTMASTER: send address changes to Magnificat, PO Box 822, Yonkers, NY 10702.

El Sueño de san José (1771)

Francisco de Goya (1746-1828),
Museo de Bellas Artes, Zaragoza

EN 1771 FRANCISCO DE GOYA, uno de los máximos exponentes de la pintura española de todos los tiempos, regresaba de Italia. Allí, tras una estancia en Roma, obtuvo una mención honorífica en el concurso de Bellas Artes de la Academia de Parma. Tras este reconocimiento, recibió en Zaragoza el encargo de realizar la decoración al fresco del coreto de la Basílica del Pilar. También en esta ciudad, entre 1771 y 1772, trabajó en la decoración del oratorio de los Condes de Gabarda, en el Palacio de Sobradiel. A este conjunto pertenecía *El Sueño de san José*, originalmente una pintura mural al óleo que fue traspasada a lienzo cuando en 1965 ingresa en la colección

del Museo de Bellas Artes de Zaragoza. Actualmente se conservan tanto la obra definitiva como los bocetos preparatorios en dibujo y al óleo, quizá destinados a la aprobación definitiva de sus comitentes.

Se trata ésta de una pintura de juventud de Francisco de Goya, quien a los catorce años ya figura como aprendiz en el taller de José Luzán Martínez. Este maestro le enseñó los principios del dibujo a través de la copia de grabados franceses e italianos. A partir de 1764 su formación se completó en el obrador de Francisco Bayeu, con quien aprendió el tratamiento de luces y brillos, así como la realización de bocetos preparatorios para sus obras. Además le facilitó el acceso a las colecciones reales, lo que le permitió entrar en contacto directo con los grandes pintores de las escuelas italiana y flamenca. Allí también se despertó su admiración por Velázquez, de quien ensalzaba sus composiciones, el tratamiento de la luz y el realismo de sus personajes. De hecho, a menudo copió sus obras en grabados. Bayeu también le abrió las puertas de la Real Fábrica de Tapices, donde Goya comenzará a trabajar en 1774 con la realización de cartones costumbristas y festivos. Desde entonces quedaría vinculado al entorno cortesano de Madrid, hasta convertirse en pintor del rey Carlos III y de su sucesor, Carlos IV.

Es difícil clasificar la pintura de Goya en una tendencia concreta, pues en sus distintas etapas asimila caracteres propios del rococó, del neoclasicismo y del romanticismo. El pintor desarrolla un lenguaje personal que poco a poco se aleja del acabado perfecto para subrayar la prioridad del color a través de rápidas pinceladas que le llevan a desdibujar las formas, si bien nunca abandona la captación psicológica de sus personajes. No en vano también se consolidaría como retratista, siendo sus fuentes de inspiración las obras de Velázquez, las obras de Rembrandt en lo que se refiere al tratamiento de luces y sombras y la propia naturaleza.

Para realizar el *Sueño de san José* es muy posible que Goya tomara como modelo un grabado del francés Simon Vouet (1590-1649), quien representó esta misma escena con semejante disposición de las figuras, si bien Goya reduce las referencias escenográficas para centrar la atención en los personajes. De esta forma evocaba su aprendizaje inicial mediante la copia de grabados. En la recreación del tema, posiblemente impuesto por sus comitentes, el pintor se hace eco de la renovación iconográfica de las imágenes de san José propias del arte de la Contrarreforma.
En el Concilio de Trento se ensalzó a san José como protector de la Sagrada Familia y educador de Jesús. También los escritos de santa Teresa de Jesús contribuyeron a la exaltación de su figura, pues señalaba que todas las gracias a él encomendadas le habían sido concedidas. No en vano lo convirtió en protector de la Orden del Carmelo. Estas ideas incidieron en la transformación de la imagen de san José, que dejó de ser el personaje secundario y anciano de las representaciones medievales para adquirir protagonismo propio con una apariencia más joven.

Goya en esta obra presenta a san José en primer término de la composición, sumido en un profundo sueño, tal como aparece en la narración del primer capítulo de san Mateo (*el ángel del Señor se le apareció en sueños*, Mt **1**, 20). Su actitud, apoyando la mano en la mejilla, expresaba en la tradición iconográfica anterior las ideas de reflexión o melancolía. Su disposición diagonal en profundidad ya sugiere distintos planos compositivos, a pesar de que Goya apenas haya recreado el espacio. Su monumentalidad se acentúa con la multiplicación de los pliegues de su vestimenta, modelados a partir del dibujo y de la aplicación del claroscuro.

La identificación del santo se refuerza además por el símbolo parlante que señala otra diagonal compositiva en el primer plano de la obra. Se trata de la vara florida que indicaba que san José era el escogido entre los pretendientes del templo para convertirse en esposo de María. Apócrifos de la Natividad, como el Protoevangelio de Santiago o el Pseudo Mateo, relatan la historia: «Mas, cuando José fue a extender su mano para recoger la vara, salió del extremo de ésta una hermosísima paloma más blanca que la nieve» (Ps. Mateo 3). Éste fue el signo que determinó que se trataba del elegido para ser esposo de la Virgen a pesar de su avanzada edad.

La serenidad de san José se ve acentuada por el contraste con la mayor teatralidad del ángel. Sus gestos resaltan la fuerza de sus palabras relatadas en el texto de san Mateo: *José, hijo de David, no tengas reparo en recibir a María como esposa tuya*. El gesto ascendente parece aludir al final del mensaje: *El hijo que espera viene del Espíritu Santo* (Mt **1**, 20-21). El ángel se representa como una figura alada con un rostro idealizado frente al realismo del santo. Al fondo de la composición basta sugerir la imagen de la Virgen para completar el significado de la pintura y, más concretamente, el contenido de las palabras del ángel. Goya utiliza el color azul para equilibrar cromáticamente los distintos planos de su composición. En la figura del ángel los colores parecen responder a la influencia de los maestros italianos, mientras que los colores pardos que revisten a san José evocan aquellos utilizados por Velázquez en su primera época sevillana.

A pesar de ser una obra de juventud, el *Sueño de José* ya revela una técnica que progresivamente se va alejando del academicismo a través de una factura suelta, colorista, que anticipa futuras corrientes de la pintura contemporánea. De ahí que Goya haya sido uno de los grandes maestros de la modernidad, convirtiéndose en inspiración para grandes genios como Manet, admirador de sus composiciones y de su construcción del espacio a través de la luz.

■ *María Rodríguez Velasco*
Profesora de Historia del arte,
Universidad CEU San Pablo, Madrid

Puede admirar mejor los detalles de esta obra de arte en: www.magnificat.com

Cupón de suscripción

Nombre: ....

Apellidos: ....

Dirección: ....

....

CP: .... Ciudad: ....

Provincia: .... País: ....

Teléfono: ....

E-Mail: ....

FORMA DE PAGO

☐ **Ruego carguen en mi cuenta, hasta nuevo aviso, los recibos que les sean presentados por MAGNIFICAT (sólo para pagos por domiciliación bancaria).**

☐ DOMICILIACIÓN BANCARIA

Banco o caja: ....

Nombre y apellidos del titular: ....

_ _ _ _	_ _ _ _	_ _	_ _ _ _ _ _ _ _ _ _
ENTIDAD	OFICINA	D.C.	NÚMERO DE CUENTA

☐ CHEQUE (A nombre de MAGNIFICAT)

☐ TARJETA DE CRÉDITO

Nº: _ _ _ _   _ _ _ _   _ _ _ _   _ _ _ _

Caducidad: ...... /......

Titular:..

Firma y fecha: ....

• Tarifas válidas hasta el 31 de diciembre de 2012

Rogamos que nos dé un mes de plazo para recibir el primer ejemplar de su suscripción.

Usted tiene derecho a acceder a la información que le concierne, recopilada en nuestro fichero de clientes, y cancelarla o rectificarla en caso de ser errónea. A través de nuestra empresa, podrá recibir información de su interés. Si no desea recibirla, le rogamos que nos lo haga saber mediante comunicación escrita con todos sus datos.